MÉMOIRES
SECRETS
POUR SERVIR A L'HISTOIRE
DE LA
RÉPUBLIQUE DES LETTRES
EN FRANCE,
DEPUIS MDCCLXII JUSQU'A NOS JOURS;
OU
JOURNAL
D'UN OBSERVATEUR,

CONTENANT les Analyses des Pieces de Théatre qui ont paru durant cet intervalle ; les Relations des Assemblées Littéraires ; les notices des Livres nouveaux, clandestins, prohibés ; les Pieces fugitives, rares ou manuscrites, en prose ou en vers ; les Vaudevilles sur la Cour ; les Anecdotes & Bons Mots ; les Eloges des Savants, des Artistes, des Hommes de Lettres morts, &c. &c. &c.

TOME PREMIER.

. . . . huc propiùs me,
. . . . vos ordine adite.
Hor. L. II, Sat. 3, ℣. 81 & 82.

A LONDRES,
CHEZ JOHN ADAMSON.

M. DCC. LXXXIV.

AVERTISSEMENT
DES ÉDITEURS.

L'INVASION de la Philosophie dans la République des Lettres en France, est une Epoque mémorable par la révolution qu'elle a opéré dans les Esprits. Tout le monde en connoit aujourd'hui les suites & les effets. L'Auteur des Lettres Persanes & celui des Lettres Philosophiques, en avoient jeté le germe ; mais trois sortes d'Ecrivains ont surtout contribué à le développer. D'abord les Encyclopédistes, en perfectionnant la Métaphysique, en y portant la clarté, moyen le plus propre à dissiper les ténebres dont la Théologie l'avoit enveloppée, ont détruit le fanatisme & la superstition. A ceux-ci ont succédé les Économistes : s'occupant essentiellement de la Morale & de la Politique pratique, ils ont cherché à rendre les Peuples plus heureux, en resserrant les liens de la société par une communication de services & d'échanges mieux entendus, en appliquant l'homme à l'étude de la Nature, mere des vraies jouissances. Enfin des temps de trouble & d'oppression ont enfanté les Patriotes, qui, remontant à la source des Loix & de la Constitution des Gouvernements, ont démontré les obligations réciproques des Sujets & des Souverains, ont approfondi l'histoire & ses mouvements, & ont fixé les grands principes de l'Administration. Cette foule de Philosophes qui se sont placés comme à la tête des diverses parties de la Littérature, a principalement paru après la destruction des Jésuites: véritable point où la révolution a éclaté.

Il étoit sans doute bien essentiel d'en marquer les progrès, d'en saisir les circonstances, d'en recueillir les détails les plus particuliers. C'étoit l'objet de l'Observateur dont nous publions le Journal. Il accumuloit ainsi les matériaux propres à l'histoire complete d'un pareil événement. On sait combien M. de Bachaumont étoit renommé pour ses connoissances multipliées & pour son goût exquis.

DES ÉDITEURS.

Il présidoit aux Conférences Académiques, tenues chez une femme d'esprit (1), *faisait depuis plus de 40 ans son unique occupation de tout ce qui se passoit dans Paris capable d'exciter l'attention. On y rédigeoit un Journal, dont il avoit extrait les détails convenables à son entreprise. Mais indépendamment de cette utilité particuliere, il faut avouer que rien n'est plus commode, ni plus agréable, que de retrouver sous un même point de vue ce qu'il faudroit chercher dans une multitude fatigante, & souvent ennuyeuse, d'Ouvrages Périodiques : d'ailleurs, outre le travail commun avec tous, le Rédacteur en avoit un autre, plus rare & plus précieux ; c'est un choix d'Anecdotes qu'on ne rencontre nulle part, & qui font le mérite intéressant de sa Collection ; sans parler d'une multitude de Pieces secretes, que ses liaisons très-étendues le mettoient à même de se procurer.*

---

(1) Madame *Doublet*, très-connue en France & chez les Etrangers.

Quant aux Notices des Ecrits nouveaux, des Pieces de Théatre, des Assemblées Littéraires, elles sont encore distinguées par une précision unique, & sur-tout par une impartialité qu'on attendroit en vain d'un Critique affiché pour tel. Celui-ci ne visoit ni au lucre, ni à la renommée, ne parloit que d'après son sentiment intime ; il n'étoit d'aucun parti, d'aucune cabale, & rien ne pouvoit l'empêcher de consigner son jugement dans toute son intégrité.

L'acquisition de ce Journal, qui commence en 1762 & qu'on a continué jusqu'au premier Janvier 1770, nous a fait naître l'idée d'en suivre le plan. Nous prévenons le Public que désormais, à l'ouverture de chaque année, nous lui fournirons le résultat, jour par jour, de ce qui sera arrivé de remarquable dans ce même genre. Nous espérons qu'il nous saura gré d'une Collection neuve, non moins instructive qu'amusante, & comme le Résumé des différents Journaux qu'il est presqu'impossible de lire en totalité.

MÉMOIRES
SECRETS
Pour servir a l'Histoire de la République des Lettres en France, depuis MDCCLXII, jusqu'a nos jours.

ANNÉE M.DCC.LXII.

1. *Janvier.* LES *Chevaux & les Anes, ou Etrennes aux Sots.* Tel est le titre d'une espece d'Epître de 200 vers environ, qu'on attribue à M. de Voltaire, & par laquelle il ouvre l'année littéraire. C'est une satire dure & pesante contre quelques auteurs, dont celui-là croit avoir sujet de se plaindre, & contre M. Crevier (1) parti-

---

(1) M. Crevier est professeur de l'université & auteur d'une histoire de ce corps, dans laquelle il a inféré des personnalités odieuses contre M. de Voltaire, & l'attaque sur son irréligion.

entiérement. Elle n'est point assez piquante pour faire plaisir au commun des lecteurs, qui ne se passionnent pas à un certain degré pour les diverses querelles du Philosophe de Ferney.

Sermon du Rabin Akib, autre brochure en prose, attribuée à M. de Voltaire, & dans laquelle il se plaint de l'atrocité du dernier Auto-da-Fé de Lisbonne. Il invoque l'Eternel, pour dessiller les yeux des barbares qui font un acte de religion aussi contraire à l'humanité & si peu digne de Dieu. Les Jésuites s'y trouvent englobés au sujet de Malagrida. Le tout est assaisonné de traits mordants, & d'autant plus forts que la plûpart ne seroient pas faciles à réfuter. Ils sont rendus avec une liberté philosophique, qui n'est pas faite pour enlever tous les suffrages.

5 *Janvier* 1762. La gazette de France paroît aujourd'hui sous la nouvelle forme qu'elle doit avoir. Elle sera dorénavant faite sous les yeux du ministre des affaires étrangeres, minutée par des commis de ce département, & rédigée par M. *Remond de Ste. Albine*. Les ministres du roi dans les cours étrangeres ont reçu ordre d'instruire de tout ce qui s'y passeroit d'intéressant ou de curieux. Les intendants des provinces sont obligés d'en faire autant : on espere, avec ces arrangements, la rendre piquante pour le lecteur ; & afin de lui ôter l'air de vétusté qu'on lui reproche, on la publiera deux fois par semaine (le lundi & le vendredi). On a pour but de faire tomber les gazettes étrangeres. Malheureusement le gros du public s'en laisse plus imposer par le ton républicain que par la véracité du rédacteur. Ainsi malgré ces précau-

tions, malgré les talents de M. *de Ste. Albine*, le faiseur de gazettes par excellence, il eſt à craindre que celle-là ne reſte toujours en poſſeſſion d'ennuyer par des raiſons que l'on ſent facilement.

1 *Janvier.* (1) Mlle. *Arnoux* (2) ne ſe borne pas à embellir la ſcene lyrique. Ses affections particulieres nous offrent des exemples dignes du bon vieux temps. Elle avoit profité avec empreſſement d'un voyage de M. de Lauraguais à Geneve (3) pour ſe ſouſtraire à ſa tyrannie (4).

―――――――――――――――――

(1) On n'inſere ici cette anecdote qu'en égard aux perſonnages, qui jouent tous trois un rôle dans le monde littéraire.

(2) Mlle. Arnoux, la première actrice de l'opéra, la plus pathétique qui ait peut-être jamais paru.

(3) M. le comte de Lauraguais a fait, il y a quelques mois, un voyage à Geneve, pour conſulter M. de Voltaire ſur une tragédie d'*Electre* de ſa façon. Il eſt de l'académie des ſciences.

(4) Mlle. Arnoux, excédée de la jalouſie de M. de Lauraguais, avoit profité de ſon abſence pour rompre avec lui. Elle avoit renvoyé à Mad. la comteſſe de Lauraguais tous les bijoux dont lui avoit fait préſent ſon mari, même le carroſſe, & deux enfants dedans, qu'elle avoit eus de lui. Elle s'étoit tenue cachée pour ſe ſouſtraire aux fureurs d'un amant irrité : elle s'étoit même miſe ſous la protection de M. le comte de St. Florentin, dont elle avoit imploré la bienveillance. On ne peut peindre l'état de la démence où cette rupture avoit jeté M. le comte de Lauraguais. Tout Paris étoit inondé de ſes élégies. Enfin, à la fougue d'une paſſion effrénée ayant ſuccédé le calme de la raiſon, il s'étoit livré aux ſentiments généreux, qui devoient néceſſairement reprendre le deſſus dans un cœur comme le ſien. Il y avoit eu une entrevue entre

En fuyant cet objet, soit-disant le premier de son cœur, elle avoit passé dans les bras d'une malheureuse victime de l'infidélité d'une héroïne du théatre François (1). M. Bertin (2) crut trouver dans cette belle ce qu'il cherchoit vainement depuis si long-temps (3). Il n'a rien épar-

---

sa maîtresse & lui; il avoit poussé la grandeur d'ame au point de lui déclarer qu'en renonçant à elle, il n'oublioit point ce qu'il se devoit à lui-même, & lui envoyoit en conséquence un contrat de deux mille écus de rentes viageres. Sur le refus de Mlle. Arnoux, madame la comtesse de Lauraguais étoit intervenue, & avoit sollicité l'actrice sublime de ne point refuser un bienfait auquel elle vouloit participer elle-même: elle lui avoit fait ajouter qu'elle n'eût aucune inquiétude de ses enfants, qu'elle en auroit le même soin que des siens propres. Mlle. Arnoux n'avoit point cru devoir se refuser à cette derniere invitation, & M. Bertin ayant de son côté fait vis-à-vis de M. de Lauraguais les démarches qui convenoient dans ces circonstances, tous les procédés avoient été remplis, & il étoit entré en pleine propriété de sa nouvelle conquête.

(1) Mlle. Hus.
(2) De l'académie des belles-lettres, auteur de l'*Isle des Fous*, & trésorier des parties casuelles.
(3) M. Bertin avoit cru long-temps posséder le cœur de Mlle. Hus; si les bienfaits avoient quelque droit sur celui d'une femme de cette espece, il avoit lieu de n'en point douter; il avoit fait en sa faveur une dépense prodigieuse. Cependant n'ayant pu se refuser aux soupçons dont on le tourmentoit, il en avoit vérifié la vérité, & avoit trouvé son infidelle couchée dans sa maison de Passy, avec le fils de l'entrepreneur des eaux de ce lieu. Celui-ci s'étant fait jour l'épée à la main, cette aventure étoit devenue trop publique, pour que M. Bertin pût vivre encore avec

gné pour mériter la bienveillance de sa nouvelle maîtresse: tout a été prodigué ; mais l'excès de sa générosité n'a pu triompher d'une passion mal éteinte ; l'amant tyrannique régnoit au fond du cœur, ses écarts ont disparu, on a oublié ses crimes: l'amour a réuni deux amants, qui, plus épris que jamais l'un & l'autre, présentent au public un événement qui fait l'entretien de tout Paris. L'infortuné Bertin, aussi honteux de sa tendresse que piqué du changement de sa perfide, est, dit-on, dans le plus cruel désespoir.

2 *Janvier*. On a donné aujourd'hui, pour la troisieme fois, *Zulima*, tragédie nouvelle de M. de Voltaire. Le jour de la premiere représentation, l'auteur nous a fait dire, dans une espece de compliment, que cette piece avoit été jouée, il y a près de 22 ans; qu'il l'avoit retirée à la huitieme représentation, que d'autres occupations l'avoient empêché long-temps d'y faire les corrections dont elle étoit susceptible ; mais qu'ayant paru étrangement défigurée à l'impression depuis environ six mois, ses entrailles paternelles s'étoient émues, & il avoit cru devoir la donner au public telle qu'elle étoit. Sans parler aujourd'hui du fond de la piece, ce que nous ferons mieux, lorsque les représentations seront finies, nous nous contenterons de rendre compte des motifs véritables qui ont fait jouer ce drame.

---

une femme qu'il regrettera peut-être toujours. On évaluoit alors le mobilier de Mlle. Hus à plus de 500,000 livres.

Il fut assez mal reçu du public autrefois, & tout le monde en général étoit d'avis que M. de Voltaire sacrifiât cet enfant indigne de sa plume; mais, par une bizarrerie qu'on remarque quelquefois dans les plus grands hommes, il s'est toujours obstiné à regarder cette tragédie comme excellente. Sa tendresse s'est accrue à proportion de la froideur du public, & depuis plusieurs années il n'a jamais donné aucune piece aux comédiens, qu'il n'ait mis pour clause que *Zulime* passeroit avant. Ceux-ci ont éludé tant qu'ils ont pu, de satisfaire à leur engagement. Enfin M. de Voltaire, toujours jaloux d'occuper la scene, & de tenir sans relâche les yeux fixés sur lui, ne se trouvant rien de prêt pour cet hiver (1), a forcé les acteurs de tenir leur parole. Ils ont appris la piece; & s'étant apperçus que sur les planches elle ne faisoit pas tout l'effet qu'on avoit lieu d'en attendre, ils ont fait de nouvelles représentations par l'organe de mademoiselle Clairon; l'auteur ne s'y est pas rendu, & cette actrice, (le chef-d'œuvre de l'art) qui s'est flattée de pouvoir, par la magie de son jeu, faire disparoître les défauts de son rôle, a trouvé son amour-propre d'accord avec celui de M. de Voltaire; elle a fait sentir la déférence qu'on devoit aux ordres d'un tel bienfaiteur, & les comédiens ont passé par dessus leurs scrupules. On ne peut disconvenir que c'est à elle que l'auteur doit la suspension de la chûte de son drame.

---

(1) M. de Voltaire avoit bien une comédie, mais qui a essuyé tant de contradictions à la censure, qu'il y avoit à craindre qu'elle ne pût être jouée.

3 *Janvier* 1762. Il paroît depuis quelque temps un livre, intitulé : *De la Nature*. C'est un gros in-8. imprimé en pays étranger ; on l'attribue à divers auteurs. C'est le système de Spinosa, développé par le système physique du monde. Si ce livre prend à un certain point dans le public, on en parlera plus amplement. En général il est très-savant & très-abstrait, à un chapitre près, très-puéril, qui traite du babil des femmes. Il exige une grande contention. Il pourroit, quant au sujet, servir de pendant au livre *de l'Esprit* ; mais quant à la forme, ce seroit mettre un tableau du *Guerchin* à côté d'un de l'*Albane*.

4 *Janvier*. M. l'abbé de la Porte, auteur de l'*Observateur Littéraire*, succombe enfin, faute de débit. En vain comptoit-il parmi ses souscripteurs les plus illustres personnages : en vain M. de Voltaire l'avoit-il encouragé par ses éloges & par sa correspondance, le libraire a déclaré ne pouvoir plus suffire aux frais de l'impression, & le journaliste discontinue, à commencer de cette année. On ne peut s'empêcher de convenir qu'il n'ait le talent de faire un extrait, sur-tout quand il est question d'un ouvrage profond & raisonné ; mais il regne dans son style une certaine pesanteur, peu propre à lui concilier le grand nombre des lecteurs. Cette retraite est d'autant plus fâcheuse, que ce journaliste tenoit en échec celui de l'*Année Littéraire* (1). Tous deux amusoient le public impartial, par leurs débats burlesque. Il est à craindre

---

(1) M. Fréron.

que le dernier ne se prévale de son triomphe, & n'affecte le despotisme de la république des lettres.

5 *Janvier* 1762. On se communique sous le manteau de petits vers polissons de M. l'abbé de Voisenon à Made. la marquise de Pompadour. Ils ont été présentés au nom de M. le maréchal prince de Soubise, qui avoit fait présent à cette dame d'un anneau de diamants. Ces agréables ordures ont plu infiniment à la Cour, & tirent encore un plus grand mérite du mystere avec lequel cela se communique : si cette gentillesse se répand à un certain point, on la hasardera ici.

Il y a des vers du même abbé sur Mlle. Marquise, maîtresse de M. le duc d'Orléans. Tout cela est charmant, & est marqué au coin de la plus fine galanterie.

6 *Janvier*. Il y a dans la petite piece des *Etrennes aux Sots*, une note concernant l'abbé de la Coste, dans laquelle on insinue qu'il a coopéré au travail de l'année littéraire. M. Fréron, auteur de ce journal, piqué de cette association, prétend, en rendant compte de la piece ci-dessus, inférer une remarque très-infamante, & pour le protégé & pour le protecteur. Il veut mettre en note : M. D. V. veut sans doute parler de *l'abbé de la Porte*, (1) digne à tous égards, des mêmes châtiments que l'autre ; mais la justice n'a pas sévi contre ce dernier. On ne doute pas que cette observation

---

(1) L'abbé de la Porte avoit été autrefois associé de M. Fréron, & depuis s'étoit rangé sous la protection de M. de Voltaire.

ne soit arrêtée à la police, en conséquence on la consigne ici.

7 Janvier. On commence à parler beaucoup de l'*Ecueil du Sage*, comédie philosophique & en vers de dix syllabes, de M. de Voltaire. On espere qu'elle triomphera des scrupules de la censure & de la police, & que nous la verrons enfin représenter. Sans prématurer le jugement qu'on en doit porter, nous nous contenterons de mettre ici une anecdote qui concerne cette comédie, & qui est des plus agréables. C'est une plaisanterie que s'est permis M. de Voltaire, & qui a dû l'amuser infiniment.

Avant qu'il fut question de cette piece, un jeune homme obscur vint la présenter comme sienne, sous le titre *du Droit du Seigneur*, au comédien semainier (1). Il fut reçu avec la morgue ordinaire, & ce ne fut qu'en faveur de ses instances les plus respectueuses & les plus humbles qu'on lui promit d'y jeter les yeux. Il fallut bien des courses, bien des prieres, avant d'obtenir une nouvelle audience. Enfin on lui déclara qu'on avoit parcouru sa comédie & qu'elle étoit détestable. Le jeune candidat demanda si l'on avoit lu exactement ce Drame ? Il observa que cet arrêt étoit bien rigoureux ; qu'il avoit montré sa comédie à quelques gens de goût, qui ne l'avoient pas jugée si défavorablement ; qu'il avoit même l'honneur du suffrage de M. de Voltaire. On lui rit au nez : on

---

(1) On appelle semainier, celui qui est nommé chaque semaine pour suivre les affaires de la troupe. C'étoit le Sr. Bellecour dans ce temps-là.

lui dit qu'il ne falloit pas se laisser séduire par ces applaudissements de société ; que la plupart des gens du monde n'entendoient rien à ces sortes d'ouvrages ; & quant à l'illustre auteur qu'il réclamoit, que sans doute c'étoit un persiflage. Le pauvre diable insista pour obtenir une lecture, la troupe assemblée : on lui répliqua qu'il se moquoit, que la compagnie ne s'assembloit pas pour de pareilles misères. Il fallut avoir recours aux suppliques & aux bassesses ; & les entrailles du comédien s'étant émues, on lui accorda, par compassion, un jour de lecture. Le comique aréopage étoit si prévenu, que vraisemblablement il ne fit pas grande attention à ce qu'il entendoit, & la piece fut conspuée par toute l'assemblée. Le jeune homme se retira fort content de la comédie qu'il venoit de jouer. Quelque temps après M. de Voltaire adressa cette même piece aux comédiens, sous le titre qu'elle porte aujourd'hui. On la reçut avec respect : elle fut lue avec admiration, & l'on pria M. de Voltaire de continuer à être le bienfaiteur de la compagnie. Ce n'est que quelque temps après que cette anecdote s'est divulguée ; on en a beaucoup ri, & l'on s'est rappellé plus que jamais la carricature (1) plaisante, où l'on peint ce tribunal sous l'emblême d'un certain nombre de bûches en coëffures ou en perruques.

8 *Janvier.* On continue *Armide* à l'Opéra. Nous allons rendre compte à cette occasion de l'état actuel de ce spectacle.

La haute-contre y est dans le plus grand dé-

---

(1) Dans l'académie des colporteurs.

labrement. *Pillot* est le seul chanteur qu'ose avouer l'Opéra. Quel chanteur, encore, quel successeur de Géliotte ! sans ame, sans figure, sans caractere, n'ayant pour lui qu'un peu d'organe. *Gélin* & *l'Arrivée* nous dédommagent dans la basse-taille : l'un a le timbre plus sonore, plus mâle ; l'autre plus onctueux, plus pathétique : tous deux sont acteurs ; mais le dernier a sans contredit plus de feu, plus de naturel, plus d'aisance dans son jeu. C'est un homme d'un talent rare, & qui peut se promettre le plus grand succès.

En femmes, nous comptons Mlle. *Chevalier*, Mlle. *Arnoux* & Mlle. *le Mierre*. La premiere jouit d'une réputation faite depuis long-temps ; & l'excellence avec laquelle elle rend le rôle d'Armide, est une preuve qu'elle peut encore acquérir. La seconde est, au gré des connoisseurs, l'actrice la plus naturelle, la plus onctueuse, la plus tendre qui ait encore paru. Elle est sortie telle des mains de la nature, & son début a été un triomphe. Qui ne seroit enchanté de la méthode, du goût, du prestige avec lequel Mlle. le Mierre nous peint tous les objets sensibles de la nature ! Sa voix est une magie continuelle. C'est tour-à-tour un rossignol qui chante, un ruisseau qui murmure, un zéphyr qui folâtre. Toutes trois font l'admiration, l'amour & les délices des partisans du Théatre Lyrique.

La Chroréographie est sans contredit la partie la mieux garnie & la plus parfaite de l'opéra : *Vestris* & Mlle. *Lany* passent pour les premiers danseurs de l'Europe. Toutes les nations étrangeres, qui contestent le reste, sont d'accord sur ceci. On a fait l'éloge le plus complet du premier, en disant qu'il nous empêche de regretter *Dupré*. Il est des gens même, amis de la nouveauté, sans doute, qui trouvent le premier plus fini & plus varié dans son jeu.

Quant à la seconde, personne des contemporains ne se rappelle avoir vu une danseuse aussi précise, aussi savante dans ses mouvements. Le frere de cette derniere est admirable pour la pantomime. *Laval* & *Lyonnois* seroient des danseurs sublimes, si Vestris n'existoit pas. Tous ces illustres sont doublés par huit ou dix jeunes gens, dont quelques-uns promettent infiniment.

L'opéra a fait cette année l'acquisition de Mlle. *Allard*. Mlle. *Lyonnois* doit voir avec plaisir renaître son enjouement & sa gaieté dans cette agréable danseuse. Elle inspire la joie dès qu'elle paroît, & ce sentiment ne fait point tort à celui d'admiration qu'on lui doit. Mlle. *Vestris* est toujours en possession de la danse voluptueuse & même lascive : c'est ce que lui reprocheront sans cesse les défenseurs des mœurs, & c'est un défaut qu'ils lui pardonneront intérieurement, tant que le physique aura quelque empire sur eux. De très-jolis minois décorent délicieusement les ballets, & les premieres danseuses ont l'espérance de se voir remplacer par plusieurs du second ordre.

Le cordon de St. Michel, dont M. *Rebel*, l'un des directeurs, vient d'être décoré l'année derniere, doit donner une grande émulation à ses collegues, & à ceux qui lui succéderont : nos plaisirs ne peuvent que gagner à cette illustration.

9 Janvier. Les constitutions des jésuites se répandent imprimées nouvellement, avec une traduction. Elle a été faite sous les yeux de M. de Flesselles (1), & c'est M. *de la Bonneterie*, agrégé en droit, qui a eu le courage de digérer cet ennuyeux travail. On ne dit rien du fonds, déja savamment discuté par les premiers tribunaux. D'ailleurs, cet ouvrage ne peut intéresser que les enthousiastes de la société, ou ses adversaires infatigables. Le tout est précédé d'un avertissement succinct, qui reçoit tout son lustre de quelques corrections qu'a daigné y faire une main auguste (2).

12 Janvier. On voit dans le public une lettre de M. Gresset à M. le duc de Choiseul, au sujet du mémoire historique des dernieres négociations entre la cour de France & celle de Londres. Elle est en prose & en vers. L'auteur paroît plus avoir eu pour but de faire sa cour au ministre, que de soutenir sa célébrité dans cet ouvrage. Il est, à tous égards, indigne de son auteur.

13 Janvier. Il est toujours question de la réunion de l'opéra-comique à la comédie Italienne. Cette affaire, qui sembleroit n'en devoir être une que dans les ruelles, fait une très-grande sansation à la cour : elle y cause des schismes. M. l'archevêque, au grand étonnement de tout Paris, est intervenu sur la scene ;

―――――――――――――――――――

(1) M. de Flesselles, procureur-général de la commission nommée par le Roi, pour examiner les constitutions des jésuites.

(2) Feu M. le dauphin.

il sollicite vivement la conservation du théâtre de la foire. Les fonds abondants que lui fournit ce spectacle, dont il retire le quart pour les pauvres, l'ont porté à cette étrange démarche. On craint bien qu'elle n'ait pas le succès dû au zele de ce respectable prélat. Malgré ses représentations, on croit que la réunion aura lieu. Il s'est tenu à ce sujet un grand conseil des dépêches, & il faut que cette affaire se termine incessamment. Bien des gens prétendent que la réunion ne peut que contribuer au détriment des deux spectacles, & que c'est un sûr moyen de les faire tomber : le bon goût n'aura pas à s'en plaindre.

14 Janvier. On vend sous le manteau un livre intitulé : *Manuel de l'Inquisition*. Il ne peut que contribuer à augmenter l'horreur qu'on a de cet exécrable tribunal. Il en dévoile tout le système & toute la forme.

16 Janvier. On a donné aujourd'hui, la neuvieme & derniere représentation de *Zulime*. Avant de finir d'en parler, traçons-en une légere esquisse.

Dans cette piece, malheureusement trop ressemblante à *Bajazet*, l'auteur paroît avoir eu pour but de prendre les fureurs & les égaremens d'un amour aveugle & effréné. Mais dans l'un, le nœud, l'intrigue, le dénouement naissent, se forment, se développent des flux & reflux du cœur humain. La piece de l'autre ne se soutient que par de petits incidents, des ressorts postiches. Les passions du premier ne parlent que leur langage : elles ont leur logique, elles agissent comme elles doivent, elles sont conséquentes dans leur inconséquence même.

Tout est absurde, merveilleux, incroyable dans le second. Enfin, chaque spectateur lit, sent, approuve dans son cœur ce que disent les héros de Racine. On se trouve, au contraire, totalement étranger aux situations que nous présente M. de Voltaire; on n'a jamais vu ni entendu rien de pareil; on ne se reconnoît point dans les personnages qu'il met sur la scene. Du reste, une princesse qui s'enfuit avec un captif, qu'elle aime sans savoir s'il répond à sa passion, qui ne l'interroge là-dessus que lorsqu'il est trop tard pour reculer, & qu'elle a parcouru le royaume avec lui; une épouse qui joint à un amour héroïque pour son mari, la bassesse de tromper une amante innocente; un héros, qui, après avoir consenti à duper une jeune personne pour recouvrer sa liberté, hésite à le faire lorsqu'il s'agit de se conserver la vie, qui n'a le courage ni d'étouffer, ni d'avouer ses remords; un pere imbécille, qui court à la tête d'une armée contre sa fille & deux esclaves fugitifs: voilà les caracteres de cette tragédie. Un château investi par une armée, où l'ennemi entre & d'où il sort sans que ceux qui y commandent la sachent ou l'empêchent; des assiégés qui ont la liberté de s'enfuir sur leurs vaisseaux, & qui ne le font pas; un prince qui paroît pouvoir tout, & qui n'use pas de sa puissance, qui menace, lorsqu'il est seul, & qui n'agit pas à la tête de ses troupes. Une fille qui n'a pas la hardiesse de se défendre contre son pere, & qui a celle de n'oser lui sacrifier un amant qui l'abandonne. Des menaces qui ne s'effectuent pas, de beaux projets qui ne se réalisent jamais. Voilà par où la tragédie se prolonge pendant cinq actes. Deux coups de poignard enfin, d'ont l'un est suspendu, dont l'autre est mortel, terminent ce monstrueux drame.

Le dirons-nous encore ? On n'y reconnoît pas même cette touche harmonieuse, ce coloris brillant qu'on admire dans les plus mauvais ouvrages de M. de Voltaire : on n'y trouve en rien ce grand homme. Qu'il s'en console, en se rappellant que Corneille a fait *Agesilas* & *Attila* !

17 Janvier. Les muses & les arts pleurent la disgrace de deux de leurs plus illustres protecteurs : Mrs. le Riche de la Poupeliniere & la Live d'Epinay (1) viennent d'être rayés de la liste des Plutus de France. La gloire les dédommagera de cette disgrace ; leurs noms, plus durables, seront à jamais écrits dans les fastes du parnasse. Le premier, outre la munificence royale avec laquelle il encourageoit les artistes & les gens de lettres, possédoit lui-même des talents précieux ; il a fait un roman, des comédies. Ses bons mots qu'on pourroit recueillir, seroient seuls un titre au bel esprit. Le second tient sa maison ouverte à toute l'encyclopédie ; c'est un lycée, un portique, une académie. Sa digne épouse a vu long-temps enchaîné à ses pieds le sauvage citoyen de Geneve (2) ; & tandis que son mari verse ses richesses dans le sein du mérite indigent, elle l'anime de ses regards, elle enflam-

---

(1) Ils étoient tous deux fermiers-généraux. Ils ont été remerciés par une lettre de M. le contrôleur-général, au nom du roi.

(2) M. Rousseau a été amoureux fol de Madame de la Live.

me le génie, & lui fait enfanter des chef-d'œuvres.

18 Janvier. M. Piron a fait une satire en vers, intitulée : *Le Sallon.* C'est une critique du temps, qui ne contient rien de neuf ni de piquant : c'est un très-mauvais ouvrage.

On a donné aujourd'hui la première représentation de *l'Ecueil du Sage.* M. de Voltaire, pour consoler ses envieux, après avoir échoué dans le tragique, a voulu sans doute échouer aussi dans le comique. Cette piece est aussi mauvaise dans son genre que *Zulime* l'étoit dans le sien. C'est une bigarrure des plus choquantes. Les deux premiers actes sont une farce, une parade digne des boulevards ; le troisieme se monte sur le haut ton ; le quatrieme le soutient, & le cinquieme est des plus détestables. Il y a pourtant quelques scenes qui décelent le grand-maître, & c'est en cela que ce drame est supérieur à la derniere tragédie de l'auteur.

19 Janvier. On parle beaucoup de la reprise de l'encyclopédie. Les volumes de planches commencent à paroître ; ils réveillent la curiosité publique, & l'on se demande quand on verra finir cet ouvrage, *dont la suspension fait gémir l'Europe ?* Tout le manuscrit est fait ; on n'attend qu'un regard favorable du gouvernement pour en profiter, & se mettre du moins à l'abri des persécutions de l'ignorance & du fanatisme, en sorte que l'autorité ne pourra plus se prévaloir contre ce dépôt immortel de l'esprit humain.

20 Janvier. Il paroît que tout le monde n'est pas d'accord pour admirer le retour de Mlle. Arnoux à M. le Comte de Lauraguais. Ce raccommodement fait moins d'honneur à la constance des deux personnages que de tort à leur bonne foi. M. Bertin avoit payé les dettes de la belle fugitive, il a marié sa sœur, il a fait des dépenses considérables, qu'on évalue à plus de 10,000 écus. Pour conserver l'héroïsme il eût fallu que l'amant en faveur eût remboursé à l'amant disgracié les frais immenses que lui avoit occasionés sa nouvelle conquête, ou qu'au moins il se fût passé à cet égard des procédés dont on ne parle point. C'est avec douleur que nous sommes obligés de renvoyer Mlle. Arnoux dans la foule des femmes dont nous l'avions tirée. Nous convenons qu'elle avoit surpris mal-à-propos l'admiration des cœurs tendres & sensibles, que séduit toujours ce qui porte l'empreinte des grandes passions.

20 Janvier. On vante depuis quelque temps une tragédie d'*Eponine*, de M. de Chabanon. Ce jeune homme, peu connnu jusqu'à présent, avoit long-temps fait l'admiration des concerts par son violon, dont il joue supérieurement. Depuis quelques années, il s'est jeté dans le grec, il s'est acquis une place à l'académie des belles-lettres; il veut entrer dans la carriere du théatre. Sa tragédie, qu'on exalte infiniment, suivant l'usage, & dont nous avons entendu la lecture, n'a rien d'extraordinaire. Son héroïne ressemble beaucoup à l'*Idamé* de l'*Orphelin de la Chine* : quant à la versification, elle nous a paru plus ampoulée que mâle & nerveuse. Nous en citerons deux vers, que l'auteur chérit avec la plus grande complaisance. L'un est :

» Votre

„ Votre crime est écrit des traits de l'évidence.

L'autre, en parlant d'un scélérat intrépide.

„ Et l'airain de son front lui servira d'égide.

Ce drame a eu bien de la peine à être reçu des comédiens. L'auteur, avec raison, voulut d'abord se concilier le suffrage de Mlle. Clairon. Cette actrice éloigna bien loin cette demande ; elle s'excusa sur sa santé, sur le travail dont elle étoit accablée ; elle demanda du répit, elle gémit sur son sort, *d'être toujours entre le fer & le poison* : ce ne fut qu'avec de très-grandes protections que M. de Chabanon obtint de se faire entendre. Il fut bien récompensé de ses peines & de sa constance ; il eut le plaisir de voir fondre en larmes l'héroïne du théatre. Depuis lors elle est engouée de son rôle, & attend avec impatience le moment de se venger sur les spectateurs, des larmes que lui a arrachées un jeune homme qui chausse le cothurne pour la premiere fois.

22 *Janvier* 1762. M. de la Bonneterie, agrégé en droit, & auteur d'une traduction du théatre Italien, fait courir dans les maisons une lettre imprimée, dans laquelle il se défend avec beaucoup d'ardeur d'avoir traduit les constitutions des jésuites. Cet ouvrage, presque nul en littérature, n'est ni assez bon pour avoir la crainte délicate d'enlever la réputation du véritable traducteur, ni assez mauvais pour que l'amour-propre se trouve gravement offensé d'une imputation semblable. Il faut qu'il y ait quelqu'animosité particuliere que nous ne pouvons deviner. C'est

un différend à vuider entre le pere véritable & le pere putatif, ou qui semble appréhender de l'être.

24 *Janvier* 1762. M. Colardeau avoit fait, il y a quelques semaines, une piece de vers; intitulée *le Patriotisme*, à l'occasion des vaisseaux que les différents corps du royaume s'empressent d'offrir au roi. Jusqu'à présent le ministre, toujours sage & modéré, avoit enchaîné le zele de ce poëte, en s'opposant à l'impression de son ouvrage. Les mêmes vues de prudence avoient fait sévir la police, au commencement de cette année, en brisant, en pulvérisant quantité d'ouvrages de sucrerie & d'autres matieres, où l'artiste industrieux avoit cherché à reproduire sous différentes formes les monuments de la faveur patriotique. Il paroît qu'on permettra désormais de prendre l'essor à l'enthousiasme du citoyen; le ministre a fait écrire à M. Colardeau que la cour approuvoit son ouvrage, & il est enfin imprimé. Nous y trouvons beaucoup de poésie, de zele & peu de pensées.

25 *Janvier*. On parle beaucoup du retour de M. de Voltaire en ce pays-ci : on va jusqu'à dire qu'il aura une pension considérable à la cour : ces bruits ne sont encore que très-vagues. D'après cette supposition, on a toujours fait à compte l'épigramme suivante.

Voltaire, en esprit fort, plein d'orgueil & de ruse,
Après avoir choisi le sein des protestants,
    Pour éviter les sacrements,
Vient mourir à Paris, sachant qu'on les refuse.

26 Janvier. Il court des couplets sur les prélats qui ont assisté à leur assemblée, convoquée par le roi, pour connoître des constitutions des jésuites. Ces chansons sont très-satiriques : la plupart y sont traités avec le dernier mépris; elles portent sur des anecdotes malheureusement trop vraies & trop connues; & pour comble de douleur elles sont imprimées.

27 Janvier 1762. Epitaphe de l'abbé de la Coste, attribuée à M. de Voltaire.

La Coste est mort! Il vaque dans Toulon (1)
Par cette mort un emploi d'importance :
    Ce bénéfice exige résidence,
Et tout Paris y nomme Jean Freron (2).

*27 Janvier. Lettre du pere Neuville, écrite à Madame de ***, à Saint-Germain-en-Laye.*

Madame,

« La nuit du préjugé est trop profonde & la
» tempête trop violente : nous n'échapperons
» pas à ce naufrage. Je ne sais pas ce que
» l'état gagnera à la destruction de la société;
» je souhaite que la religion n'y perde rien.
» Il est vrai que le suffrage des évêques a été
» hautement en notre faveur (3); mais il ne

___

(1) Cet abbé avoit été envoyé aux galeres, comme tout le monde sait.
(2) Auteur de *l'Année Littéraire*.
(3) Les évêques, au nombre de 40, s'étoient assemblés chez M. le cardinal de Luynes, pour examiner l'Institut des jésuites : 34 ont été d'avis de laisser l'Institut tel qu'il est, en assujettissant néanmoins les jésuites aux ordinaires : les 6 autres ont estimé de les remettre dans l'état que leur avoit donné le Colloque de Poissy.

» fermera pas le tombeau ouvert & creusé pour
» nous ; il ne servira que d'une épitaphe ho-
» norable. »

(On ne donne point cette lettre pour authentique).

28 *Janvier* 1762. L'abbé de la Porte ne convient pas que ses feuilles meurent d'inanition : il prétend que son association au sieur de la Place, quant au choix du Mercure, le met dans le cas de discontinuer son travail : il insinue même qu'il a l'expectative de remplacer ce journaliste! (1).

Monsieur de la Dixmerie (2), coopérateur de l'abbé de la Porte, passe aussi au Mercure pour la partie des contes, dont il a le privilege exclusif, ou du moins en chef. Le ministre [M. de St. Florentin] veut absolument rendre à cet ouvrage la vogue qu'il a toujours eue sans la mériter. Il a décidé, pour engager les gens de lettres à seconder ses vues, qu'il n'y auroit dorénavant de pensions (3) données sur cet ouvrage, qu'à ceux qui l'auroient enrichi de leurs productions.

Il est aussi question de faire servir l'ouvrage de l'abbé de la Porte comme de satellite au Mercure, c'est-à-dire, de le donner en forme de

---

(1) M. de la Place est malade depuis long-temps, & pourroit ne pas vivre beaucoup.

(2) M. de la Dixmerie a fait quelques romans & quelques pieces de vers.

(3) Le Mercure rend environ 60,000 livres : il y a 16,000 livres de frais, & 28,000 de pensions ; ensuite les non-valeurs, sommes arriérées, recouvremens à faire, &c.

supplément, & aux mêmes soufcripteurs. Il ne paroîtroit que fous permiffion tacite, il ferviroit de correctif à l'autre, il tempéreroit fa fadeur, & du tout il fe formeroit un aigredoux qu'on croit capable de réveiller le goût du lecteur.

29 Janvier 1762. La piece d'*Eponine* fait un bruit du diable, & l'on prétend qu'elle va être jouée par ordre du roi. Monfieur de Richelieu, gentilhomme de la chambre, ayant fu que plufieurs grands arrêtoient cette tragédie pour en favorifer d'autres, s'eft piqué au jeu, & eft allé trouver le roi, en lui demandant des ordres précis pour prévenir ce fchifme entre les gentilshommes de la chambre. Le monarque s'eft prêté avec bonté aux vues de monfieur le duc de Richelieu.

30 *Janvier*. Il eft bon de rendre compte auffi de l'état actuel de la comédie Françoife. Nous partirons à l'avenir de ce point, comme d'un thermometre fûr, pour apprécier l'amélioration ou le dépériffement de ce fpectacle.

Mlle. *Clairon* en eft toujours l'héroïne. Elle n'eft point annoncée, qu'il n'y ait chambrée complete. Dès qu'elle paroît, elle eft applaudie à tout rompre. Ses enthoufiaftes n'ont jamais vu, & ne verront jamais rien de pareil : c'eft l'ouvrage le plus fini de l'art. . . . . Mais c'eft de l'art, difent quelques critiques. Ils fe rappellent qu'elle a long-temps été mauvaife, qu'elle a lutté fix ans contre le public, que fon organe bruyant affourdiffoit les oreilles, fans émouvoir le cœur. A force de tâter, elle s'eft enfin fait un jeu à elle, les glapiffements de fa voix font devenus les accents de la passion, son enflure s'est élevée au sublime. Cette actrice a de tout temps eu la position théatrale, beaucoup de noblesse dans sa démarche, dans ses gestes de main, dans ses coups de tête. Quoique d'une stature médiocre, elle a toujours paru sur la scene au dessus de la taille ordinaire. Par quelle fatalité des infirmités habituelles nous privent-elles si souvent de la voir ? Pourquoi sommes-nous incessamment menacés de la perdre (1) ?

Mlle. *Dumesnil* est sans contredit plus actrice née que Mlle. Clairon; son jeu est plus naturel, plus décidé, plus franc; mais son amour-propre auroit dû lui conseiller de se retirer, il y a quelques années. Elle n'a pas senti qu'elle ne pouvoit que perdre à mesure que sa rivale gagneroit : ce n'est pas qu'elle ne lui fasse encore éprouver quelquefois son ancienne supériorité, qu'elle ne l'écrase des élans de son génie. Malheureusement, ce ne sont que les derniers éclats d'une lumiere qui s'éteint ! D'ailleurs le vice crapuleux (2), par lequel elle se laisse dominer, la met trop souvent dans le cas de substituer sur la scene les écarts de sa raison aux désordres des grandes passions qu'elle doit peindre.

---

(1) Mlle. Clairon est attaquée de la maladie des femmes : elle joue peu souvent, en conséquence de ses infirmités. Ses camarades lui faisoient reproche un jour de sa rareté : " il est vrai que je ne joue pas
„ fréquemment, répondit-elle; mais une de mes re-
„ présentations vous fait vivre pendant un mois. „

(2) Mlle. Dumesnil boit comme un cocher : son laquais, lorsqu'elle joue, est toujours dans la coulisse, la bouteille à la main, pour l'abreuver.

A qui les conseils d'un amour-propre bien entendu, eussent-ils été plus nécessaires qu'à Mlle. *Gauffin*? Elle ne sent pas qu'il est un temps où il faut se souftraire aux applaudissements, sans quoi les applaudissements nous échappent à la fin. Son genre ne peut s'allier avec les rides de l'âge : une vieille poupée ne figurera jamais bien dans l'*Oracle* ni dans les *Graces*; *Zaïre* doit porter l'empreinte sur son front de toute la candeur de son ame. Quand Mlle. Gauffin joue dans cette piece, on est tenté de demander si c'est à elle que M. de Voltaire adressa, il y a trente ans, cette épître si tendre, si touchante, où le cœur parle plus que l'esprit! Ce qu'elle est, fait oublier ce qu'elle a été. Plus heureuse cependant que Mlle. Dumesnil en un point, elle n'a point encore de rivale qui la remplace. Ses défenseurs prétendent que son peu d'opulence (1) la met dans le cas de sacrifier sa gloire à son bien-être : il faut qu'elle soit bien mal à l'aise, ou qu'elle se soucie bien peu de sa réputation.

Il n'y a que vous qui ne vieillissez point, inimitable *Dangeville*! Toujours fraîche, toujours nouvelle, à chaque fois on croit vous voir pour la premiere. La nature s'est plû à vous prodiguer ses dons, comme si l'art eût dû tout vous refuser, & l'art s'est efforcé de vous enri-

---

(1) Mlle. Gauffin a eu les amants les plus illustres; mais elle a toujours sacrifié l'intérêt au plaisir. Quand on lui reprochoit son extrême facilité, elle disoit : *que voulez-vous! Cela leur fait tant de plaisir, & il m'en coûte si peu!*

chir de ses perfections, comme si la nature ne vous eût rien accordé. Quel feu dans votre dialogue ! Quelle expression dans votre scene muette ? Quelle force comique dans le moindre de vos gestes ! Quel aveugle préjugé vous refuse dans la société (1) un esprit qui pétille dans vos yeux, qui brille sur toute votre physionomie ! Si l'on vouloit personnifier cette intelligence humaine, on ne pourroit lui donner une figure mieux assortie que la vôtre. Continuez à faire les délices & l'admiration de la scene françoise. Que sur votre modele puissent se former des actrices dignes de vous remplacer ! espoir d'autant moins fondé, que plus elles auront de sagacité pour saisir la finesse de votre jeu, plus elles se sentiront hors d'état de vous atteindre.

Quant aux dix autres actrices (dont quatre pensionnaires, à l'essai) qui composent la troupe femelle de cette comédie, nous ne les tirerons point de la foule, qu'elles ne se soient distinguées par leurs talents. Quelques-unes donnent des espérances, d'autres ont une figure à laquelle nous rendons hommage dès à présent.

De quinze acteurs que compte la comédie, (dont deux à l'essai) s'il n'en est peut-être aucun aussi transcendant que les quatre femmes que nous venons de nommer ; il en est peu qui n'aient du moins un mérite particulier. Le jeune *Molé* attrape le ton sémillant d'un marquis éphémere. L'emphase de *Paulin*, dans ses rôles de

---

(1) On prétend que Mlle. Dangeville est buse en conversation.

tyran, ne messied pas. D'ailleurs, il excelle à faire le paysan. Un récit plein de feu ou de pathétique est très-bien rendu par *Dubois*. *Bonneval* joue le sot à merveille ; *Dangeville* le niais : *Armand* a toute l'effronterie, toute la scélératesse des valets de l'ancienne comédie : ses allures, son ton, son visage ne conviennent point à la finesse, à la décence de ceux de la nouvelle. Les acteurs que le public distingue, sont *Grandval*, *Bellecour*, *le Kain*, *Préville* & *Brizard*.

Grandval & *Bellecour* courent la même carriere dans les deux genres. Le premier a plus d'importance, plus de morgue, plus de faste ; l'autre a plus de naturel, plus d'aisance, plus de fatuité : les rôles d'ironie, de dédain, de mépris, conviennent mieux au premier ; ceux d'entrailles, d'onction, de pathétique, mieux au second : celui-là nous paroît fait davantage pour le comique, où il est permis de changer, d'enchérir sur le pinceau de l'auteur : celui-ci est mieux dans le tragique, où il faut souvent rapprocher de la nature un rôle gigantesque que le poëte en a trop écarté. Grandval est plus consommé ; nous espérons que Bellecour sera quelque jour plus fini. Tous deux sont hommes à bonnes fortunes (1), & puisent dans le

---

(1) On raconte qu'une femme de très-grande considération s'étant engouée de Grandval, l'envoya chercher, l'admit dans un tête-à-tête ménagé exprès, & filant peu-à-peu sa défaite, lui dit, en regardant des portraits de famille qui ornoient l'appartement : « Ah ! Grandval, que diroient ces héros, s'ils me

commerce des femmes cet air de triomphe & d'impudence qui va si bien aux héros de théatre.

Il falloit que *le Kain* fût acteur né, puisque M. de Voltaire l'a jugé tel (1) malgré son organe ingrat & sa figure ignoble. Le public est fort partagé sur ce comédien : les uns le regardent comme sublime, d'autres comme détestable. C'est qu'il y a de grandes beautés dans son jeu, & de grands défauts. Les premieres empêchent ses partisans de voir les autres, & ceux-ci font disparoître celles-là aux yeux de ses contempteurs. L'art, quelquefois, le fait aller au-delà de la nature ; il reste quelquefois en-deçà de la nature pour ne pas donner assez à l'art. Assemblage étonnant de grandeur & de bassesse, de sublime & d'enflure ! on doit, ou l'admirer à l'excès, ou le dégrader souverainement.

Préville est admirable pour la pantomime : il est acteur jusqu'au bout des doigts ; ses moindres gestes font épigramme ; il charge avec tout l'esprit possible, c'est le callot du théatre. Aussi inimitable que mademoiselle Dangeville, il n'est pas aussi étendu dans son genre : sa figure ne comporte point certains rôles, où il faut jouer la dignité, à laquelle l'actrice atteint quand elle

---

„ voyoient entre vos bras ?...... Ils diroient, ré-
„ pondit l'impudent vainqueur, ils diroient que vous
„ êtes une putain. „

(1) C'est M. de Voltaire qui a produit le Kain à la comédie, après l'avoir fait jouer long-temps chez lui ses différentes pieces ; &, en général, il faut convenir que ce sont celles que le Kain joue le mieux.

veut. Rien de si agréable que de les voir en présence l'un de l'autre; ils sont faits pour dérider les fronts les plus graves, pour évertuer les plus stupides, pour rendre l'esprit palpable aux plus sots.

Brizard est le dernier dont nous ayons à parler. Il a la majesté des rois, le sublime des pontifes, la tendresse ou la sévérité des peres. C'est un très-grand acteur, qui joint la force au pathétique, la chaleur au sentiment : il est généralement admiré. Nous ne voyons personne qui lui refuse son suffrage, & son jeu n'a encore essuyé aucune critique.

D'après ce détail, il est aisé de juger que le théatre de la comédie Françoise a les acteurs les plus parfaits de l'Europe. Quoi qu'en disent les censeurs, qui n'admirent jamais le présent, nous croyons fort que la génération comique actuelle vaut la génération passée, que les Barons & les Montménils sont remplacés, & que les Roscius antiques ne dédaigneroient pas d'applaudir aux Roscius modernes.

31 *Janvier* 1762. Enfin, après plusieurs conseils des dépêches, il est décidé que l'opéra-comique est supprimé; que le fond des pieces appartiendra à la comédie Italienne, & que ce genre de spectacle sera subordonné, comme les deux comédies, à l'inspection des gentilshommes de la chambre. Il est question de plusieurs arrangements ultérieurs, dont nous parlerons, quand ils seront tirés au clair.

31 *Janvier* 1762. M. de Voltaire a écrit à M. l'abbé d'Olivet, que c'est mal-à-propos qu'on faisoit courir le bruit de son retour à Paris; qu'il étoit content comme un roi sur son lac.

Il se défend aussi d'être l'auteur de *l'Ecueil du Sage*. Il l'attribue à un académicien [M. Picardin] de Dijon. Il trouve pourtant de l'intérêt dans cette piece, & ce grand homme continue à persifler le public, suivant sa coutume.

1 *Février* 1762. Vers de M. de Voltaire à M. Blin de St. Maur, qui lui avoit envoyé un exemplaire de son Héroïde de *Gabrielle d'Estrées à Henri IV*.

Mon amour-propre est vivement flatté
De votre écrit ; mon goût l'est davantage :
On n'a jamais, par un plus doux langage,
Avec plus d'art, blessé la vérité.

Pour Gabrielle, en son apoplexie,
D'autres disent qu'elle parle long-temps :
Mais ses discours sont si vrais, si touchants,
Elle aime tant, qu'on la croiroit guérie.

Tout lecteur sage, avec plaisir verra,
Qu'en expirant, la belle Gabrielle
Ne pense point que Dieu la damnera,
Pour trop aimer un amant digne d'elle.

Avoir du goût pour le roi très-chrétien,
C'est œuvre pie, on n'y peut rien reprendre :
Le paradis est fait pour un cœur tendre,
Et les damnés sont ceux qui n'aiment rien.

1 *Février* 1762. Les comédiens Italiens ont donné aujourd'hui pour la premiere fois, *les Bossus rivaux*, parodie nouvelle, imitée d'une piece de M. Goldoni, qui porte le même nom, à laquelle on a ajouté quelques avis. Cette dro-

gue n'a point eu de succès ; elle est de M. Riccoboni.

3 *Février* 1762. Jamais les Italiens ne s'étoient vus assiéger par une foule pareille à celle d'aujourd'hui. C'étoit une fureur dont il n'y a pas d'exemple : des flots de curieux se succédoient sans interruption, & débordoient dans toutes les rues voisines : l'ouverture de l'opéra - comique sur leur théatre, attiroit ce concours prodigieux. Tout étoit loué depuis plusieurs jours jusqu'au paradis. On a commencé par *la Nouvelle troupe*, comédie de Favart, à la fin de laquelle on a ménagé une scene qui a amené la réunion des deux spectacles, & un acteur y a harangué le public à ce sujet, & lui a demandé ses bontés. *Blaise le savetier* a suivi, & l'on a fini par *On ne s'avise jamais de tout*. Le premier, (paroles de Sédaine, musique de Monsigny) n'a pas semblé si déplacé. Le jeu des acteurs occupe mieux le vuide du lieu ; mais cette gentillesse n'a pas fait le même plaisir qu'à l'ordinaire. On sent facilement qu'il faut d'autres organes & d'autres acteurs pour un local aussi différent. L'orchestre même s'est trouvé avoir dégénéré. Enfin, l'on augure mal de cette jonction.

4 *Février* 1762. On a repris aujourd'hui *Zaïs* à l'opéra (paroles de Cahusac, musique de Rameau) ; jamais on n'a vu spectacle si abandonné. Les premieres loges étoient absolument nues, les secondes très-peu garnies, sur-tout en femmes ; le reste à l'avenant. La foule s'est encore portée vers les Italiens, &, à la honte de notre nation, on continue à remarquer combien les treteaux l'emportent sur la majesté de la scene.

Gardel a remplacé Vestris. Ce jeune danseur acquiert de jour en jour : il court la même carriere que le dernier ; & quoique bien loin encore, on remarque qu'il s'élance de plus en plus & cherche à l'attraper.

4 *Février* 1762. L'abbé Yvon, qui passoit pour avoir contribué en grande partie à la these de l'abbé de Prades (1) & qui avoit été comme enveloppé dans sa disgrace, après dix ans d'exil reparoît enfin à Paris. Tous les matérialistes applaudissent au retour de cet illustre apôtre.

5 *Février* 1762. Le *Journal Encyclopédique*, peut-être aussi partial que les autres ouvrages de cette nature, mais au moins plus plein & plus intéressant, outre son chef ordinaire, (monsieur Rousseau de Toulouse) vient d'acquérir pour conducteur à Paris, M. l'abbé Méhégan. Cet Irlandois, auteur de quelques opuscules romanesques, est sur-tout connu pour avoir rompu une lance contre l'auteur de l'*Année Littéraire* (2). Puisse une belle ambition l'engager à rendre son journal capable d'écraser les feuilles de son adversaire !

_____

(1) M. L'abbé de Prades avoit soutenu en Sorbonne, en 1751, sans réclamation, une these où le matérialisme se découvroit de toutes parts. Enfin toutes les puissances séculiere & ecclésiastique s'éleverent contre ces impiétés, & il fut flétri par arrêt du parlement.

(2) Dans un pamphlet intitulé : *Lettre à M. de**** *sur l'Année littéraire, & un particulier sur la feuille du 11 mai 1755.*

7 Février. La réunion de l'opéra comique aux Italiens, ne paroît encore que provisoire jusqu'à pâque, pour s'assurer du suffrage du public. En conséquence cinq seulement, dont deux femmes, du premier, ont été pris à l'essai : on ne s'accoutume point à ce mélange. Les Italiens s'immiscent avec les Naturels. Les premiers cherchent en vain à se parer de la gaieté naïve des seconds, & ceux-ci, enflés de leur nouvelle dignité de comédiens du roi, mettent dans leur jeu une importance qui gâte tout.

8 Février. Le *Censeur hebdomadaire* de monsieur Daguin, commencé en 1760, se continue cette année ; mais son abondance est tarie de moitié. Ces feuilles ne seront plus que de 24 pages in-8°. Ce journaliste n'est ni profond ni plaisant. Comme c'est celui qui se reproduit le plus souvent, il est à même de se saisir de ce qui paroît, & d'en orner son ouvrage. C'est un auteur précaire, qui ne se soutient absolument que par le travail des autres.

9 Février. M. Falconet, médecin consultant du roi, des facultés de Paris & de Montpellier, de l'académie royale des inscriptions & belles-lettres, l'un des plus savants hommes de l'Europe, est mort hier après midi d'une rétention d'urine. Il avoit 91 ans. Il est plus cité comme éditeur, traducteur & sur-tout compilateur, que comme auteur.

Il avoit toute sa vie ramassé les anecdotes qu'il avoit apprises ; il les mettoit sur des cartes, & sa compilation se montoit à plus de 150,000 notes de cette espece. Il a légué cette curieuse partie de son cabinet à monsieur de

Ste. Palaye, son confrere de l'académie des belles-lettres.

On évalue la bibliotheque de M. Falconnet à près de 40,000 volumes. Il avoit légué depuis long-temps au roi les livres rares & autres qui ne sont point à la bibliotheque de S. M. Le nombre s'en monte à plusieurs milliers. Il s'en étoit conservé l'usufruit ; & le roi, en reconnoissance, lui avoit fait une pension de 1,200 livres, reversible sur la tête de sa sœur, qui vit encore.

11 *Février.* Trois pieces, que les comédiens n'ont pas voulu recevoir, paroissent imprimées, & les auteurs font juger le public.

La premiere est de M. le comte de Lauraguais : c'est *Clitemnestre*. Il est certain que plusieurs tragédies ont été jouées, & ont eu un succès passager, quoique fort inférieures à celle-là. Le reproche dont l'auteur ne peut se défendre, c'est d'avoir osé lutter contre M. de Crébillon & contre M. de Voltaire, sans avoir fait mieux. Il a fait tout ce qu'il a pu auprès des comédiens pour les séduire : il s'étoit engagé à fournir les habillements & à subvenir aux frais. Ils n'ont pas cru pouvoir manquer à ce point aux deux peres existants de leur théatre.

La seconde est un *Alexandre*, de M. le chevalier de Fénelon. Il paroît que tout le monde passe assez condamnation sur celle-là.

La troisieme est *Dom Carlos*, de M. le marquis de Ximenès. Le même sujet a été traité par Campistron, sous un nom différent (d'Andronic) suivant Freron. La premiere n'aura jamais l'air que d'une copie de la seconde. Il trouve que l'auteur frappe bien un vers. On a long-temps cru que M. de Voltaire retouchoit les ouvrages de M. de Ximenès.

12 *Février* 1762. On a fait une épigramme sur *Zulime*, qu'on attribue à M. le comte de Turpin. La voici :

Du temps qui détruit tout, Voltaire est la victime;
Souvenez-vous de lui, mais oubliez Zulime.

13 *Février* 1762. On a joué depuis quelques jours à Bagnolet *le Berceau*, conte de la Fontaine, ajusté au théatre par M. Collé. Il y avoit trois lits sur le théatre, ce qui a donné lieu à des plaisanteries. On a trouvé la piece froide, & quelqu'un disoit au duc d'Orléans : *monseigneur, il faudroit bassiner ces lits-là.*

14 *Février* 1762. Nous avons pensé perdre ces jours-ci M. de Crébillon (1), qui est fort vieux. Il s'en est heureusement tiré : il a reçu ses sacrements; & peu de temps après le viatique, il a mangé des huîtres.

15 *Février* 1762. On fait à M. de Marmontel le même honneur qu'à la Fontaine. On regarde ses contes comme une mine féconde, dont on cherche à s'approprier les richesses. On vient de mettre en comédie *Annette & Lubin*. Cette piece en un acte & en vers, mêlée d'ariettes, de vaudevilles, de divertissements, a été reçue sur le théatre Italien avec les plus grands applaudissements. C'est une bagatelle très-jolie ; il

_____

(1) On rapporte qu'un jour étant allé chez le roi, S. M. le reçut avec bonté; & dans le courant de la conversation : *vous êtes vieux*, lui dit le roi, *vous avez plus de quatre-vingt ans.* — *Non, sire*, lui répondit-il, *c'est mon extrait baptistere qui les a.*

n'y a que quelques mauvaises plaisanteries à retoucher, & le dénouement à resserrer.

Lubin aime Annette : Annette aime Lubin ; ils pratiquent l'amour sans le connoître. Le bailli, qui a de la passion pour la jeune villageoise, est conséquemment jaloux : il cherche à troubler cette belle union ; il veut les inquiéter, leur donner des remords : il interpose l'autorité du seigneur, pour remédier au scandale que cause dans le village le désordre de leurs mœurs. Celui-ci s'en laisse imposer d'abord, il veut punir les deux amants ; peu-à-peu il revient de son erreur, il reconnoît leur innocence, il confond l'imposture du calomniateur, & couronne la flamme innocente d'Annette & de Lubin.

Cette piece, saupoudrée par-tout d'un sel attique & délicat de courtisan, ne peut partir en entier de M. Favart, qui en est le prête-nom : il n'a que du gros sel. Tous les connoisseurs y reconnoissent la muse de l'abbé de Voisenon. En général, elle est écrite dans le goût des pastorales de Fontenelle, avec un naturel trop affecté, pleine de choses trop pensées, trop spirituelles. Après tout, honneur à M. de Marmontel, qui est l'architecte de ce drame ingénieux !

16 Février. On nous a donné, l'an passé, *la Confession & la mort de M. de Voltaire* ; on nous produit aujourd'hui son *Testament Littéraire*. Malheur aux plaisants sinistres qui nous obligent à prévoir un événement donc l'aspect afflige toute la littérature ! Quant à cette production, elle est d'un homme qui, à force de chercher de l'esprit, en rencontre quelquefois par hasard. On l'attribue à l'avocat Marchand.

17 *Février* 1762. *Chanson sur les Evêques* (1).
Sur l'air : De Joconde.

Le haut clergé s'est assemblé
　Pour juger les jésuites,
Des mœurs de la société,
　Des progrès & des suites :
Mais de ces fameux assassins
　Préférant la finance,
Ces prélats laissent aux destins
　A conserver la France.

Le Cardinal (2), homme d'esprit,
　Est de l'académie (3) ;
Mais il n'a pensé ni produit
　Depuis qu'il est en vie :
Ennemi du bien & du mal,
　Il prit en patience
Le coup qui le fit cardinal,
　Contre toute apparence.

Au bout du compte un tel soufflet (4),

---

(1) Il y avoit alors une assemblée de prélats, nommés par le roi pour examiner la doctrine des jésuites.

(2) Le cardinal de Luynes, chez qui se tenoit l'assemblée.

(3) Il étoit de l'académie Françoise.

(4) On prétend que M. de Luynes a commencé par servir ; mais ayant reçu un soufflet dont il ne prit pas vengeance, il fut obligé de prendre le parti de l'église.

Au milieu de la joue,
Aux descendants de *Cadenet* (1),
Tombe-t-il dans la boue?
S'en venger, c'est courir hasard,
Et pardonner, bassesse;
L'église lui sert de rempart,
Pour soutenir noblesse.

Beaumont (2), par Grisel (3) inspiré,
Laquais, (4) prêtre hypocrite,
A l'aveuglement condamné,
De rien ne voit la suite :
Cependant il a fort bien su
Que l'affreux régicide,
Par les *Ignaciens* conçu,
Fit Damien (5) parricide.

Or, de ces faits, nos chers amis,
Quelle est la conséquence ?
Dira-t-on qu'avec ces maudits,
Il est d'intelligence ?

---

(1) Voyez l'histoire de la mere & du fils par Mezerai, où est toute l'origine de la maison de Luynes.

(2) L'archevêque de Paris.

(3) Grand pénitencier, l'ame damnée de M. l'archevêque & son confesseur.

(4) On prétend que M Grisel a été laquais : c'est un fou dont on cite mille traits extravagants, entr'autres celui de Mlle. Huno, maîtresse de M. de la Valiere. On l'accuse d'avoir volé 50,000 liv. à la succession de M. de Tourni, intendant de Bordeaux, dont il étoit directeur.

(5) L'exécrable assassin du roi.

Non cherchant l'absolution,
   Cette troupe perfide
Vint le soir même à Charenton,
   Pour laver l'homicide.

Cambrai (1), ce prêtre méprisé,
   La honte de l'église,
Par ses confreres appellé,
   Comble encore leur sottise :
Aux pieds de sa vieille beauté,
   Cherchant ce qu'il doit dire,
Il immole la vérité
   A l'amoureux délire.

Nicolaï (2), sot, plat & long,
   Vendu, comme son frere (3),
Au feu cardinal du Perron,
   Veut renvoyer l'affaire ;
Et de la place qu'il remplit
   Oubliant la décence,
Insulte, fier de son crédit,
   Et Soissons (4) & la France.

---

(1) L'archevêque de Cambrai, amant de madame la comtesse de Lismore.

(2) L'évêque de Verdun, qui porte toujours des cheveux plats & longs.

(3) Le premier président de la chambre des comptes, qu'on dit vendu à la cour.

(4) M. de Soissons ayant répondu à M. de Verdun, qui citoit continuellement le cardinal du Perron en faveur des jésuites, que c'étoit un fripon à ne point citer, celui-ci repliqua à M. de Fitz-James, que c'étoit lui qui en étoit un.

Sans respect pour sa dignité
  Orléans (1) se rétracte (2),
Chacun sait que sa parenté
  Ne fut jamais intacte ;
Il corrompt jusqu'à son cousin,
  On passe la cousine (3),
Mais la feuille qu'il tient en main (4),
  Vaut bien la loi divine.

Le reste, un amas d'ignorans,
  De l'église la lie,
Bas valets, lâches courtisans
  De cette secte impie,
Craignant le fer & le poison,
  Tous ces prêtres coupables,
Laissent leur prince à l'abandon
  De ces gens détestables.
  (5). . . . .

S'étonnera-t-on que Ricci (6),
  Ce monstre sanguinaire,

———————————————————

(1) M. de Jarente.

(2) Etant évêque de Digne, il avoit été contre les jésuites.

(3) Mlle. de Jarente, qui demeure chez son oncle.

(4) Il a la feuille des bénéfices.

(5) On a retranché ici quelques couplets qui ne signifient pas grand'chose.

(6) Le général des jésuites.

Défende (1) à sa cohorte ici
D'être à ses vœux contraire?
Quand il signeroit mille fois,
C'est un nouveau parjure:
Ce barbare ne suit de loix
Que contre la nature.

Vengez-vous, grand prince, il est temps:
Chassez la race impie:
Vengez Lisbonne, Henri le Grand,
L'Amérique & l'Asie:
Quiconque oseroit des Césars
Insulter la puissance,
Doit être puni sans égards;
C'est le vœu de la France!

18 *Février* 1762. L'académie royale de musique a retiré *Zaïs* hier, & a remis des fragments, composés de l'acte du bal des *Fêtes Vénitiennes*, de celui de *Pygmalion*, & de celui de *l'Amour & de Psyché*.

L'opéra se retourne en tout sens pour ramener la foule: l'engouement du public paroît tout décidé en faveur des Italiens; il faut le laisser se blaser sur ce spectacle.

Dans le premier acte, Mlle. le Miere fait le rôle du maître de musique, avec un enjouement, une vérité, un goût qui ravissent. Le se-

---

(1) Le général n'a voulu entendre à aucune réforme concernant sa *société*; il a répondu au roi qui lui proposoit la réforme de son ordre: *sint ut sunt, aut non sint!*

cond ne sert qu'à faire regretter Géliotte; Muguet ne peut en rien représenter Pygmalion : c'est un acteur maigre, qui n'a pas la moindre figure; il a l'air d'une marionnette. D'ailleurs on a fort mal-à-propos fait jouer Mlle. Allard, qui n'est point du tout faite pour chanter, non plus que pour le genre de danse qu'exige le rôle de la statue animée. On ne peut exprimer les acclamations du public à la vue de mademoiselle Arnoux, qui n'avoit point paru depuis long-temps. Elle est en possession de nous reproduire Psyché, & d'inspirer l'amour à tous les cœurs de ceux qui la voient dans cette tragédie.

19 *Février* 1762. M. l'abbé Morellet, docteur de Sorbonne, & l'un des coopérateurs de l'encyclopédie, s'avoue l'auteur du *Manuel de l'Inquisition*. Il étoit déja connu par la *Vision du Sr. Palissot*, pamphlet très-satirique (1), qui lui avoit fait faire quelque séjour à la Bastille.

20 *Février* 1762. Il s'est passé hier un événement à la comédie Françoise, qui doit faire à jamais époque dans l'histoire du théatre.

On jouoit *Tancrede* : Mlle. Clairon faisoit *Aménaïde*. Quand elle en fut à ces vers :

" On dépouille Tancrede, on l'exile, on l'outrage...
,, C'est le sort d'un héros d'être persécuté....
,, Tout son parti se tait : qui sera son appui ?
,, Sa gloire ! . . . .
,, Un héros qu'on opprime attendrit tous les cœurs.....

---

(1) Des femmes de la plus haute considération y étoient tournées en ridicule.

l'actrice

l'actrice sublime donna des inflexions de voix si nobles & si pénétrantes, que tous les spectateurs, pleins de l'événement du jour (1), sentirent l'à-propos. Le nom de *Broglio* vola de bouche en bouche, & le spectacle fut interrompu à plusieurs reprises par des applaudissements qui se renouvelloient sans cesse.

22 *Février* 1762. Le livre de *la Nature* ne mérite pas la même célébrité éphémère qu'il a eue : c'est une nouvelle pierre ajoutée à l'édifice du matérialisme, façonnée à peu près comme les autres. Les quatre propositions cardinales de l'auteur sont : 1. Il y a un équilibre nécessaire de biens & de maux dans la nature. 2. La génération uniforme des êtres. 3. L'instinct moral. 4. Le physique des esprits. Il convient qu'il n'a point inventé ces différents systèmes, mais il prétend aller plus loin que les autres, & en déduire des conséquences neuves. On sent qu'elles ne peuvent être à l'avantage ni de la morale, ni de l'humanité. Ce livre est trop scientifiquement écrit pour amuser les gens superficiels, & il ne l'est pas assez agréablement pour attacher les savants, auxquels il n'apprendra rien. Le mal qu'il fera, sera donc très-peu de chose, puisque peu de gens le liront. On l'attribue à un M. *Robinet de Châteaugiron.*

24 *Février* 1762. On parle beaucoup du requisitoire de M. le procureur-général [la Chalotais] du parlement de Bretagne, contre les jésuites. Nous n'en ferons mention qu'en ce qui concerne notre objet. Ce savant magistrat pré-

_____

(1) M. le maréchal de Broglio a reçu hier une lettre de cachet, qui l'exile dans ses terres.

Tome I. C

tend que l'éducation donnée par les jésuites n'est point si précieuse. Il propose, en conséquence, de faire un nouveau plan d'études...... Il est certain que ce moment-ci est une crise heureuse dans les lettres, dont il faudroit profiter pour chasser enfin l'ignorance & la superstition de leurs derniers repaires, pour substituer l'esprit philosophique à l'esprit pédantesque qui regne encore dans les colleges, & pour apprendre à la jeunesse des choses qu'elle doive & qu'elle puisse retenir.

26 *Février* 1762. Nous avons sous les yeux une lettre de M. de Voltaire [à M. l'abbé de Launay] dans laquelle il nous apprend que son commentaire sur Corneille doit l'occuper encore deux ans; qu'alors il en aura 69, & qu'il est trop vieux, trop ami du calme & du silence, pour desirer son retour à Paris..... Il signe, *de Voltaire, gentilhomme ordinaire du roi.*

26 *Février* 1762. La reprise d'*Armide* s'est faite aujourd'hui sans le moindre tumulte. La fureur du public pour ce bel opéra s'est passée comme un enchantement...... On trouve plus de musique dans le plus petit opéra-comique.

28 *Février* 1762. Les comédiens ont reçu des défenses de jouer *Tancrede*, jusqu'à nouvel ordre, en conséquence de ce qui s'est passé le samedi 9.

28 *Février* 1762. Aujourd'hui que la comédie Italienne est à son plus haut degré de faveur & d'illustration, il est essentiel d'établir la position actuelle de ce spectacle.

On y compte 15 acteurs [dont 3 provenant de l'opéra-comique & deux à la pension], & 13 actrices [dont 4 à la pension & deux provenant de l'opéra-comique]. Dans cette multitude, à peine trouvons-nous quelques personnages qui méritent qu'on en parle.

Carlin passe pour être un très-grand Arlequin : il est fait pour dérider les fronts nébuleux, on lui trouve de la fécondité, beaucoup de variété dans ses lazzis, une souplesse étonnante dans son jeu; il provoque, malgré qu'on en ait, la grosse gaieté; mais c'est un arlequin. *De Hesse* est acteur, valet du premier ordre; il entend d'ailleurs à merveille la chorégraphie. Nous trouvons dans *Rochard* un chanteur agréable; il a de la propreté, du goût; il joue quelques rôles passablement. *La Ruette* répare à force d'art la nature la plus ingrate, c'est un musicien consommé. On desireroit encore entendre *Clairval* sur le théatre de l'opéra-comique; son filet de voix se perd sur celui des Italiens : on en voit assez pour regretter qu'il n'en puisse pas faire entendre davantage. Le robuste *Audinot* rend au naturel la grossiéreté des mœurs du peuple. Tous ces talents divers sont éclipsés par celui de *Cailleau*; c'est un comédien qui a toutes les qualités, à la noblesse près : sa voix embrasse tous les genres; elle se monte à tous les tons; elle vaut un orchestre entier : il est principalement fait pour la parodie.

Madame *Favart* a été long-temps l'héroïne des Italiens, apparemment parce qu'elle n'étoit point surpassée par d'autres. En général, elle est médiocre, elle a la voix maigre, manque de noblesse, & substitue la finesse à la naïveté, les grimaces à l'enjouement, enfin l'art à la nature. On a beaucoup applaudi au début de Mlle. *Pic-*

cirelli. C'est une cantatrice du premier ordre: elle n'a pourtant pas dans le gosier cette flexibilité qu'exige l'italien pour être chanté dans sa premiere perfection. Du reste, elle n'est propre en rien au théatre. Mlle. *Villette*, transfuge de l'opéra, a été mieux accueillie à ce spectacle. Son volume de voix, trop médiocre pour le premier théatre, a mieux rempli celui des Italiens: elle a un air niais, qui s'adapte à certains rôles; mais elle n'est rien moins qu'actrice, elle n'a ni chaleur ni sentiment. On devroit s'applaudir de l'acquisition de Mlle. *Neissel*, si sa voix voilée suffisoit au lieu où elle chante. Elle a des graces, du naturel, du goût, du sentiment; mais ses sons trop affoiblis quand ils parviennent à l'oreille, ne produisent plus qu'une demi-sensation.

Tous ces talents, dont aucun n'est parfait, se rapprochent beaucoup plus du médiocre, & la fureur avec laquelle on court à ce spectacle, ne pourra jamais faire honneur au siecle. Les partisans du bon goût esperent tout du temps & de l'inconstance des Parisiens.

1 Mars 1762. M. *Collé* a mis encore en opéra-comique le conte de la Fontaine, *à femme avare, galant escroc*. Cette plaisanterie a été jouée chez M. le duc d'Orléans, à Bagnolet. Dans ces ouvrages de société on se permet bien des gravelures, toujours sûres de réussir en pareil cas, mais qui rendent une piece hors d'état d'être présentée au public.

2 Mars 1752. *Mes dix-neuf ans, ouvrage de mon cœur*. Tel est le titre d'un recueil assez gros d'opuscules en tous genres, en vers & en prose. M. du Rosoy est le nouveau candidat qui se met

fur les rangs. Il annonce qu'il a déja une tragédie toute prête. Nous remarquons dans cet auteur un ton décidé, qui est ordinairement l'indice des talents médiocres : il tranche fans difficulté fur les plus grands hommes.

3 Mars 1762. *Julie, ou le Triomphe de l'Amitié*, comédie en trois actes & en profe. Cette piece a été jouée aujourd'hui pour la premiere & derniere fois.

La fcene est dans une efpece d'hôtellerie, où logent différents perfonnages, entr'autres un jeune étourdi, qui a enlevé une demoifelle, & l'a époufée. Ils font dans la derniere mifere : l'hôteffe veut les renvoyer; un ami du mari a la générofité de payer leurs dettes, & de pourvoir à leurs befoins. Pour ménager leur amour-propre, il ufe de détours qui font naître & fomentent la jaloufie de fon ami; une explication auroit bientôt éclairci le tout, mais la piece finiroit trop tôt. Des incidents, des perfonnages poftiches prolongent le dénouement : à la fin tout s'éclaircit, & le mari reconnoît l'innocence & la grandeur d'ame de fon bienfaiteur.

Cette piece est de M. Marin, auteur d'une *hiftoire de Saladin*, de différentes autres brochures, & fucceffeur de Crébillon à la cenfure de la police.

4 Mars 1762. M. de Marmontel a mis auffi *Annette & Lubin* en opéra-comique; M. de la Borde a fait la mufique. On prétend que cet ouvrage ne peut fe préfenter fur la fcene. *Annette* y paroît groffe à pleine ceinture, & il y a un interrogatoire du bailli des plus gras. On affure qu'il fera joué à Choify.

5 Mars 1762. Il fe vend fous le manteau une bro-

chure intitulée : *le Colporteur*. On l'attribue à M. Chevrier. Elle n'a d'autre mérite que son incognito, & quelques anecdotes scandaleuses sur différents littérateurs.

6 Mars 1762. *Armide* ne peut absolument tenir devant l'opéra-comique; il est désert. Cet opéra eut 33 représentations à sa premiere reprise : elles ont rendu 107,000 livres.

7 Mars 1762. *Le Sermon du Rabin Akib* de M. de Voltaire, qui étoit peu répandu, s'étant divulgué beaucoup au moyen d'une impression faite en ce pays, la police fait les recherches les plus séveres sur ce pamphlet; ce qui lui donne une vogue qu'il n'avoit pas eue.

8 Mars 1762. Le sort de l'opéra-comique est enfin fixé. Il est incorporé avec la comédie Italienne. L'engouement du public, joint à celui de la cour, a fait décider que ce spectacle auroit lieu toute l'année. On prétend que l'étiquette a beaucoup contribué à la réunion; il n'eût pas été décent de faire jouer devant la famille royale des histrions qui n'auroient pas été revêtus du titre de *comédiens du roi*.

9 Mars 1762. La comédie Italienne, en conséquence de sa réunion avec l'opéra-comique, a le privilege exclusif de jouer la semaine de la passion : elle se transportera alors sur le théatre de la foire. Ce changement de scene redoublera la fureur du public. Tout est déja loué pour tous les jours, jusqu'aux troisiemes loges.

10 *Mars* 1762. M. de Voltaire ne laisse passer aucune occasion de s'égayer en amusant le public. Il paroît une plaisanterie qu'on lui attribue à l'occasion de l'expulsion des jésuites, dont il est tant question aujourd'hui. Cette piece

est intitulée *la Balance égale*. Il y expose le pour & le contre. Le tout est assaisonné des sarcasmes qu'il sait si bien manier.

13 *Mars* 1762. Quoique l'anecdote que nous allons rapporter soit ancienne, comme elle n'est pas connue & qu'elle intéresse tous les partisans de M. de Voltaire, nous allons la consigner ici.

Un témoin oculaire [l'abbé Besson] nous rapporte que M. de Voltaire, dans la quinzaine de pâque derniere, se crut obligé d'édifier les nombreux vassaux dont il est seigneur, & sur-tout Mlle. Corneille dont il forme si parfaitement le cœur & l'esprit. En conséquence, ce grand homme fait venir un capucin, se confesse humblement à ses genoux, fait entre ses mains une espèce d'abjuration, communie ensuite, & fait donner six francs au vilain.

15 *Mars* 1762. Il se répand une parodie d'une ariette du *Maréchal*, opéra-comique, sur M. le maréchal prince de Soubise :

>Je suis un pauvre maréchal,
>Et je redeviens général
>Depuis que Broglio en son village
>Est renvoyé par Pompadour :
>Mais si j'abandonne la cour,
>J'y reviendrai, selon l'usage,
>Tôt, tôt, tôt, battez chaud,
>Tôt, tôt, tôt, bon courage,
>Y faire admirer mon ouvrage.

16 *Mars* 1762. Nous apprenons que M. de Marmontel travaille à une *Poétique*. Nous espérons qu'il nous donnera de meilleurs préceptes en théorie qu'en action.

16 Mars 1762. Le Tréſor du Parnaſſe, ou le plus joli des Recueils. Mrs. de Bernard, de Bernis, Colardeau, Dorat, des Mahis, Feutry, de Laurès, le Mierre, Marmontel, de Moncrif, Peſſelier, Robbé, de St. Lambert, Sédaine, Thomas, de Voltaire, figurent tour-à-tour dans ce recueil. On y voit des choſes qu'on trouve par-tout, & l'on y remarque des odes ſacrées à côté des poéſies d'une galanterie des plus libres.

17 Mars 1762. On a joué aujourd'hui à l'opéra, *Dardanus*, [muſique de Rameau, paroles de la Bruyere] pour la capitation des acteurs. Ce jour-là n'a point rendu comme à l'ordinaire, on n'a fait qu'environ 1,000 écus.

18 Mars 1762. M. le chevalier de Laurès, ce poëte lauréat, couronné pluſieurs fois par l'académie Françoiſe, donne au public une ode intitulée *la Navigation*. Elle tire tout ſon mérite du zele patriotique. C'eſt un médiocre ouvrage, comme tous ceux de ce poëte.

19 Mars 1762. On eſt ſurpris de ne voir pas paroître *l'Eponine* de M. de Chabanon, tant vantée, & qui devoit ſe jouer par autorité. Nous apprenons que les clameurs des opprimés ſe ſont fait entendre, & ont touché ceux qui vouloient favoriſer ce drame à l'excluſion des autres. M. du Belloy, ſur-tout, dont la tratragédie, ſans avoir le même titre, préſente les mêmes ſituations que celle de M. de Chabanon, a intéreſſé l'humanité des gentilshommes de la chambre. Il a fait voir que ſa piece, paroiſſant après celle de ſon concurrent, devoit néceſſairement tomber, quelle que fût la réuſſite du premier : qu'au contraire, la ſienne n'entraînetoit pas auſſi eſſentiellement la chûte de ſon rival, celui-ci lui étant bien ſupérieur par la pompe, l'harmonie, le coloris de la verſification, préſages certains du ſuccès. Les gentils-hommes de la chambre ſe ſont rendus à cet argument lumineux, trop flatteur pour que M. de Chabanon s'y refuſât; & tout eſt rentré dans l'ordre accoutumé.

21 *Mars* 1762. M. Colardeau chauſſe le brodequin aujourd'hui; il a fait une petite piece en deux actes, intitulée *Camille & Conſtance*. Ce drame a été repréſenté à Auteuil, chez les demoiſelles Veriere; il eſt tiré de *la Courtiſanne amoureuſe*, conte de la Fontaine. On ſent tout le ſel que devoit avoir cette piece en pareil lieu. L'auteur veut la reſſerrer en un acte, & nous en régaler aux François.

22 *Mars* 1762. M. Dorat a fait auſſi une tragédie, intitulée *Théagene & Chariclée*.

M. de Sauvigny, garde-du-corps du roi de Pologne, nous promet également *la mort de Socrate*, drame en trois actes.

23 *Mars* 1762. Depuis qu'il eſt décidé que les comédiens Italiens jouiront du privilege de l'opéra-comique, & joueront la ſemaine de la paſſion, les autres ſpectacles ſe donnent des mouvements pour participer à cette grace: ils profitent de la circonſtance du feu qui a pris à la foire, & cherchant à réveiller l'humanité en faveur des incendiés, ils offrent de jouer au profit de ceux-ci. Il n'y a pas d'apparence qu'ils obtiennent cette grace.

24 *Mars* 1762. Les Italiens devoient aller jouer ſur le théatre de l'opéra-comique pendant la derniere ſemaine, mais l'incendie de la foire a

dérangé cet arrangement : ils resteront où ils sont, & les danseurs de corde auront ce théatre-là. C'est un inconvénient préjudiciable aux premiers : toutes les loges étoient déja louées : les pieces qu'on joue à présent, déja usées, auroient acquis un air de nouveauté par le changement de lieu, capable d'engouer tout Paris.

25 *Mars* 1762. M. l'abbé de la Caille, de l'académie royale des sciences, l'un des plus célebres astronomes de l'Europe, est mort le 21 de ce mois. Il n'avoit jamais été malade.

26 *Mars* 1762. M. l'abbé Arnaud, aujourd'hui directeur du *Journal Etranger*, commence à monter aux honneurs littéraires; il a été élu cette après-midi membre de l'académie des belles-lettres.

26 *Mars* 1762. Il va paroître incessamment *Amélie*, roman traduit de l'anglois de Fielding. C'est le pendant de *Tom Jones*. On y voit l'amour conjugal déployé dans toute sa force & dans toutes les positions possibles. Madame Riccoboni est auteur de cette traduction, qui peut être très-intéressante.

26 *Mars* 1762. Tout le public voit avec plaisir une ingénieuse gravure de M. de Carmontel, amateur & artiste lui-même : c'est le portrait de M. l'abbé Chauvelin, ce redoutable écueil contre lequel sont venus se briser, l'orgueil, l'astuce & la politique des jésuites. Il est représenté avec les attributs de la magistrature, tenant en main le livre des *Constitutions*; on lit au bas ce simple & magnifique éloge : *non sibi, sed patria natus*.

27 *Mars* 1762. On a fait aujourd'hui la clôture de la comédie Françoise. On jouoit *Sémira-*

mis : on en étoit au premier acte, lorsqu'on a crié que le feu étoit à la salle. Jamais effroi n'a été plus soudain & plus terrible : à l'instant les flots de spectateurs en s'écoulant ont entraîné les portes & les cloisons; l'amphithéatre est descendu dans le parterre; l'orchestre est monté sur le théatre; les femmes se précipitoient des loges; Mlle. Dumesnil, qui faisoit *Sémiramis*, s'est trouvée mal..... Heureusement l'incendie s'est terminé à une chaise brûlée, sur laquelle une actrice avoit laissé tomber une bougie dans sa loge..... Une demi-heure après tout le monde s'est calmé, & l'on a continué le spectacle.

Le jeune *Molé* a fait le compliment & l'a débité. Il étoit plein de fadeurs & de lieux communs, à l'ordinaire. Ce comique orateur y déclare qu'il ne parle point des acteurs qui ont réussi cette année, pour ne point affliger ceux qui ont manqué les suffrages du public; qu'au reste, tous méritent des encouragements.

28 *Mars* 1762. Quelque plaisant a trouvé la parodie de l'ariette du *Maréchal*, digne d'être continuée : on y a ajouté les couplets suivants :

    Si je suis pauvre général,
    Je suis un brave maréchal;
    Je sais exposer ma patrie
    Et braver des miens le mépris.
    Lorsque je marche aux ennemis,
    Par ma manœuvre je leur crie,
    Battu chaud, j'ai bon dos;
    Poisson soutient Soubise,
    La France paiera nos sottises.

J'allois combattre Ferdinand,
Et je le croyois par devant;
Mais il s'est trouvé par derriere.
Pense-t-on qu'un Hanovrien,
Puisse agir en Italien,
C'est au-dessus de ma visiere?
Battu chaud, j'ai bon dos;
Poisson soutient Soubise,
La France a payé nos sottises.

A Rosbac le Prussien si fier
Pouvoit-il jamais espérer
Me vaincre en bataille rangée?
Moi qui ne m'y rangeai jamais,
Je m'en épargnai tous les frais.
L'éclair dissipa mon armée.
Battu chaud, j'ai bon dos;
Poisson soutient Soubise.
La France a payé nos sottises.

Mais revenons à Lutzelberg,
Où je vois triompher Chevert
Sans vouloir partager sa gloire :
C'en étoit fait des ennemis :
Si je marchois, ils étoient pris;
Je fis échapper la victoire.
Battu chaud, j'ai bon dos;
Poisson soutient Soubise.
La France a payé nos sottises.

Prince fait pour être chéri,
Soyez heureux & favori,
Mais ne commandez pas l'armée
Au bien qui vous arrivera

Vous verrez qu'on applaudira:
Abandonnez vos destinées.
Tôt, tôt, tôt, battez chaud.
Tôt, tôt, tôt, bon courage ;
Que Broglio finisse l'ouvrage !

28 *Mars* 1762. On ne cesse de s'informer de toutes parts quel est l'auteur du livre *de la Nature*. On écrit de Hollande à M. de Mairan, qu'il est de la composition d'un ex-jésuite, nommé M. *Robinet*. Ce philosophe est passé dans cette république, & s'y est marié avantageusement.

28 *Mars* 1762. Il se répand une nouvelle épigramme sur Fréron, qu'on attribue à un homme de la cour : elle est intitulée *la Souris*.

Souris de trop bon goût, souris trop téméraire,
Un trébuchet subtil de vous m'a fait raison ;
Vous déchiriez, cruelle ! un tome de Voltaire,
Tandis que vous aviez les feuilles de Fréron.

30 *Mars* 1762. Il paroît une *réponse aux épitres du Diable*, attribuée à M. de Voltaire. On met en note que, quoique cette piece soit tombée tard entre les mains de l'éditeur, il n'a pas voulu en priver le public. Il l'auroit pu faire sans qu'on lui en sût mauvais gré : la piece, comme tout ce qui paroît depuis quelque temps, est indigne de son auteur. Outre les victimes ordinaires que s'immole le poëte des délices, il a fait choix d'une nouvelle ; le sieur Palissot, & tout le monde applaudit à ce qu'il dit de cet anti-philosophe.

31 *Mars* 1762. On a joué hier chez M. le ma-

réchal de Richelieu *l'Annette & Lubin* du sieur Marmontel. Mlle. Neissel faisoit *Annette*, & Clairval *Lubin*. Cette piece a eu le plus grand succès. Ce jour-là même on jouoit aux Italiens la piece de madame Favart. Ceux qui ont vu les deux, trouvent la premiere infiniment supérieure. Nous avons lu le manuscrit : il nous paroît que le drame du sieur Marmontel est plus ordurier. Il y a un interrogatoire du bailli, qui malheureusement vient après celui du *Droit du Seigneur*. Du reste, on donne la palme aux deux auteurs du théatre particulier.

1 *Avril* 1762. Voilà une des plus fameuses époques de la république des lettres, les arrêts du parlement se sont exécutés aujourd'hui, & les jésuites ferment leurs colleges dans le ressort. Les pensionnaires de Louis le Grand sont tous sortis, & ceux qui sont connus sous le nom d'*Enfants de Langue*, ou d'*Arméniens* pensionnés par le roi, ont été mis, jusqu'à nouvel ordre, dans des maisons voisines du college. On a fait, à l'occasion de l'événement du jour, courir la pasquinade suivante.

« La troupe de St. Ignace donnera mercredi prochain 31 mars 1762, pour derniere représentation, *Arlequin Jésuite*, comédie en cinq actes, du pere Duplessis : suivis des *Faux bruits de Loyola*, par le pere Laînez, petite comédie en un acte. Pour divertissement, le *Ballet Portugais* : en attendant le *Triomphe de Thémis*. »

2 *Avril* 1762. L'université, suivant la requisition du parlement, répand un mémoire, où elle démontre différentes choses par rapport à l'instruction de la jeunesse. Elle établit, 1°. que

l'éducation publique est infiniment préférable à la particuliere ; 2°. que les réguliers doivent être exclus de cette éducation, à laquelle doivent être préférablement attachés les grands corps, qui sont en quelque sorte membres de l'état : elle insinue ensuite que ceux qui se trouvent chargés de ces pénibles fonctions, devroient être récompensés d'une façon plus utile & plus honorifique.

2 *Avril* 1762. On parle beaucoup d'une chanson faite sur l'abbé de Voisenon & Mad. Favart, à l'occasion de la piece d'*Annette & Lubin*, qui est mise sous le nom de cette derniere. Voici cette plaisanterie.

Chanson nouvelle à l'endroit d'une femme auteur, dont la piece est celle d'un abbé.

Il étoit une femme
Qui, pour se faire honneur,
Se joignit à son confesseur;
Faisons, dit-elle, ensemble
Quelqu'ouvrage d'esprit,
Et l'abbé le lui fit.

Il cherche en son génie
De quoi la contenter;
Il l'avoit court pour inventer :
Prenant un joli conte
Que Marmontel ourdit,
Dessus il s'étendit.

On prétend qu'un troisieme
Au travail concourut :
C'est Favart qui les secourut.

En chose de sa femme
C'est bien le droit du jeu
Que l'époux entre en peu.

Fraîcheur, naturel, grace,
Tendre simplicité,
Tout cela fut un conte ôté ;
On mit des gaudrioles,
De l'esprit à foison,
Tant qu'il fut assez long.

A juger dans les regles,
La piece ne vaut rien ;
Et cependant elle prend bien.
Lubin est sûr de plaire ;
On dit qu'*Annette* aussi
En tire un bon parti.

Mais si la vaine gloire
Des auteurs s'emparoit,
Le public sot les nommeroit,
Monsieur Favart, sa femme ;
Et brochant sur le tout,
Avec eux l'abbé Fou. . . . .

3 *Avril* 1762. Les Italiens ont fait aujourd'hui la clôture de leur théatre. Le sieur le Jeune a débité le compliment rempli de choses flatteuses pour le public. Il y traite assez bien la réunion des deux théatres, & prétend que cet assemblage ne fera qu'exciter leur émulation, au lieu de faire naître leur jalousie.

4 *Avril* 1762. Il court dans les rues un *Dies iræ* sur les jésuites : il a 59 couplets ; il tire tout

son mérite des honorables victimes dont il déplore le destin. Rien n'est plus plat ni plus misérable.

5 Avril 1762. *Ode sur les vaisseaux*, par M. Courtrat. Voici un nouveau candidat que l'amour de la patrie fait mettre sur les rangs. S'il s'en étoit tenu à l'envie de montrer son zele, il seroit louable ; mais ce jeune Apedente s'érige en docteur, & dans une préface nous détaille les propriétés & les privileges de l'ode. C'est afficher des prétentions comme auteur, & en cette qualité nous le condamnons au silence, sur-tout en matiere lyrique.

6 Avril 1762. M. Barthe, jeune Provençal de l'académie de Marseille, nous donne un livre de ses *Opuscules*. Ce sont des épîtres légeres & gracieuses. Il s'y trouve beaucoup d'images, de poésie, de facilité : mais le tout est monté sur un ton de monotonie fastidieuse. Ce genre, très-borné, est presqu'épuisé par les Gresset, les Bernis, les Desmahis, les Lambert.

7 Avril 1762. M. l'abbé Raynal vient de donner au public un livre qu'il appelle, *Ecole militaire, ouvrage composé par ordre du gouvernement*. C'est une compilation d'aventures, de belles actions, ou de bons mots, qui ont trait à la guerre. Ce livre, qui auroit pu avoir au moins le mérite du choix & de la concision, est prolixe, diffus, & plein de choses étrangeres au titre. L'auteur a 3,000 livres de pension pour ce beau travail. Il vouloit qu'on obligeât chaque régiment à prendre 100 exemplaires de son livre ; il le vend 6 francs. Qu'on évalue l'argent immense qu'auroit recueilli cet homme de lettres calculateur. Le ministre ne s'est

pas malheureusement prêté à ses projets de fortune.

8 *Avril* 1762. L'*Annette & Lubin* de M. de Marmontel court les théatres particuliers. Cette piece a été jouée avant-hier sur celui de la *Folie-Titon*, avec un concours de monde prodigieux.

Ce poëte passe pour auteur de la chanson de l'abbé de Voisenon. Celui-ci paroît en rire ; mais il en garde un ressentiment profond, à ce qu'assurent ceux qui le connoissent. Il espere bien faire rire à son tour le public aux dépens du poëte Gascon.

9 *Avril* 1762. On vient de donner un cinquieme volume aux *Œuvres du Philosophe de Sans-Souci*. On sait que ce livre est du roi de Prusse, & sera un monument à jamais durable, élevé à l'honneur des lettres. Il n'y a guere que des *Epîtres* dans ce nouvel ouvrage, roulant toutes sur la guerre passée & la présente. Elles sont bien propres à détruire les imputations odieuses dont on a chargé cette majesté. Il paroît que c'est après avoir épuisé toutes les voies de négociation qu'elle s'est portée à agir hostilement. Quelques-unes sont écrites avec la simplicité dont César racontoit ses victoires.

On parle dans la préface d'une rapsodie intitulée *l'Amant-sans-Souci*, qu'on avoit fait paroître sous le nom respectable de M. Formey. Ce libelle, peu connu à Paris, paroissoit avoir pour but de ternir les philosophes d'aujourd'hui, sous le nom injurieux de *Nouveaux*.

10 *Avril* 1762. M. le maréchal d'Estrées a sa part aussi dans les couplets sur nos généraux. C'est toujours sur le même air : *Je suis un pauvre maréchal*.

Sur le Maréchal d'Estrées.

Je marche comme un maréchal,
Point du tout comme un général :
Si nous avons quelque avantage,
Soubise en aura tout l'honneur ;
Je le lui cede de bon cœur,
Je n'ai point de cœur à l'ouvrage.
Tôt, tôt, tôt, battez chaud,
Tôt, tôt, tôt, bon courage,
Je n'ai point de part à l'ouvrage.

Contades en fut mécontent,
Je devins son aide-de-camp,
Sans vouloir être davantage.
Ce procédé ne prit pas bien ;
Je m'en ris, je suis citoyen,
C'est un assez beau personnage.
Tôt, tôt, tôt, battez chaud,
Tôt, tôt, tôt, bon courage,
Je n'ai point de part à l'ouvrage.

11 *Avril* 1762. Les parts des acteurs de la comédie Italienne se sont montées cette année à 11,500 livres chacune.

11 *Avril.* Mlle. Neissel & Audinot quittent le spectacle de la comédie Italienne, & passent au service du prince de Conti. Il y a eu une grande jalousie contre la premiere, de la part de mesdames Favart & Villette. Elle n'a pu tenir contre leurs cabales.

13 *Avril* 1762. Il paroît une *réponse au discours*

de M. *de la Chalotais*, qu'on attribue au père Griffet ; elle est foible de preuves, & forte d'insolences. Il voudroit insinuer que tout ce qui se passe aujourd'hui contre les jésuites, n'est qu'une suite du système qu'ont formé les nouveaux philosophes de sapper les fondements de la religion. Par où mieux commencer qu'en détruisant les jésuites, ce corps infatigable, qui a toujours opposé le bouclier de la foi aux attaques réitérées des encyclopédistes ! Le bruit a couru que le *discours* de M. de la Chalotais avoit été fait par M. d'Alembert, & ce jésuite donne par-là assez à entendre que le magistrat n'a pas parlé d'après lui seul.

14 *Avril* 1762. *Le Jésuite Misopogon Séarphique, ou l'ennemi de la barbe des Capucins*, amphigouri qui n'a rien de remarquable que la licence qui y regne, est une anecdote très-scandaleuse sur l'abbé de la Porte, ci-devant jésuite.

15 *Avril* 1762. On sait que depuis long-temps M. de Voltaire travailloit à châtier sa *Pucelle*, à la rendre pudibonde. Il en paroît enfin une nouvelle édition in-8°. en 20 chants, avec des estampes. On y a retranché tout ce qui avoit trait à madame la marquise de Pompadour. Du reste, l'auteur y regagne en impiété tout ce qu'il y perd en obscénité.

16 *Avril* 1762. Nous revenons au *colporteur* de M. Chevrier, qu'il appelle *Histoire morale & critique*. Ce livre est de la plus grande rareté. Le gouvernement n'a point voulu en permettre ni tolérer l'introduction en France, ce qui désole les libraires, l'ouvrage étant assuré du plus grand débit, par les atroces médisances

ou calomnies dont il est farci. L'impudent écrivain y nomme sans égard les gens par leur nom. A travers toutes les infamies dont sa satire est pleine, il se trouve quelques anecdotes assez amusantes ; on en lit une sur un vers de la *Mariamne* de M. de Voltaire, qui fait rire. Madame la maréchale de *** ayant oui dire que cette tragédie étoit meilleure sous sa premiere forme, en demanda une lecture à son auteur, qui étoit de cet avis. Quand il en fut aux fureurs d'*Hérode*, après avoir empoisonné *Mariamne*, il appuya beaucoup sur ce vers que dit le prince, en l'exhortant à vivre :

» Vis pour toi ! vis pour moi ! vis pour nos chers enfants !.... »

Le poëte exhala si pathétiquement cette exclamation, que la maréchale attendrie se mit à pleurer : *Ne vous affligez pas, Madame,* lui dit le prêtre Macarty, *il y en aura pour tout le monde.*

17 *Avril* 1762. Les jésuites se sont défaits d'une très-grande quantité de livres, que M. le duc de la Valiere a achétés, ainsi que M. le comte de Lauraguais.

Le second volume de Trévoux vient de paroître encore ; mais le pere Bertier a déclaré que c'étoit le dernier qu'il donneroit. Ce jésuite convient qu'il ouvre enfin les yeux ; qu'il n'avoit jamais lu les *Constitutions* que depuis qu'elles ont été épluchées si sévérement, & qu'il s'apperçoit qu'il étoit, sans s'en douter, l'espion du général, à l'égard de tous les savants dont il parloit dans ses ouvrages ; qu'il recevoir fréquemment des lettres de ce supérieur, qui l'interrogeoit successivement sur leur compte; qu'il lui répondoit dans la sincérité de son cœur; en sorte que ce chef pouvoit connoître leurs écrits dans son journal, & leurs mœurs & leur caractere par ses réponses.

18 *Avril* 1762. *La Mort d'Adam*, tragédie en trois actes, traduite de l'allemand de M. Klopstock, par un anonyme.

Cette traduction en prose ne répond point à la sublime idée qu'on donne de l'original dans le discours préliminaire, où l'on exalte ce drame comme un chef-d'œuvre digne d'Homere ou de Sophocle. Il y a du pathétique d'expression, plus que de situation.

18 *Avril* 1762. *A la Nation*, poëme. Tel est le titre d'un nouvel ouvrage de M. d'Arnaud. On se doute bien qu'il roule sur le zele patriotique. La fiction en est commune, la poésie dure & boursoufflée; une adulation basse pour le ministere, voilà tout ce qui en résulte. Le *Mercure* en fait un extrait si pompeux & si emphatique, qu'il n'y a aucun doute qu'il ne soit de la façon même de l'auteur, très-extasié de son chef-d'œuvre. Il fonde dessus les plus grandes espérances de fortune.

19 *Avril*. 1762. Aujourd'hui s'est fait la rentrée des deux comédies, qui n'ont donné rien de nouveau. L'Italienne n'a point eu son affluence ordinaire, ce qui est d'un mauvais augure. Ce début pourroit bien être l'époque de la décadence que tous les amateurs du vrai bien lui présagent & lui souhaitent.

20 *Avril* 1762. L'opéra a fait sa rentrée aujourd'hui par *Dardanus*. Jamais on n'a vu un

spectacle si délabré. On remarque une réforme assez considérable dans les subalternes, qui influent pour peu sur le total du spectacle. Il y en auroit une plus considérable à faire dans les chanteurs, mais la pénurie empêche de rien changer.

10 *Avril* 1762. L'académie royale des inscriptions & belles-lettres a tenu aujourd'hui son assemblée publique d'après pâque.

M. le Beau, secretaire de la compagnie, y a lu les éloges de M. le cardinal Passionéi & de M. l'évêque de Ruvaliere.

Cette lecture a été suivie de celle d'un mémoire de M. de la Naufe, sur le sujet de la quatrieme églogue de Virgile, par rapport à l'enfant que le poëte a voulu y désigner.

M. l'abbé Barthelemi a donné après une explication curieuse du fameux bas-relief Egyptien de Carpentras.

Enfin, M. de Chabanon a régalé le public de la traduction d'une ode de Pindare, avec des notes

11 *Avril* 1762. L'académie royale des sciences a fait aujourd'hui sa rentrée publique d'après pâque.

M. de Fouchy, secretaire perpétuel, y a lu les éloges de M. Belidor & de M. Rouillé. Tout le monde a applaudi au premier : quant au second, on l'a reçu comme un monument élevé par le mensonge & l'adulation, à la mémoire d'un homme qui ne mérite d'être connu de la postérité, ni comme ministre ni comme savant.

Cette lecture devoit être suivie de celle de plusieurs mémoires ; M. de Montigny, chymiste, a absorbé tout le temps de la séance, par une ennuyeuse relation de son voyage, de ses expériences & de ses résultats, relatifs aux salines de la Franche-Comté.

M. de la Lande a terminé la séance en rendant compte du passage de *Vénus* sur le disque du soleil. Il a cru déterminer d'après ses observations la distance des planetes au soleil. La terre, qui jusqu'à présent ne passoit pour être qu'à 29,000,000 lieues de cet astre, s'en trouve reculée de 32,000,000. *Saturne*, la planete la plus éloignée de toutes, en est à 36,000,000 & plus; 12,000,000 est la distance de *Mercure*: qui est le plus voisin. Ce mémoire a paru très-bien fait, & mis à la portée des plus ignares, par la clarté dont il est.

22 *Avril* 1762. La rentrée de la comédie Françoise n'a pas été plus brillante que l'autre. Le sieur Molé a débité un compliment, qui, outre les fadeurs ordinaires pour le public, contenoit un aveu très-modeste de lui, Molé, sur son insuffisance à remplacer le Kain, absent dans la piece qu'on alloit jouer, un éloge & des regrets très-considérables à l'occasion de la perte de Grandval, qui se retire.

Grandval est en effet retiré. On prétend qu'il a fait l'insolent vis-à-vis M. le duc d'Aumont : ce qui est assez croyable. Cette perte est grande pour le public & pour les comédiens. L'on perd un acteur unique dans certains rôles, les autres un modele propre à former d'excellents sujets.

23 *Avril* 1762. Le sieur le Kain est allé chez M. de Voltaire, en députation de la part des comédiens, pour réparer leur impertinence à l'occasion,

cafion de fa derniere tragédie [*Olympie*], qu'il a été obligé de retirer à caufe de leur défunion. Ils fentent combien il leur eft effentiel de ménager ce grand poëte, leur maître & leur bienfaiteur.

24 *Avril* 1762. On a accommodé le college Dupleffis d'une partie du penfionnat des jéfuites, & la porte de communication ouverte pour paffer d'un college à l'autre a été baptifée la *Porte Chauvelin*, monument éternel du zele patriotique de ce grand homme.

25 *Avril* 1762. Le Pere Griffet défavoue le livre en réponfe à M. de la Chalotais, dont on a parlé ci-deffus : il a été brûlé hier par arrêt du parlement.

26 *Avril* 1762. Il court un vaudeville en 40 couplets, où l'on paffe en revue à peu près toute la cour. Il eft fur un air d'*Annette* & *Lubin*, dont le refrein eft *y a-t-il du mal à çà?* On fent qu'il eft heureux & prête beaucoup.

27 *Avril* 1762. Crébillon, malgré fes 89 ans, n'a point fuccombé à la longue maladie qu'il vient d'éprouver. Il eft beaucoup mieux, & fon grand appétit eft revenu. Le roi a donné à cette occafion les plus grandes marques de bonté. Il avoit chargé fpécialement M. le comte de Clermont de lui apprendre tous les jours des nouvelles de la fanté de cet académicien, confrere de S. A. S. : en conféquence ce prince envoyoit & envoie encore favoir comment il fe porte.

28 *Avril* 1762. Tout ce qui vient de M. de Voltaire eft précieux. Voici encore une plaifanterie qu'on lui attribue, & où l'on trouve pour le

moins autant de patriotisme que dans tous les mauvais vers dont nous sommes inondés : c'est à l'occasion des vaisseaux.

Extrait de la Gazette de Londres, du 20 Février 1762.

Nous apprenons que nos voisins, les François, sont animés autant que nous, au moins, de l'esprit patriotique. Plusieurs corps de ce royaume signalent leur zele pour le roi & pour la patrie. Ils donnent leur nécessaire pour fournir des vaisseaux, & l'on nous apprend que les moines, qui doivent aussi aimer le roi, donneront de leur superflu.

On assure que les bénédictins, qui possedent environ neuf millions de livres tournois de rentes dans le royaume de France, fourniront au moins neuf vaisseaux de haut-bord. Que l'abbé de Cîteaux, homme très-important dans l'état, puisqu'il possede sans contredit les meilleures vignes de bourgogne & la plus grosse tonne, augmentera la marine d'une partie de ses futailles. Il fait bâtir actuellement un palais, dont le devis est d'un million sept cents mille livres tournois ; & il a déja dépensé quatre cents mille francs à cette maison pour la gloire de Dieu : il va faire construire des vaisseaux pour la gloire du roi.

On assure que Clairvaux suivra cet exemple, quoique les vignes de Clairvaux soient très-peu de chose : mais possédant quarante mille arpents de bois, il est très en état de faire construire de bons navires.

Il sera imité par les chartreux, qui le vouloient

même prévenir, attendu qu'ils mangent la meilleure marée, & qu'il est de leur intérêt que la mer soit libre. Ils ont trois millions de rentes en France pour faire venir des turbots & des soles; l'on dit qu'ils donneront trois beaux vaisseaux de ligne.

Les prémontrés & les carmes, qui sont aussi nécessaires dans un état que les chartreux, & qui sont aussi riches qu'eux, se proposent de fournir le même contingent. Les autres moines donneront à proportion. On est si assuré de cette oblation volontaire de tous les moines, qu'il est évident qu'il faudroit les regarder comme ennemis de la patrie, s'ils ne s'acquittoient pas de ce devoir.

Les juifs de Bordeaux se sont cotisés; les moines, qui valent bien les juifs, seront jaloux sans doute de maintenir la supériorité de la nouvelle loi sur l'ancienne.

Pour les freres jésuites, on n'estime pas qu'ils doivent se saigner en cette occasion, attendu que la France va être incessamment purgée desdits freres.

P. S. Comme la France manque un peu de gens de mer, le prieur des célestins a proposé aux abbés réguliers, prieurs, sous-prieurs, recteurs, supérieurs, qui fourniront des vaisseaux, d'envoyer leurs novices servir de mousses, & leurs profès servir de matelots. Ledit célestin a démontré dans un beau discours, combien il est contraire à l'esprit de charité de ne songer qu'à faire son salut, quand on doit s'occuper de celui de l'état. Ce discours a fait un grand effet, & tous les chapitres délibéroient encore au départ de la poste.

29 Avril 1762. Aux jésuites, sur la clôture du college de Louis le Grand.

Vous ne savez pas le latin :
Ne criez pas au sacrilege
Si l'on ferme votre college ;
Car vous mettez au masculin
Ce qu'on ne met qu'au féminin.

30 Avril 1761. M. l'abbé Prevôt reparoît sur les rangs ; il nous donne aujourd'hui les *Mémoires pour servir à l'histoire de la Vertu*, tirés du manuscrit d'une jeune dame. C'est une traduction de l'Anglois. Ce roman est inférieur aux autres de sa composition ; il a pourtant une grande vogue pour les aventures extraordinaires & compliquées dont il est rempli ; c'est le livre du jour.

2 Mai 1762. On ne cesse de parler de l'*Annette & Lubin* de M. de Marmontel ; on en exalte sur-tout la musique. Comme ce drame a été joué sur plusieurs théatres particuliers, bien des gens ont été à portée de le voir. On prétend qu'avec de l'adresse on pourroit le rendre ostensible pour le public, en masquant la grossesse d'Annette. Malgré ces éloges excessifs, on ne comprendra jamais trop comment une fille, qui porte un enfant dans le ventre, peut avoir une naïveté toujours étonnante & soit vertueuse, ayant aussi essentiellement dérogé à la pudeur.

3 Mai 1762. Il étoit survenu une contestation entre les directeurs de l'opéra & les administrateurs de l'hôpital-général. Depuis long-temps on louoit de petites loges à l'année, qui ne se trouvant point comprises dans la recette journaliere, étoient exemptes du quart des pauvres. On est revenu sur ces différents articles, & l'on a prétendu qu'ils étoient susceptibles de la taxe, comme tout le reste. Il s'est trouvé que le produit de ces petites loges se montoit à 40,000 écus. Pour éviter cette contestation, qui pouvoit s'étendre aux autres spectacles, les administrateurs ont traité avec l'opéra & les deux comédies : ces trois spectacles leur donneront à l'avenir cent mille écus par an.

4 *Mai* 1762. On a très-applaudi aujourd'hui un nouvel acteur [Du Fresnoy], dans *Gustave* : on a sur-tout été fort content du costume qu'il a introduit. Jusqu'ici ce héros avoit paru sur la scene en habit galonné, &c.; il s'est montré aujourd'hui en Charles XII, dans le vêtement simple & grossier d'un héros belliqueux, & qui a intérêt à ne point se faire remarquer. On doit se rappeller sans cesse que c'est à Mlle. Clairon qu'on doit ces heureuses innovations sur notre scene.

5 *Mai* 1762. M. de Marmontel, qui chansonna les autres, est chansonné à son tour : sans doute qu'il s'y attendoit. C'est une parodie de ses paroles; *non, non, l'amour n'est point indomptable*; c'est sur le même air :

Non, non, l'ennui n'est point indomptable :
Tout fier qu'il est, Voltaire l'a surmonté.
J'ai vu mourir ce Dieu redoutable :
C'est Marmontel qui l'a ressuscité ;
   Et c'est la veine
   Du plat Chimene
Qui lui rendra son immortalité.

Le pauvre diable de Chimene ne s'attendoit pas à faire clorre cette méchanceté.

6 *Mai* 1762. M. Dubelloy triomphe enfin. Aujourd'hui sa piece, intitulée *Zelmire*, a eu le plus grand succès. C'est un sujet de pure invention, plein d'absurdité & d'événements incroyables ; mais les situations en sont si séduisantes, que la raison se laisse facilement subjuguer. Il y regne un grand intérêt, plus de curiosité cependant que de sentiment. Les trois premiers actes sont de la plus grande chaleur : les deux derniers n'enflamment pas tant le spectateur, défaut général de presque tous nos jeunes poëtes tragiques. On a demandé l'auteur avec les plus bruyantes instances. Sa modestie le faisoit chanceler.

7 *Mai* 1762. M. l'évêque de Condom [Brienne] a prononcé hier un très-beau discours à l'ouverture de l'assemblée du clergé, qui s'est faite aux grands augustins, suivant l'usage : il rouloit sur l'amour de la patrie, fortifié & soutenu par la religion.

8. *Mai* 1762. Toute la littérature est consternée de la fâcheuse nouvelle qui se répand sur la maladie dangereuse de M. de Voltaire. On le dit attaqué d'une fluxion de poitrine. Tronchin écrit en même temps qu'il espere le tirer d'affaire ; ce qui ramene un peu. On seroit d'autant plus fâché de cette perte très-grande en tout temps, que cet auteur n'a point encore fini la belle édition de Corneille, annoncée depuis deux ans. Le grand homme qu'il s'agit de commenter, l'excellence du commentateur, les pompeux éloges que l'on fait du commencement, tout contribue à piquer la curiosité. M. de

Voltaire, à mesure qu'il avance l'ouvrage, en envoie les cahiers à l'académie Françoise : il se soumet au jugement de cette compagnie, qui trouve jusqu'à présent plus à admirer qu'à critiquer.

9 *Mai* 1762. L'opéra étoit déja désert aujourd'hui. Mlle. Guimard, nouveau sujet dont ce théatre vient de faire l'acquisition, a doublé Mlle. Allard dans les caracteres de la danse avec le plus grand succès : elle est d'une légéreté digne de Terpsicore ; il ne lui manque que des graces un peu plus arrondies dans certaines parties de son rôle.

9 *Mai*. M. l'archevêque de Narbonne [La Roche-Aymond a harangué aujourd'hui le roi au nom du clergé ; il a déployé beaucoup d'éloquence dans son discours nerveux, libre & concis. Il a sur-tout appuyé sur les besoins où étoit le peuple de l'amour le plus paternel de la part de son roi.

10 *Mai* 1762. Le succès de *Zelmire* se confirme, mais il se répand une anecdote qui feroit douter que M. Dubelloy en fût le véritable auteur.

Ce M. Dubelloy a long-temps été élevé par un oncle avocat, nommé Buirette : sans détailler ici toute l'histoire romanesque de la naissance & de la vie de ce poëte, il est très-certain que son oncle le disgracia pour n'avoir pas voulu suivre le barreau, auquel il le destinoit. Ce jeune homme passa en Russie, il y a joué la comédie, & en est revenu depuis quelques années. Il avoit une tragédie dans son porte-feuille, intitulée *Titus*. Ayant eu accès auprès de Mad. la marquise de Villeroy, cette protectrice s'intéressa vivement à lui, & fa piece fut reçue des comédiens. Avant d'être jouée, M. Dubelloy fut trouver l'abbé de Voisenon pour le consulter, & lui laissa son manuscrit. Quelques jours après, l'abbé de la Coste, alors l'homme à la mode, arrive chez l'abbé de Voisenon : il le trouve en lisant ce manuscrit ; il demande ce que c'est ? L'autre lui répond que c'étoit une tragédie sur laquelle on demande son avis. *Je pense que c'est Titus*, repart le brusque abbé ; *c'est ce coquin de Dubelloy qui vous l'aura apporté : c'est un misérable, un drôle, &c. Sans vous en dire davantage, je vais chez moi, je vous en présente un semblable : confrontez - les ; vous verrez si ce n'est pas la même chose mot à mot.* Ce qui fut fait. L'abbé de Voisenon reconnut l'identité, & attendoit, avec impatience, le moment d'éclaircir cette anecdote littéraire avec l'abbé de la Coste, lorsque ce scélérat a été arrêté, & a subi le sort ignominieux que tout le monde sait. Le manuscrit est resté entre les mains de l'abbé de Voisenon. Dubelloy étant revenu, il voulut le râter. Ce poëte éluda de répondre, & n'a point revu depuis l'abbé de Voisenon. La piece a été jouée en 1759, & a été jugée beaucoup plus févérement qu'elle ne méritoit. Celle-ci réunit sur elle toute l'indulgence du public.

12 *Mai* 1761. On parle avec regret de la dissolution prochaine de la société qui avoit entrepris le concert spirituel ; c'est encore au premier juillet qu'elle finira. C'étoit le sieur de Mondonville qui en étoit le chef, &, sur-tout cette année, on avoit remarqué le plus grand zele dans ce directeur ; il cherchoit à capter de toute

façon la bienveillance du public. La multiplicité de débuts de toute espece en est une preuve. Puisse cette noble émulation enflammer ceux qui le remplacent !

12 *Mai* 1762. On produit sous une forme plus convenable la petite épigramme qu'on a rapportée contre les jésuites, sur la clôture de leurs colleges : on en a fait une chanson sur l'air : *Comment faire.*

> Vous ne savez pas le latin,
> Ne criez pas trop au destin,
> Si l'on vous envoie faire faire ;
> Car vous mettez au masculin
> Ce qu'on ne met qu'au féminin,
>   Comment faire.

La cour s'est enfin décidée sur le college où l'on mettroit les enfants de langue dits *Arméniens* : on les a placés au college des Quatre-Nations.

13 *Mai* 1762. On apprend que M. de Voltaire est hors d'affaire : on exalte beaucoup la philosophie avec laquelle il a reçu ce dernier assaut. On lui reprochoit d'avoir montré de la foiblesse dans quelques occasions où il a été attaqué de maladies graves. Dans cette derniere il s'est comporté en héros ; il a vu la mort avec l'intrépidité digne d'un grand homme.

16 Mai 1762. *Portrait de M. le duc de Choiseuil, sur l'air du menuet d'Exaudet.*

    Quand Choiseul
      D'un coup d'œil
      Considere
Le plan entier de l'état,
Et seul, comme un sénat,
      Agit & délibere ;
      Quand je vois
      Qu'à la fois
      Il arrange
Le dedans & le dehors,
Je soupçonne en son corps
          Un Ange.
Seroit-ce un Dieu tutélaire ?
Dans la paix & dans la guerre,
      Ses traités
      Sont dictés
      Par Minerve :
J'admire en lui les talents
Que d'elle il obtint sans
      Réserve.
      A l'amour
      Tour à tour,
      A la table,
Quand il trouve des loisirs,
Qu'il se livre aux plaisirs
      Il est inconcevable.
      Du travail
      Au sérail,
      Vif, aimable,
A tout il est toujours prêt ;
Pour moi je crois que c'est
      Un diable.

M. l'abbé de Lattaignant se déclare par-tout auteur de la chanson ci-dessus, & l'on infere de-là, avec raison, que son dessein a été de louer de bonne foi.

Trévoux, malgré les protestations du Sr. Bertier, a encore paru ce mois-ci : sa tendresse paternelle n'a pu se porter à égorger ainsi un enfant chéri ; il continue pourtant à se refuser aux offres très-obligeantes du chancelier. Ce magistrat suprême veut lui en conserver le privilege pour lui, ses hoirs mâles ou femelles, ses héritiers ou ayant cause, &c. On a tâté l'abbé de la Porte : les libraires lui ont proposé de remplacer ce journaliste. Le modeste abbé a refusé, sentant combien il étoit inférieur pour ce rôle. On prétend que le général veut mettre en Italie le pere Bertier à la tête d'un journal.

17 *Mai* 1762. On prétend qu'il y a long-temps qu'on a fait courir la centurie suivante :

Au livre du destin, chapitre des grands rois,
    On lit ces paroles écrites :
» De France Agnès chassera les Anglois,
» Et Pompadour chassera les jésuites. »

18 *Mai* 1762. On voit une estampe ingénieuse sur les affaires des jésuites, aux deux côtés du tableau sont M. le duc de Choiseul & madame la marquise, qui arquebusent à bout touchant une foule de jésuites. Ceux-ci tombent par terre, dru comme mouches. Le roi est là qui les arrose d'eau bénite, & l'on voit le parlement en robe, çà & là, bêchant des fosses pour enterrer les morts.

19 *Mai* 1762. On parle beaucoup d'un nouveau

livre où il y a des traits forts contre le gouvernement ; il s'appelle *le Despotisme Oriental*.

Les amis de M. Falconnet s'empressent à l'envi de jeter des fleurs sur son tombeau, c'est à qui fera des vers pour honorer sa mémoire : voici ce qu'on a trouvé de mieux jusqu'à présent ; cela peut se mettre au bas de son portrait :

> Affable, officieux, sincere,
> Des héros du savoir, possesseur bienfaisant,
> Il sut par un mérite au-dessus du vulgaire
> Associer également,
> Les vertus dont le lustre orne le caractere
> Du citoyen & du savant.

20 *Mai* 1762. On a donné aux Italiens la premiere représentation du *Procès ou de sa Plaideuse*, piece en trois actes, melées d'ariettes. Ce drame, sous le nom de Mad. Favart, & qu'on veut être de l'abbé de Voisenon, malgré l'agréable & pittoresque musique du sieur Duny, n'a pas eu le moindre succès.

21 *Mai* 1762. On reproche à M. Dubelloy d'avoir pillé sa tragédie dans *Métastase*, & de devoir à cet auteur Italien tout ce qu'il y a de beau dans sa piece en situation & en coups de théatre.

22 *Mai* 1762. *Emile, ou de l'Education, par Jean-Jacques Rousseau, citoyen de Geneve*. Tel est le titre des 4 volumes in-8°. qui paroissent depuis quelques jours. Cet ouvrage, annoncé & attendu, pique d'autant plus la curiosité du public, que l'auteur unit à beaucoup d'esprit le talent rare d'écrire avec autant de graces que

d'énergie. On lui reproche de soutenir des paradoxes ; c'est en partie à l'art séduisant qu'il y emploie, qu'il doit peut-être sa grande célébrité ; il ne s'est fait connoître avec distinction que depuis qu'il a pris cette voie. Le typographique de ces quatre volumes est exécuté avec beaucoup de soin, & ils sont décorés des plus jolies estampes.

22 *Mai* 1762. *La Plaideuse*, au moyen de grands changements, a été reprise aujourd'hui avec succès, quoiqu'il y eût très-peu de monde. Il y a à espérer qu'elle sera plus fêtée. On y a fort ingénieusement ajouté un couplet flatteur pour le public, qui annonce la modestie & la bonne volonté de l'auteur ; le voici, il vient à la suite de beaucoup d'autres :

A votre tribunal auguste,
L'auteur ne paroissoit qu'en un effroi mortel ;
Il sait trop bien, Messieurs, qu'un arrêt toujours juste
De vous émane & sans appel.
Par une faveur non petite
Vous daignez revenir à de nouvelles voix,
Et votre bonté ressuscite
La piece & l'auteur à la fois.

23 *Mai* 1762. Mlle. Rey a doublé aujourd'hui Mlle. Vestris à l'opéra, dans le troisieme acte des *Fêtes Grecques & Romaines*. Cette danseuse, plus correcte, n'a pas la volupté, le lascif de l'autre : il paroît qu'elle fera bien de ne pas se consacrer à ce genre, auquel les vieux routiers de ce spectacle, très-bons juges en pareille matiere, ne la trouvent pas propre.

24 *Mai* 1762. *Le Balai*, poëme héroï-comique, en 18 chants. Cet ouvrage, dont on ignore l'auteur, est calqué sur la *Pucelle*; il y a de la facilité dans la versification, & même quelques images voluptueuses. Mais on sent combien d'inutilités, de longueurs, de pillages, il doit y avoir dans un poëme de 18 chants sur un manche à balai. L'auteur a consacré un chant entier à passer en revue, sur les boulevards, beaucoup d'auteurs, qu'il traite de la façon la plus infame & la plus indécente. Aussi l'ouvrage est-il arrêté.

25 *Mai* 1762. On annonce déja une nouvelle édition de la *Pucelle*, qu'on dit devoir être exécutée avec le plus grand soin & la plus grande correction. On s'est beaucoup recrié contre les estampes de la premiere : on assure que les nouvelles seront gravées par Cochin.

25 *Mai* 1762. M. du Monchaux, médecin de Flandres, ayant fait un livre intitulé *Anecdotes de Médecine*, s'est avisé pour lui donner de la célébrité, de le commencer par des lettres initiales qui désignent M. *Barbeu Dubourg*, *docteur régent de la faculté de médecine de Paris*. Celui-ci a réclamé contre l'imposture. Le véritable auteur a écrit une lettre fort polie à M. Dubourg, où il lui déclare la cause de la supercherie.... Ce livre a des choses amusantes, mais tout-à-fait étrangeres à son objet, & ne passe pas pour très-véridique.

26 *Mai* 1762. On assure que Rousseau a fait un roman nouveau, intitulé *Edouard*. Ce sont les aventures d'un Anglois qui joue un rôle dans le roman de *Julie* : on prétend qu'il en a déposé le manuscrit entre les mains d'un homme de la cour.

Le livre de Rousseau, lu à présent de beaucoup de monde, fait très-grand bruit. Il est singulier, comme tout ce qui sort de la plume de ce philosophe, écrit fortement & pensé de même ; du reste impossible dans l'exécution, plein d'excellents préceptes, quelquefois minutieux, même bas ; il pourroit être de beaucoup plus court. On remarque aussi que le tout n'est pas parfaitement lié : il y a des pieces de rapport, & qui ne sont pas bien fondues dans l'ouvrage, des choses très-hardies contre la religion & le gouvernement. Ce livre, à coup sûr, fera de la peine à son auteur. Nous y reviendrons, quand nous l'aurons mieux digéré.

29 *Mai* 1762. On devoit donner aujourd'hui *Zelmire* pour la derniere fois, sauf à la reprendre : mais le concours de monde prodigieux l'a fait prolonger encore toute la semaine prochaine. On offre à l'auteur 2000 livres de l'impression : il en exige 100 louis.

30 *Mai* 1762. On répete actuellement la comédie de M. Palissot, en cinq actes & en vers, intitulée *les Méprises*. On en dit du bien. Le public jugera incessamment.

31 *Mai* 1762. Le livre de Rousseau occasioné du scandale de plus en plus. Le glaive & l'encensoir se réunissent contre l'auteur, & ses amis lui ont témoigné qu'il y avoit à craindre pour lui. Il se défend là-dessus, en prétendant que ce livre a été imprimé sans son consentement, & même sans qu'il y eût mis la derniere main. Il y a long-temps qu'il y travaille : sa santé ne lui a jamais permis de le continuer avec l'exactitude qu'il méritoit. Il en avoit laissé les lambeaux épars dans son cabinet ; bien des gens l'ont

pressé vivement de donner son ouvrage au public, & se sont obligés de le rédiger : Rousseau a témoigné qu'il y avoit bien des choses qu'il vouloit supprimer, & l'on lui a répondu qu'on feroit tout cela. On n'en a rien fait, & il paroît *in naturalibus*.

1 *Juin* 1762. M. Rochon, jeune auteur, qui avoit une tragédie reçue aux François, vient d'essuyer une disgrace qui indique combien il est désagréable d'avoir affaire à ce tripot de comédiens.

Comme aucune piece de ses devanciers n'étoit en état d'être jouée, on a fait avertir M. Rochon, qui s'est présenté avec empressement. Mlle. Clairon, qui n'étoit pas contente de cet auteur, peu galant & peu complimenteur, d'ailleurs jalouse de voir occuper par Mlle. Dumesnil le premier rôle dans la piece, a paru desirer, sans affectation, qu'on fît une seconde lecture de cette tragédie qu'elle ne connoissoit point. L'auteur ingénu s'est prêté à son invitation, quoiqu'il pût s'en dispenser. Dès le commencement de la lecture il s'est apperçu, mais trop tard, que Mlle. Clairon n'étoit pas favorablement disposée : elle y a prêté très-peu d'attention, & s'est efforcée de détourner celle des autres; de sorte que le pauvre auteur décontenancé n'a pu soutenir sa tragédie de toute la force d'une déclamation tonnante : il a eu peine à finir ; & lorsqu'on est allé au scrutin, il s'est trouvé dix voix contre neuf qui le favorisent. Le voilà dans le cas des courbettes, des révérences, des génuflexions, devant l'héroïne de la scene Françoise.

2 *Juin* 1762. Quelque mauvais que soit le

Balai, il y a des gens sensés qui l'atttibuent à M. de Voltaire. En ce cas il seroit étrangement pillé.

3 *Juin* 1762. L'*Emile* de Rousseau est arrêté par la police. Cette affaire n'en reste pas-là.

4 *Juin* 1762. Le *Codicile & l'Esprit, ou Commentaire des maximes de politique de* M. *le maréchal de Belle-Isle, avec des notes* attribuées au président Hainault, publiées par M. de C... Ce M. de C.... est, à ce qu'on assure, le nommé *Maubert*, qui a déja fait le testament, où il y avoit de bonnes choses. On sent, en général, que ce livre ne part pas de la tête d'un homme d'état.

5 *Juin* 1762. On a donné aujourd'hui la quatorzieme & derniere représentation de *Zelmire*, avec un concours plus prodigieux qu'à la premiere. Quand l'acteur est venu annoncer, il a été interrompu. On a redemandé *Zelmire* pour lundi avec le plus grand brouhaha..... Le modeste acteur n'a osé résister en face aux empressements si marqués du public, mais il n'a rien promis. La santé de Mlle. Clairon ne lui permet pas de jouer plus long-temps cette pièce : elle a besoin de plusieurs mois de repos.

6 *Juin* 1762. M. Vanloo est nommé premier peintre du roi. Cette place n'avoit point encore été donnée depuis la mort de M. Coypel.

On parle beaucoup des *Méprises*, comédie du Sr. Palissot, qu'il doit donner demain. On continue à la prôner, mais on convient qu'il a pris le cannevas dans M. de Caylus, un de ces jolis diseurs de rien, un de ces *Messieurs*, comme on appelloit ceux qui composoient la société du comte de Maurepas, &c.

7 Juin 1762. Les Méprises, ou le Rival par ressemblance, comédie en vers & en cinq actes, n'a point été favorablement accueillie du public. Tout étoit disposé pour arrêter les cabales qui devoient nécessairement se former contre le Sr. Palissot ; on avoit doublé la garde, & des fusiliers répandus en grand nombre dans le parterre, sembloient forcer à applaudir, ou du moins gênoient beaucoup ceux qui auroient voulu témoigner du mécontentement. Malgré toutes ces précautions, ce drame est mort de sa belle mort : rien de plus ennuyeux. La piece est si mauvaise, que bien des gens en inferent que Palissot n'est pas même l'auteur des *Philosophes*, piece qui n'a de merveilleux que son succès. Celle d'aujourd'hui est dans le goût des *Ménechmes*, mais traitée très-différemment. Dans le premier acte l'on a fait entrer une galerie de portraits, qui ne reviennent à rien, qui seroient très-bons isolés. Ils désignent plusieurs personnes connues à ne pouvoir s'y méprendre, & ne servent qu'à faire remarquer le penchant que le Sr. Palissot a pour la méchanceté. Il a voulu contrebalancer cela par un éloge de la nation, aussi gauchement placé dans le même acte, & par l'encens le plus fade dont il a embaumé M. le duc de Choiseuil, présent à cette piece. Il a fait revenir les vaisseaux & le zele patriotique, &c.

Au quatrieme acte, il y a un changement de décoration...... Le coup de sifflet étant parti pour l'ordonner, les applaudissements prodigués à l'instant, ont formé un à propos des plus humiliants pour l'auteur.

On est venu annoncer *Alzire* pour mardi, les

battements de mains & de pieds ont redoublé pendant plusieurs minutes : l'acteur ayant saisi le moment du rallentissement pour remettre les *Méprises* au mercredi, les huées ont succédé, & le public a témoigné le plus grand mépris pour le Sr. Palissot.

On a vu avec étonnement l'abbé de la Porte rompre les lances contre tout venant, en faveur de cette comédie. On l'auroit pu croire de mauvaise foi, s'il n'étoit plus vraisemblable de le croire de mauvais goût ; on se feroit imaginé que ce journaliste, l'écho des encyclopédistes, n'auroit pas prophané sa bouche à exalter une très-pitoyable piece d'un auteur, ennemi déclaré de ce qu'il appelle les *Philosophes*.

Il est bon d'observer encore que le chevalier de la Morliere a eu pendant toute la représentation à côté de lui un exempt, qui lui a déclaré qu'il étoit-là pour le moriginer, & qu'il eût bien à s'observer. Cette attention de la police ne fait pas plus d'honneur au Sr. Palissot qu'au chevalier de la Morliere.

8 *Juin* 1762. Rousseau a retiré 7,000 livres de son livre. C'est madame & M. le maréchal de Luxembourg qui se sont mis à la tête de la vente, & qui en procurent un très-grand débit.

9 *Juin* 1762. Aujourd'hui, suivant le requisitoire de M. le procureur-général, *Emile*, ou *le Traité de l'Education*, a été brûlé avec les cérémonies accoutumées. L'auteur est décrété de prise de corps. Heureusement qu'il est en fuite.

10 *Juin* 1762. *Zelmire* imprimée est encore plus absurde à la lecture : d'ailleurs, quand on a

satisfait la premiere curiosité, la versification, tantôt foible, tantôt boursouflée, tantôt prosaïque, n'invite point à recommencer. C'est un drame qui sera incessamment relégué dans la poussiere des arriere-boutiques.

11 *Juin* 1762. *Chanson, sur l'air*, Tôt, tôt, tôt, battez chaud.

Cupidon s'est fait maréchal,
Et ce dieu ne s'y prend pas mal,
Il veut Manon pour domicile ;
Il met sa forge dans ses yeux,
Dont il fait rejaillir des feux,
Qui brûleroient toute une ville.
 Tôt, tôt, &c.

Savez-vous quels sont ses soufflets ?
Deux petits tettons rondelets,
Qui vont même sans qu'on y touche ;
Il ne faut pour les mettre en train
Qu'y porter tendrement la main,
Ou qu'un doux baiser de la bouche.
 Tôt, tôt, &c.

Mais que fait-il de ses deux bras,
Si blancs, si ronds, si délicats ?
L'Amour en a fait des tenailles :
Ses bras charmants quand ils sont nus,
Même mieux que ceux de Vénus
Retiendroient le dieu des batailles.
 Tôt, tôt, &c.

Amis, je ne vous dirai pas
Quel est ce lieu rempli d'appas,
Où l'Amour a mis son enclume ;
Mais si-tôt qu'il y forge un dard,
Le trait s'enflamme, brille & part,
Plus il frappe, plus il s'allume.
 Tôt, tôt, &c.

L'Amour sait trop bien son métier,
Pour n'avoir pas fait tout entier
Son ouvrage auprès de la belle :
Le marteau qui frappe les coups,
Ce seroit moi, ce seroit vous,
Si Manon n'étoit pas cruelle !
 Tôt, tôt, &c.

12 *Juin* 1762. On a arrêté plusieurs personnes qu'on soupçonnoit auteurs du *Balai*, entr'autres un jeune homme nommé *Groubental*. On lui attribue déja les *Jésuitiques* ; *Irus ou le Savetier du coin*.

12 *Juin* 1762. M. Linguet, jeune historien, donne au public un ouvrage qui paroîtroit devoir mûrir plus long-temps dans le silence du cabinet : c'est l'*Histoire du Siecle d'Alexandre*. On se doute bien que celui *du siecle de Louis XIV* a servi de modéle, & c'est un malheur. Combien le premier doit-il rester au-dessous ! Il falloit pour composer un pareil ouvrage, joindre au tact le plus fin, au goût le plus délicat, l'érudition la plus vaste & la plus consommée. Au reste, comme une histoire, quoique médiocre, n'est point à dédaigner, on lit celle-ci avec quelque plaisir : elle est assez bien écrite,

13 *Juin* 1762. Avant-hier le parlement a condamné à la brûlure un poëme qui a pour titre : *La Religion à l'Assemblée du Clergé de France.* Cet ouvrage, dont les vers sont grands & bien tournés, est une satire des plus licentieuses contre les mœurs de nos évêques.

14 *Juin* 1762. On ne cesse de parler de Rousseau, & de raconter les circonstances de son évasion. On prétend qu'il ne vouloit point absolument partir, qu'il s'obstinoit à comparoir; que M. le prince de Conti lui ayant fait là-dessus les instances les plus pressantes & les plus tendres, cet auteur avoit demandé à S. A. ce qu'il lui en pouvoit arriver ? en ajoutant qu'il aimoit autant vivre à la Bastille ou à Vincennes, que par-tout ailleurs ; qu'il vouloit soutenir la vérité, &c. Que le prince lui ayant fait entendre qu'il y alloit non-seulement de la prison, mais encore du bûcher, la stoïcité de Rousseau s'étoit émue. Sur quoi le prince avoit repris : « vous » n'êtes point encore assez philosophe, mon » ami, pour soutenir une pareille épreuve ; » » que là-dessus on l'avoit emballé & fait partir.

16 *Juin* 1762. M. l'abbé Chauvelin a reçu une lettre anonyme de Geneve sur les jésuites. C'est une plaisanterie légere, qu'on présume sortir de la plume de M. de Voltaire.

17 *Juin* 1762. Il court une lettre de l'évêque du Puy au roi, du 16 avril 1762. C'est une déclamation en faveur des jésuites, écrite d'un style amer, & peu forte de raisonnements.

18 *Juin* 1762. M. de Crébillon, l'un des quarante de l'académie Françoise, dont on avoit

prématuré la mort depuis long-temps, est enfin décédé aujourd'hui, dans un âge fort avancé. Sa place de censeur de la police étoit donnée depuis quelque temps à M. Marin, comme adjoint.

19 *Juin* 1762. M. l'abbé de Lignac, ci-devant de l'oratoire, connu par plusieurs ouvrages de métaphysique, est mort hier aussi : il étoit très-vieux.

20 *Juin* 1762. On écrit de Geneve du 12 de ce mois, que ce jour-là même le livre de Jean-Jacques Rousseau avoit été arrêté & porté au tribunal de la république, pour y être statué ce qu'il appartiendroit.

On ne fait point au juste où est cet illustre fugitif. On le dit chez le prince de Conti, on le dit à Bouillon, on le dit en Hollande, on le dit en Angleterre.

21 *Juin* 1762. Les comédiens François se disposoient à donner dans la semaine *la Mort de Socrate*, tragédie en trois actes, de M. de Sauvigny, ancien garde-du-corps du roi de Pologne Stanislas. On craint qu'elle ne soit arrêtée par la police, à cause de la circonstance de l'affaire de Jean-Jacques, qui présente la même scene que cet illustre Grec offroit à l'aréopage d'Athenes. Dans le drame nouveau, l'auteur qui n'avoit pas pu prévoir ce qui arrive aujourd'hui, a, dit-on, traité cette situation de façon à faire croire qu'elle est adaptée à l'aventure du moment.

23 *Juin* 1762. Dans la gazette de Médecine, N°. 49 & 50, on lit des *Réflexions de M. Barbeu Dubourg, auteur de cette gazette, sur ce qu'il a plû à Jean-Jacques Rousseau de dire*

des médecins. Ces réflexions, assez ameres, sont ingénieuses à certains égards, mais elles ne pulvérisent pas, à beaucoup près, les enthy-mêmes de Rousseau. Elles tendent uniquement à nous prouver ce dont il convient, que la médecine est une très-belle chose en elle-même, dont on abuse presque toujours : *de-là, gardons la médecine & chassons les médecins.*

24 *Juin* 1762. Il paroît que *la Mort de Socrate* est encore reculée. On devoit donner en même temps *le Caprice*, comédie en trois actes & en prose, du Sr. Renoux. On aura incessamment cette derniere comédie.

25 *Juin* 1762. On parle beaucoup du livre de Rousseau, qui doit servir de cinquieme volume à son *Traité de l'Education* : c'est le *Contrat Social*. On prétend qu'il y en a des exemplaires dans Paris, mais en très-petit nombre. On le dit extrêmement abstrait.

26 *Juin* 1762. *Appel à la Raison.* Tel est le titre d'une nouvelle brochure en faveur des jésuites. Elle ne fait que ressasser tout ce qu'on a dit : elle n'est remarquable que parce qu'on y veut démontrer que le discours de M. de la Chalotais n'est point de lui : on y renouvelle le bruit qui a couru, que M. d'Alembert en étoit l'auteur.

27 *Juin* 1762. On sait à présent où s'est retiré Rousseau. Il est chez un de ses amis dans le pays de Vaud en Suisse, Canton de Berne, près Neuchâtel, à Yverdun.

Son *Emile* a été condamné à être brûlé par la main du bourreau à Geneve, & sa personne décrétée de prise de corps.

28 *Juin*

28 *Juin* 1762. On a donné aujourd'hui la premiere représentation du *Caprice*. Cette piece est d'un mérite fort mince.

30 *Juin* 1762. On lit dans le Journal de Trévoux du mois de juin de cette année, une lettre du pere Berthier à l'imprimeur de cet ouvrage périodique, dans lequel il le supplie de l'inférer. Il est à conclure de-là que ce jésuite s'est démis du sceptre littéraire, & l'a laissé passer en d'autres mains.

30 *Juin*. Actuellement que le livre de Rousseau est fort répandu, puisque tout Paris l'a lu, on peut former un résultat des jugements sur ce livre, qui ne sont point aussi divers qu'on pourroit le présumer à l'égard d'un ouvrage aussi singulier.

Tout le monde convient que ce traité d'éducation est d'une exécution impossible, & l'auteur n'en disconvient pas lui-même. Pourquoi donc faire un livre, sous prétexte d'être utile, lorsqu'on sait qu'il ne servira de rien? Ensuite, les seules choses judicieuses qui y soient, sont en grande partie des remarques faites généralement, tirées des différents livres écrits sur cette matiere, & sur-tout de celui de Locke, que Rousseau affecte de mépriser. En troisieme lieu, l'auteur ne fait dans tout son livre que détruire l'objet pour lequel il écrit. C'est un traité d'éducation, c'est-à-dire, des préceptes pour élever un enfant dans l'état social, lui apprendre ses devoirs vis-à-vis de Dieu, & de ses semblables ; & dans ce traité on anéantit toute religion, on détruit toute société. Cet éleve, orné de toutes les vertus, enrichi de tous les talents, finit par être un misanthrope dégoûté de tous les états, qui n'en remplit aucun, & va planter des choux à la campagne & faire des enfants à sa femme.

Dans le premier volume l'auteur prend son éleve *ab ovo*. Il veut qu'on ne *l'emmaillotte point*, & qu'une mere nourrisse son enfant. Il déclame beaucoup contre la médecine, & fait le médecin à chaque instant; il ne veut point se charger d'un éleve qui seroit délicat; ainsi son traité est à l'usage des enfants bien faits & vigoureux. La plupart des préceptes qu'il débite, sont très-bons, mais tirés de toutes les theses soutenues dans la faculté depuis plusieurs années. Il ne veut pas que l'homme mange de viande, parce qu'il veut traduire un morceau très-éloquent prétendu de Plutarque, où il peint la gent carnassiere sous l'aspect le plus cruel. Il a oublié d'avoir démontré antérieurement dans son *Discours de l'inégalité des conditions*, que l'homme étoit un carnivore par sa construction physique. Enfin, il laisse son éleve sans rien faire jusqu'à l'âge de puberté. Il veut qu'il joue, & fasse ses volontés, afin que s'il vient à mourir, il n'ait point à se plaindre de n'avoir vécu que dans les larmes. On sent que ce premier volume pourroit se réduire à peu de chose, si l'on s'en tenoit aux simples maximes usuelles qu'il y débite. C'est donc par son talent rare qu'il a le secret d'enchaîner son lecteur, & de l'empêcher de voir le vuide de ce livre. Son éloquence mâle, rapide & brûlante, porte de l'intérêt dans les plus grandes minuties. D'ailleurs, l'amertume sublime qui découle continuellement de sa plume, ne peut que lui concilier le plus grand nombre des lecteurs.

Le second volume prend l'éleve dans l'état de puberté commencée. Alors Rousseau lui met entre les mains Robinson Crusoé. Il lui apprend un métier, & commence à faire germer chez lui toutes les sciences.

Dans le troisieme, il lui permet de choisir une religion, s'il en trouve une qui lui convienne, sinon il n'en aura point. Il admet l'ignorance invincible de la divinité, & son éleve peut être un athée, sans que cela le surprenne. Enfin les passions se développent ; il le fait sortir de Paris, ville de boue & de fumée, & ils galopent par monts & par vaux pour chercher une compagne.

Le quatrieme volume présente une Sophie, qui donne lieu à une dissertation sur la maniere d'éduquer les filles. Il faut avouer que celle-ci est un chef-d'œuvre, d'autant plus séduisant, qu'il ne paroît point hors de la nature. On est attendri jusqu'aux larmes, dans ce morceau de détails les plus intéressants. Aussi Emile en devient-il amoureux. L'impitoyable gouverneur ne le laisse point à sa passion : il l'arrache ; il veut qu'il cherche avant le domicile où il voudra s'établir. De-là, l'histoire du droit public, & des assertions très-dangereuses contre les puissances. Cet éleve, après avoir bien voyagé, bien couru, reconnoît qu'il n'y a point dans le monde un seul coin de la terre où il puisse dire qu'il y a quelque chose à lui : il vient à sa Sophie ; il l'épouse, & le gouverneur les quitte, après leur avoir donné d'excellents préceptes pour rendre cette union durable.

Il suit de cet exposé, que ce livre, plein de belles & sublimes spéculations, ne sera d'aucun usage dans la pratique. On le lit, & on le lira sans doute avec avidité, parce que l'homme aime mieux le singulier que l'utile. Il faut avouer aussi que l'auteur possede au suprême degré la partie du sentiment. Eh ! que ne pardonne-t-on pas à qui sait émouvoir ?

1 *Juillet* 1762. Il paroît que la place vacante à l'académie, par la mort de M. de Crébillon, sera pour l'abbé de Voisenon. Toutes les puissances le veulent. Il fait l'homme indifférent ; il prétend qu'il n'en a pas voulu il y a quinze ans ; & s'il se rend aux sollicitations de ceux qui desirent qu'il soit de ce corps ; c'est qu'on lui fait entendre qu'il y figurera comme homme de condition. Il n'est pas d'une naissance assez relevée pour cela, & cette façon de figurer n'est pas la plus honorable pour un homme d'esprit ; mais l'adulation gâte les plus beaux naturels ; il est flatté de ce persiflage.

2 *Juillet* 1762. M. de Crébillon le fils a obtenu les 2,000 livres de pension qu'avoit son pere.

On remet à mardi prochain *les Caracteres de la folie*. Les paroles sont de M. Duclos, la musique de Burry. Ces deux noms ne promettent rien de bien fameux en lyrique. On a donné cet opéra en 1743, sans succès : on l'a beaucoup corrigé, & l'on prétend qu'on en a fait quelque chose de très-bon. Il faut se défier de ces éloges anticipés.

M. Robé, ce poëte exotique, également licentieux & impie, mais dont le cerveau foible s'altéroit dès qu'il lui survenoit quelque petite maladie, est enfin rendu à son état naturel : il donne à corps perdu dans le jansénisme. C'est un convulsionnaire intrépide, & c'est un acteur zélé qui a besoin des *secours* les plus abondants. Il a passé par tous les états; il a été assommé, percé, crucifié : sa vocation est des plus décidées.

5 Juillet 1762. On répand dans le public un *prospectus* de la nouvelle édition de Corneille, entreprise par M. de Voltaire. Cet ouvrage sera de 10 à 12 volumes. Il sera orné de 33 estampes, dessinées par M. Gravelot ; mais le plus précieux consiste en remarques historiques & critiques sur la langue & sur le goût. L'exemplaire ne coûtera que deux louis : on n'en tirera que 2,500. Tout le monde doit savoir que le profit qui en résultera doit être mis en masse pour doter Mlle. Corneille. Quelle plus noble dot que celle-là !

6 Juillet 1762. Les comédiens François font célébrer aujourd'hui avec beaucoup de pompe une service solemnel, à St. Jean-de-Latran, pour le repos de l'âme de M. de Crébillon. On dira des messes dans la même vue, depuis huit heures du matin jusqu'à midi. Ils ont envoyé par tout Paris des billets d'invitation pour y assister. Tout cela se fait en dépit de M. l'archevêque, dont la jurisdiction ne s'étend point sur le curé de St. Jean-de-Latran.

6 Juillet 1762. L'opéra a donné aujourd'hui la premiere représentation des *Caracteres de la folie*. Jamais spectacle n'a été plus triste & plus ennuyeux. On a supprimé le prologue, qui auroit pu être agréable. Les deux actes sont *l'Astrologie*, & *les Caprices de l'Amour*, qui ne reviennent en rien au titre. On a substitué à celui des *Passions*, *Hylas & Zélis*, pastorale, composée par M. de Sennecterre. Il n'y a que ce dernier qui soit supportable. Le musicien, dont le goût s'est amélioré, l'a fait sur un tout autre ton que les autres. Il s'ensuit une disparate très-remarquable. La musique des premiers actes est foible, maigre & point pittoresque. Les paroles sont très-misérables ; les ballets ne signifient rien.

Le troisieme acte consiste dans une bergere, qui invoque l'Amour, pour qu'il rende la vue à son amant. Ce dieu lui promet ce miracle, en lui faisant envisager les risques qu'elle court : Hylas peut devenir infidele : elle consent à ce danger ; elle est presque dans le cas du repentir. Cependant il résiste à tous les charmes que lui présentent les différentes beautés qu'il envisage en recouvrant la vue. En vain des bergeres séduisantes par leurs danses cherchent à l'émouvoir, le son de voix de Zelie peut seul pénétrer son ame. Il la retrouve, & ils sont heureux.

L'aveugle auteur de cette entrée a donné lieu au bon mot : *Que ce spectacle étoit un opéra d'aveugle, fait pour être entendu par des sourds.*

7 *Juillet* 1762. La seconde partie du *Compte rendu par M. de la Chalotais, au parlement de Bretagne, à l'occasion des jésuites*, n'est point inférieur à la premiere. Elle ne sort en rien du ton de modération de l'auteur, & elle atterre, elle foudroie, elle pulvérise de plus en plus le colosse de la société. Il conclut toujours à supplier le roi d'ordonner qu'on travaille à un nouveau plan d'éducation. Le parlement n'a point adopté cette partie de ses conclusions : il est fâcheux qu'on ne saisisse pas le moment de dé-

truire le fanatisme dans son berceau, en substituant aux préjugés, aux erreurs de toute espece, dont on *imboit* la jeunesse, un code de vérités lumineuses, qui puissent la guider dans tous les temps de la vie.

7 Juillet 1761. On a honoré aujourd'hui la mémoire de M. de Crébillon d'une façon plus digne de lui que cette farce qu'on a jouée à St. Jean de Latran. On a donné *Radamiste & Zénobie*. Cette piece n'a pas fait une grande sensation. On parle de remettre *Atrée & Thyeste*, le chef-d'œuvre du même auteur.

Les comédiens Italiens doivent donner demain *Sancho Pança*, opéra-bouffon de M. Poinsinet le jeune, dit *Torinet*. La musique est de Philidor. On assure que la troupe compte beaucoup sur cette nouveauté, pour ramener le public qui déserte depuis pâque.

7 Juillet 1762. La Sorbonne a mis sur le bureau le livre de Jean-Jacques, & va travailler à sa censure.

8 Juillet 1762. On écrit de Neuchâtel que milord Maréchal, gouverneur de cette principauté, a reçu une lettre du roi de Prusse, qui lui marque d'avoir tous les égards possibles pour Rousseau, de l'assurer de sa protection, de lui offrir tous les secours dont il pourroit avoir besoin.

Il y a à Geneve une fermentation considérable, occasionée par la condamnation du livre de Rousseau. Les ministres de l'église réformée prétendent que les séculiers ne l'ont condamné que par esprit de parti, à cause qu'il soutient dans le *Contrat Social* les vrais sentimens de la *démocratie*, opposés à ceux de l'*Aristocratie*, qu'on voudroit introduire. A l'égard de la doctrine théologique renfermée dans *Emile*, ils disent qu'on pourroit la soutenir en bien des points ; que d'ailleurs on ne lui a pas laissé le temps de l'avouer ou de la rétracter. Ils ajoutent que l'on souffre dans l'état un homme (M. de Voltaire) dont les écrits sont bien plus répréhensibles, & que les distinctions qu'on lui accorde sont une preuve de la dépravation des mœurs & des progrès de l'irréligion, qu'il a introduite dans la république depuis son séjour dans son territoire.

8 Juillet 1762. *Sancho Pança dans son Isle*, joué aujourd'hui pour la premiere fois, n'a pas eu le succès qu'on s'en promettoit. On l'a jugé trop sévérement, en exigeant dans une farce de ce genre l'esprit & la finesse d'un drame plus délicat. On trouve mauvais que Sancho débite tant de proverbes, qu'il soit gourmand, &c. Il est aisé de juger de-là quelle espece de connoisseurs décide ainsi. Quant à la musique elle est toujours dans un goût pittoresque, mais elle rentre dans les autres ouvrages de Philidor, & démontre à merveille les bornes du genre. La nature inanimée ne peut se varier, se nuancer à l'infini, comme les passions que caractérise la grande musique.

9 Juillet 1762. On ne peut se refuser à consigner un bon mot du roi, qui caractérise également l'excellence de son esprit & de son cœur.

S. M. étant allé voir les nouveaux bureaux de la guerre, il y a quelques jours, entra partout ; & dans celui de M. Dubois ayant trouvé une paire de lunettes, mit la main dessus, voyons, dit le roi, *si elles valent celles dont je me sers*. Un papier, apprêté exprès, suivant les apparences, se trouva sous sa main. C'étoit une lettre dans laquelle entroit un éloge pompeux du monarque & de son ministre (le duc de Choiseul). S. M. rejetant avec précipitation les lunettes, dit : *elles ne sont pas meilleures que les miennes, elles grossissent trop les objets.*

10 *Juillet* 1762. On ne cesse de parler par tout Paris de la farce de St. Jean-de-Latran ; on en rit beaucoup. Les comédiens n'ont rien épargné pour faire célébrer avec toute la pompe funéraire le service de M. de Crébillon. L'église étoit toute tendue de noir, fort illuminée, un catafalque, un dais. La compagnie étoit des plus nombreuses. L'académie Françoise y avoit été invitée ; elle s'y rendit par députation. L'opéra, la comédie Italienne, tous les corps comiques y ont assisté de même. On est allé à l'offrande dans la plus grande régularité. Les actrices étoient sans rouge. Mlle. Clairon, en long manteau, menoit le deuil. Cette sublime Melpomene a représenté avec toute la dignité convenable. Arlequin y a figuré aussi. Enfin, tout a concouru à rendre cette cérémonie aussi mémorable que risible.

11 *Juillet* 1762. On a représenté, il y a quelques jours, à Bagnolet, chez M. le duc d'Orléans, une piece en deux actes, de Collé, si connu par ses *Amphygouris*. Elle a pour titre : *Le Roi & le Meûnier* (c'est Henri IV.) Ce petit drame a eu le plus grand succès, & le mérite par la naïveté qui y regne. M. le duc d'Orléans

jouoit un des principaux rôles (le Meûnier.). Grandval faisoit *Henri IV.*

12 *Juillet* 1762. *Le Contrat Social* se répand peu-à-peu. On en fait venir par la poste de Hollande. On écrit seulement les noms de ceux à qui sont adressés les exemplaires.

14 *Juillet* 1762. Le sieur Palissot a fait imprimer sa comédie du *Rival par ressemblance*. Il a abandonné le titre des *Méprises*, parce que, dit-il, un plaisant s'est écrié ingénieusement que c'étoit une méprise de l'auteur.

Il cite modestement pour épigraphe un vers de ses *philosophes* : *Et nous ferons un bruit à rendre les gens sourds.* Il se plaint encore plus modestement dans sa préface de ce qu'on n'a pas voulu voir en lui un second Moliere : il en appelle au public équitable ; il trouve qu'il y a beaucoup d'art & de finesse dans son drame. Il remarque qu'on n'avoit pas encore fait entrer dans aucune comédie un éloge de la nation, & il s'applaudit infiniment de ce trait de son génie.

La piece est encore plus mauvaise à la lecture qu'à la représentation : elle est enrichie de notes, & c'est encore une nouveauté sublime dont l'auteur auroit dû se glorifier. C'est un grand effort de son imagination.

15 *Juillet* 1762. On vante beaucoup la péroraison de l'*Appel à la Raison*, dont nous avons déja parlé. C'est en effet un morceau d'éloquence très-pathétique, mais de l'éloquence n'est pas du raisonnement.

La gazette de France exalte beaucoup aujourd'hui le zele & la piété des comédiens du roi, à l'occasion du service qu'ils ont fait célébrer pour M. de Crébillon. Elle ajoute que ce jour-là le spectacle fut fermé en signe de deuil, & que le lendemain on le rouvrit par *Rhadamiste & Zénobie*, chef-d'œuvre de cet auteur. M. l'archevêque est furieux de voir consigner dans un papier public un événement édifiant, qu'il regarde comme le scandale de l'église.

17 *Juillet* 1762. M. de la Poupelinière, cet homme rare, tout à la fois Plutus, Mécène & Apollon, continuoit cette année à représenter dans son superbe château de Passy des comédies, des opéra de sa façon & de celles des autres. Sa digne moitié les jouoit dans la suprême perfection. Cette maison étoit un parnasse plus réel que celui de la fable. La mort de la belle-mere de ce respectable vieillard vient d'arrêter ces agréables divertissements, au grand regret de ces amateurs & du public.

19 *Juillet* 1762. On donnera demain à l'opéra des fragments, composés du *Prologue des Indes Galantes*, de l'*Acte des Sauvages* du même opéra, & de l'*Acte de la Guirlande*, de M. de Marmontel. On ne peut s'empêcher d'être surpris de l'imbécillité des directeurs, qui vont remettre ce dernier acte, bafoué dans son principe, quoiqu'il fût joué par Geliotte. Quel succès en pouvoir attendre aujourd'hui ? La musique est de Rameaux, comme celle des autres *Fragments*.

20 *Juillet* 1762. M. l'archevêque de Paris ayant fait des reproches à l'ordre de Malte, sur l'indécente cérémonie pratiquée dans une église de l'ordre, il s'est tenu un consistoire chez l'ambassadeur de l'ordre, jeudi dernier, 15 de

ce mois : on a décidé que, pour éviter de perdre un droit dont M. de Beaumont faisoit des plaintes ameres, le curé de Saint-Jean-de-Latran, quoique souftrait à l'ordinaire, par les priviléges de l'ordre, recevroit une punition, pour avoir occafioné ce qu'on appelle canoniquement un fcandale dans l'églife de Paris, en communiquant avec des hiftrions, foudroyés tous les huit jours au prône, fous le bras eccléfiaftique. En conféquence, ledit curé a été condamné à trois mois de féminaire, & à deux cents francs d'amende envers les pauvres.

20 *Juillet* 1762. Les *Fragments* n'ont pas été fort célebres aujourd'hui. Il n'y avoit perfonne. Ils ont été très-mal remis, & joués d'une façon infame : des acteurs à faire mal au cœur : fans Mlle. Le Mierre, on n'auroit pu y tenir. Rien de nouveau dans les danfes.

L'*Acte de la Guirlande* eft ingénieux, mais il finit mal. Il ne mérite pourtant pas le traitement rigoureux qu'il a toujours effuyé. On ne fait pourquoi le public l'a fi fort mal accueilli cette fois. On ne peut s'empêcher de citer à ce propos une anecdote finguliere. On a déja dit que les paroles étoient du fieur de Marmontel. En 1751, qu'on le jouoit, ce poëte eut occafion de prendre un fiacre : c'étoit un jour d'opéra ; fon chemin étoit de paffer devant le cul de fac. Il dit : *cocher* (craignant l'embarras) *évite le palais royal.* —— *Ne craignez, Monfieur,* reprit le ruftre ingénu, *il n'y a pas trop de tumulte, on donne aujourd'hui* la Guirlande.

21 *Juillet* 1762. *Réfutation du nouvel ouvrage de Jean-Jacques Rouffeau, intitulé* Emile. C'eft un in-octavo qui ne contient encore qu'une

lettre, où l'on prétend répondre à l'article du troisieme volume, dans lequel l'auteur attaque la révélation, & en général sappe la religion par ses fondements. Pour sentir la platitude & l'ineptie du critique, il suffit de dire qu'il appuie ses arguments sur l'écriture sainte. On voit que c'est un ergoteur qui a voulu faire un livre. Louons son zele, & souhaitons-lui du talent ! Il promet deux autres lettres, dont on le dispense, s'il n'a rien de mieux à dire. Recourons aux grands & solides ouvrages faits en faveur de la religion chrétienne; c'est dans ce sublime arsenal qu'on trouve des armes toujours prêtes & toujours victorieuses.

21 *Juillet* 1762. On s'apperçoit facilement que ce ne sont plus les mêmes coopérateurs qui travaillent au journal de Trévoux : il n'est plus ni aussi bien écrit, ni aussi savamment discuté. On conçoit en général qu'il est impossible à des particuliers d'exécuter cet ouvrage périodique, dans la même perfection que le faisoient les jésuites, & le pere Berthier en dernier lieu. Une bibliotheque immense, où vérifier à chaque instant les citations; des éleves sans nombre & pleins de talents qui travailloient en sous-œuvre : comment rencontrer les mêmes secours? A l'ultramontanisme près, qui perçoit toujours par quelque part, on regrettera long-temps ce journal, qui dégenere & dégénérera de plus en plus.

22 *Juillet* 1761. *Variétés Philosophiques & Littéraires, par* M. *l'abbé de Londes.....* C'est un nouvel auteur qui entre dans la lice littéraire d'une maniere assez commune.

22 *Juillet.* M. l'abbé de Marigny, auteur

de l'*histoire des révolutions de l'empire des Arabes*, *sous le gouvernement des Califes*, est mort, il y a quelque temps, dans un âge fort avancé. Il avoit poussé l'avarice à son dernier période.

22 *Juillet* 1762. Le bruit court que le sieur Chevrier est mort de misere, sans feu ni lieu : telle devoit être la fin d'un enragé. D'autres assurent qu'il est mort de peur, comme on l'arrêtoit.

25 *Juillet* 1762. M. de la Combe, d'Avignon, nous annonce l'*Abeille du Parnasse Anglois*. Ce sera une traduction des plus belles odes, & des morceaux les plus sublimes des auteurs de cette nation. A en juger par son essai, cela ne sera pas mieux choisi que le recueil de l'abbé Yart, & n'aura rien de piquant.

27 *Juillet* 1762. Il court une *Epître à M. Gresset*, de trois cents vers & au-delà. Elle annonce du talent, de la facilité. L'auteur est plus abondant, plus énergique, agréable & correct. Il n'est pas encore connu. C'est M. de Sélis.

27 *Juillet* 1762. M. Dauvergne & consorts, chargés de l'entreprise du concert spirituel, préviennent le public dans le deuxieme volume du *Mercure* de ce mois, que M. de Mondonville refuse les conditions raisonnables qu'ils lui offrent pour jouir de sa musique & nous en amuser. Il est fâcheux que la jalousie de ces messieurs nous prive de ce riche fonds de motets; il est à craindre que le spectacle ne s'en ressente. On nous annonce qu'on va faire les plus grands efforts pour y suppléer : puissent-ils être heureux !

30 Juillet 1762. Il y a une fermentation considérable dans la troupe des comédiens François, à l'occasion du châtiment que vient d'éprouver le curé de St. Jean de Latran. Ils ne peuvent supporter d'être ainsi frappés des foudres de l'église. Mlle. Clairon, l'héroïne de ce théatre, parle sur cette matiere avec une éloquence majestueuse; si ses camarades suivoient son avis, ils demanderoient tous leur retraite. On se flatte qu'ils n'en viendront pas à cette voie extrême, la cour & la ville y perdroient trop.

31 Juillet 1762. M. Bouchardon, un des plus fameux sculpteurs de l'Europe, vient de mourir. Il étoit chargé de la statue équestre du roi, que la ville fait faire. Heureusement son ouvrage est fort avancé : il ne manque plus qu'une des quatre figures qui doivent orner le piédestal.

1 Août 1762. C'est M. Pigal qui est chargé de continuer la suite des travaux du Roule. Bouchardon a écrit une lettre à la ville, dans laquelle il désigne cet artiste pour lui succéder. Cette générosité est d'autant plus louable, que ces deux grands hommes n'étoient point amis, & que la jalousie, trop souvent le partage des petits talents, avoit elevé quelques nuages entr'eux.

2 Août 1762. Suivant la gazette de Bruxelles, la reine d'Hongrie défend tres-sévérement l'introduction du livre de Rousseau dans ses états. Peu d'auteurs se sont attirés une proscription aussi illustre.

3 Août 1762. Le bruit court depuis quelque temps que les jésuites comparoîtront au jour indiqué, & feront plaider leur cause. Un avocat, nommé *Domine*, doit être leur défenseur. Si cela est, on assure que la réplique, très-courte, est toute prête : *Domine, salvum fac Regem!* lui dira-t-on.

4 Août 1762. Les comédiens François ont remis *Cinna* depuis quelques jours. Il leur procure du monde. Les avis sont partagés sur la manière dont cette pièce est jouée. Tout le monde s'accorde assez sur Mlle. Clairon, qui joue *Emilie* dans la perfection. Ce rôle est dans son genre, point susceptible de passions fortes, & propre à recevoir toutes les nuances d'un art réfléchi. On ne pense pas de même de Brizard, qui fait *Auguste*.

5 Août 1762. On a remis aussi *le Curieux impertinent* de Destouches. Cette pièce bien faite & froide n'a jamais eu un succès marqué. Elle ne réussit pas mieux cette fois-ci.

6 Août 1762. Il court dans le monde une lettre au sujet d'un nommé *Calas*, roué à Toulouse, pour avoir assassiné, dit-on, son fils par fanatisme de religion, &c. On prétend que ce père infortuné est innocent. Il est question de travailler à réhabiliter sa mémoire. On attribue à M. de Voltaire cette lettre, qui n'a pas la touche forte & pathétique dont ce sujet étoit susceptible en de pareilles mains.

7 Août 1762. Il paroît un *second appel à la raison*. C'est un libelle des plus atroces & des plus furieux. C'est un enragé, qui, dans son désespoir, ne connoît plus ni frein ni bornes. Cet auteur est fort pour les péroraisons. Celle de ce livre-ci est encore très-pathétique. Les jésuites désavouent celui-ci ; ils vendent le premier chez eux, & l'adoptent comme une production émanée de leur sein.

8 *Août* 1762. Quoique l'auteur du livre de l'*Appel à la Raison* insinue qu'il est jésuite & Breton, on l'attribue pourtant à l'abbé de Caveirac, si connu par son *apologie de la St. Barthelemi*. Le second volume est sur-tout digne de lui, par l'imagination effrénée & la licence séditieuse dont il est plein.

8 *Août*. On doit donner demain aux François une comédie nouvelle, intitulée *les deux Amis*, en trois actes & en prose. Elle est tirée du conte de la Fontaine qui porte le même titre. Un nommé Dancour, acteur de province, en est auteur. C'est celui qu'on appelle *l'arlequin de Berlin*, qui s'est avisé de rompre une lance contre Rousseau.

8 *Août* Enfin le dernier coup est porté aujourd'hui à la compagnie de *Jesus*. La socié est dissoute: ses membres sont exclus pour jamais de l'éducation de la jeunesse, à moins qu'ils ne prêtent un serment dont on leur donnera le formulaire. Cette époque, on le répete, est d'une grande importance dans la littérature.

9 *Août* 1762. Jamais on n'a joué sur les boulevards une parade plus obscene, plus grossiere, plus impertinente, que la comédie d'aujourd'hui ; c'est le comble du ridicule. Il est inconcevable que des comédiens, qui s'érigent en juges des pieces, aient assez peu de goût pour hésiter même à renvoyer une aussi détestable drogue. Que dira-t-on, quand on saura que ce tripot appellé du jugement du public, & persiste à regarder cette farce comme pleine de

fel & d'un excellent comique! Quelle honte pour les auteurs dramatiques d'être jugés par un aussi ridicule aréopage!

10 *Août* 1762. Les plaisants s'exercent sur le compte des ci-devant soi-disant jésuites. Entre les mauvaises choses qui courent sur eux, on distingue le distique suivant :

Que fragile est ton fort, société perverse !
Un boiteux (1) t'a fondu, un bossu (2) te renverse!

11 *Août* 1762. Les états-généraux ont aussi défendu chez eux l'introduction d'*Emile*. Si Rousseau a voulu faire parler de lui & se singulariser, il a pris une excellente route. Du reste, son livre est qualifié de toutes les épithetes mal sonnantes qu'il pouvoit desirer.

12 *Août* 1762. On ne peut s'empêcher de consigner ici un bon, ou plutôt un grand mot de monsieur le dauphin. On lui faisoit la lecture, pendant qu'il étoit dans le bain, de la gazette de Hollande, où étoit la proscription du livre de l'éducation. « C'est fort bien fait, dit M. le
» dauphin : ce livre attaque la religion, il
» trouble la société, l'ordre des citoyens ; il
» ne peut servir qu'à rendre l'homme malheu-
» reux : c'est fort bien fait. — Il y a aussi le
» *contrat social*, qui a paru très-dangereux,
» ajouta le lecteur. — Quant à celui-là, c'est
» différent, reprit monseigneur, il n'attaque que
» l'autorité des souverains ; c'est une chose à

_____

(1) St Ignace.
(2) L'abbé de Chauvelin.

» discuter. Il y auroit beaucoup à dire : c'est plus
» susceptible de controverse. »

12 *Août* 1762. Chevrier est décidément mort: les gazettes nous apprennent, ou du moins nous insinuent qu'il a été empoisonné. C'est assez le sort des chiens enragés.

12 *Août*. M***. dans l'édition qu'il avoit fait des *mémoires de Sully*, ayant trouvé bien des choses défavorables aux jésuites, dont il étoit ami, avoit supprimé, altéré, défiguré tous ces endroits-là. Aujourd'hui qu'il n'y a plus de ménagement à garder, on vient de donner en un volume une *addition ou supplément à ces mémoires*. On y a restitué tout ce qui concernoit la société, & l'éditeur prétend avoir rendu les faits dans toute leur vérité.

13 *Août* 1762. Le chevalier de la Morliere, plus connu par ses escroqueries, son impudence & sa scélératesse, que par ses ouvrages, vient enfin d'être mis à St. Lazare : sa famille a obtenu cette grace, de crainte qu'un jour il ne la déshonorât par un supplice ignominieux.

14 *Août* 1762. Le parlement a rendu hier un arrêt de brûlure contre un libelle intitulé : *Mes doutes sur la mort des Jésuites*. Il est très injurieux au parlement; cela veut dire qu'il n'est pas fort de preuves. Quand on a des raisons à donner, on n'accable point ses juges d'injures. On disculpe à présent l'abbé de Caveirac de *l'appel à la raison*, & on lui met cette brochure-ci sur le corps.

15 *Août* 1762. M. de Voltaire, animé d'un esprit de charité des plus fervents, ne cesse d'écrire en faveur du roué de Toulouse. Il envoie des mémoires à toutes les personnes de

considération, & ces nouvelles tentatives de sa part donnent lieu de croire que la premiere lettre est de lui. On ajoute qu'il offre d'aider de sa bourse la malheureuse famille de cet innocent.

16 *Août* 1762. On a donné hier le premier concert spirituel des nouveaux Entrepreneurs. L'Assemblée étoit brillante & nombreuse. On n'a point été content de la musique, dans laquelle il n'y a rien eu constamment de Mondonville. La symphonie est supérieurement exécutée, & de beaucoup mieux ordonnée que l'ancienne. Ce sont Gavinier & Capron qui sont les coryphées des deux chœurs.

17 *Août* 1762. On continue à dire que le ci-devant pere Berthier va à Rome, où son général l'appelle pour présider à un journal. Les fameux, ses confreres, sont tous hébergés chez des grands : le pere Neuville est chez M. le prince Louis, le pere Griffet chez madame la présidente de Nicolaï, &c.

18 *Août* 1762. Il paroît une brochure intitulée : *Eloge de Crébillon*. Ce livre écrit par un grand maître, ne remplit nullement son titre. On y dissèque piece à piece le théatre de cet auteur, & l'on ne fait grace qu'à *Rhadamiste & Zénobie*. On regarde tout le reste comme ne pouvant passer à la postérité. On y tombe sur le corps de Rousseau le lyrique, & on le maltraite très-fort. On exalte la bonne intelligence qui a toujours régné entre M. de Crébillon & M. de Voltaire, quoique ce dernier ait refait trois de ses pieces. A tous ces différents traits on croit reconnoître la main qui a travaillé cette brochure : M. de Voltaire ne peut être loué dignement que par lui-même.

19 *Août* 1762. On parle d'un livre infame, horrible, exécrable. Il est intitulé, *les trois Narcisses*, & se répartit en trois chapitres: *Nécessité de détruire les jésuites en France: Nécessité d'y anéantir la religion chrétienne: Nécessité d'empêcher M. le D....* On prétend que ce libelle affreux est fait en faveur des jésuites; que de la premiere *Nécessité* on en veut inférer la nécessité des deux autres. Quoi qu'il en soit, personne ne dit avoir lu ces horreurs, quoique tout le monde en parle. On présume avec assez de raison que ce livre n'existe que par son titre. C'est un canevas épouvantable, qu'un monstre fanatique aura répandu dans le public, pour le donner à remplir à qui l'osera.

20 *Août* 1762. Il paroît que le procès de Rousseau reste-là. On prétend qu'Abraham Chaumeyx est auteur du requisitoire de M. l'avocat-général; il est aussi plat, aussi dénué de bon sens que son auteur.

21 *Août* 1762. Il court des *Pourquoi* sur l'affaire des jésuites, qu'on attribue à M. de Voltaire. Ils sont imprimés depuis peu.

22 *Août* 1762. M. l'abbé Berthier ne va plus à Rome; on l'attache à la cour, où il est nommé instituteur des enfants de France. Ce savant, de mœurs douces & simples, sera très-déplacé dans ce pays-là. Il a d'ailleurs le défaut de bégayer, peu propre au langage rapide des courtisans.

23 *Août* 1762. On a remis aujourd'hui *l'Irrésolu*, comédie en cinq actes de Destouches. Cette pièce, jouée en 1713, n'eut que six représenta-

tions. Nous ne sommes pas moins difficiles aujourd'hui.

24 *Août* 1762. On a fait à l'hôtel d'Aligre l'exposition des tableaux de l'académie de St Luc. Ils sont en grand nombre : il y a peu de tableaux de grande maniere.

On doit demain exposer les pieces des éleves de peinture & de sculpture, qui auront concouru pour le prix. Le premier sujet étoit *la mort de Socrate*; le second *la mort de Germanicus*.

25 *Août* 1762. Cette après-midi l'académie Françoise a tenu sa séance publique, peu brillante aujourd'hui, & l'on a vu, au grand étonnement de tous les spectateurs, deux filles [Mlle. Mazarelli & sa compagne] dans la loge du directeur [Moncrif]. Depuis quand le temple des muses devient-il celui des courtisanes?

M. Thomas a remporté le prix de poésie. C'est pour la quatrieme fois qu'il est couronné. Son ode est intitulée : *le Temps*. C'est du galimathias. Il y a deux strophes de sentiment, qui méritent d'être distinguées, mais encore gâtées par l'enflûre du style.

Il avoit fait une seconde ode, qui se trouve avoir balancé le prix. Il y a plus de philosophie, & elle est moins bouffie. M. d'Alembert a relevé tout cela par sa déclamation magistrale & pédantesque. Il a également régalé le public de différentes bribes des autres odes qui ont paru les moins mauvaises. Il a fait ensuite ce qu'on peut appeler *la parade*. Il a lu une suite de ses *réflexions sur la poésie & sur l'ode* : de mauvaises plaisanteries, mêlées de beaucoup d'amorume, faisoient tout le fond de sa dissertation. Elle a fait rire à gorge déployée.

On a annoncé pour sujet du prix de l'année prochaine, l'*éloge de M. le duc de Sully*, surintendant des finances. On a battu des mains à cette annonce, & quelqu'un a dit avec esprit : *voilà l'éloge fait*.

M. Saurin a fini la séance par la lecture du premier acte d'une tragédie, à laquelle il travaille : c'est un sujet tiré de l'Anglois, intitulé dans l'origine : *Tancrede & Sigismonde*. Il a changé ces noms en ceux de *Blanche* & de *Guiscard*. Les huées soutenues ont empêché d'entendre cette lecture, qui ne promettoit rien de satisfaisant, l'auteur n'étant pas un grand tragique. Le ton déclamatoire & l'enthousiasme avec lequel il a débité cette drogue, a beaucoup fait rire : il ne s'est point décontenancé de cet accueil peu favorable, & a fini son acte jusqu'au dernier vers, sans doute sans s'appercevoir du mauvais succès qu'il avoit.

26 *Août* 1761. M. de Combalurier, docteur régent de la faculté de médecine, connu par ses écrits en faveur de son corps, est mort avant-hier.

26 *Août*. Hier, dans la séance de l'académie, on lut une ode *sur la patience*, où il y avoit des idées, du sentiment & de la philosophie. Elle étoit peu lyrique. On la donna comme méritant des éloges, sans dire le nom de l'auteur. On le connoît aujourd'hui, c'est M. le Mierre.

27 *Août* 1762. L'abbé de Radonvilliers, sous-précepteur des enfants de France & ex-jésuite, se met sur les rangs pour être de l'académie. Il ne peut faire valoir en sa faveur que son poste

à la cour. Aucun mérite de littérature ne milite pour lui, & de ce côté il est fort inférieur à son concurrent, l'abbé de Voisenon.

28 *Août* 1762. Il se publie dans les rues un long mandement de M. l'archevêque contre le livre de l'*Education* de Rousseau, fort bien fait. Les raisonnements ne sont pas d'une force péremptoire, & de ce côté-là le livre ne reste pas pulvérisé : mais on lance les foudres de l'église sur quiconque oseroit lire un pareil ouvrage. Cette censure vient un peu tard, *Emile* étant entre les mains de tout le monde, & ayant produit tout le mal dont le lecteur est susceptible. Au reste, c'est une affaire de forme.

28 *Août* 1762. *Les Pourquoi, ou Questions sur une grande affaire, pour ceux qui n'ont que trois minutes à y donner.* Cette plaisanterie, qui a couru long-temps manuscrite, imprimée aujourd'hui, est attribuée à M. de Voltaire. Elle roule sur la dissolution de la société : elle porte un caractere d'aisance & de gaieté digne de son auteur.

29 *Août* 1762. On parle différemment du sort du frere Berthier, si plaisanté par Voltaire. On a prétendu depuis quelques jours qu'il étoit *instituteur des enfants de France*. Ce bruit est faux. M. le duc de la Vauguyon avoit la meilleure volonté du monde de le pousser à ce poste, mais il y a apparence qu'il sera tout au plus à la bibliotheque de M. le dauphin, ou à celle du roi : jusqu'à présent il est chez ce seigneur.

29 *Août*. Personne, dans le monde littéraire, ne doute que l'*Eloge de Crébillon* dont on a parlé, ne soit de M. de Voltaire. Il est fâcheux que ce grand homme ne puisse se guérir de la
basse

basse jalousie qu'on lui reproche si justement : il la marque dans cet ouvrage au point de tronquer, de mutiler les vers du Sophocle François, pour les rendre ridicules. C'est une chose aisée à vérifier par quiconque fera la comparaison. M. de Voltaire ne peut sur-tout digérer que son rival ait été imprimé au Louvre, tandis qu'il n'a pas encore joui de cet honneur.

30 *Août* 1762. Il court dans le monde une plaisanterie de l'abbé de Voisenon. Il faut expliquer le fait.

M. l'abbé de Boismont, le Mirebalais de l'académie, ne paie point ses dettes. Un certain doyen de Valenciennes, auquel il doit une pension sur une abbaye qu'il a, ne pouvant arracher rien de ce gros bénéficier, est venu en personne exiger son dû. Ayant demandé où demeuroit cet abbé, il s'est fait une méprise, & au lieu de lui donner l'adresse de l'abbé de Boismont, on l'a envoyé chez l'abbé de Voisenon à Belle-ville. N'ayant pas trouvé ce dernier, M. le doyen a laissé un billet, qui expliquoit la cause de sa venue : sur quoi l'abbé de Voisenon a répondu par la lettre suivante, qui court aujourd'hui tout Paris.

« Je suis fâché que vous ne m'ayez pas trouvé, Monsieur, vous auriez vu la différence qu'il y a entre monsieur l'abbé de Boismont & moi. Il est jeune, & je suis vieux ; il est fort & robuste, & je suis foible & valétudinaire ; il prêche, & j'ai besoin d'être prêché ; il a une grosse & riche abbaye, & j'en ai une très-mince : il s'est trouvé de l'académie sans savoir pourquoi, & l'on me demande pourquoi je n'en suis pas : il vous doit une pension

Tome I. F

» enfin, & je n'ai que le desir d'être votre dé-
» biteur. Je suis, &c. »

3 *Septembre* 1762. Le *Contrat Social* se répand insensiblement. Il est très-important qu'un pareil ouvrage ne fermente pas dans les têtes faciles à s'exalter : il en résulteroit de très-grands désordres. Heureusement que l'auteur s'est enveloppé dans une obscurité scientifique, qui le rend impénétrable au commun des lecteurs. Au reste, il ne fait que développer les maximes que tout le monde a gravées dans son cœur ; il dit des choses ordinaires d'une façon si abstraite, qu'on les croit merveilleuses.

Rousseau cite plusieurs fois un manuscrit, qu'il loue beaucoup, ainsi que son auteur. Il est intitulé : *Des intérêts de la France, relativement à ses voisins*, par M. le M..... d'A..... Il insinue que c'est un homme qui a été dans le ministere, & qui s'y est distingué.

Il résulte du *Contrat Social*, que toute autorité quelconque n'est que la représentation collective de toutes les volontés particulieres, réunies en une seule. De-là, toute puissance s'écroule, dès que l'unanimité cesse, du moins relativement aux membres de la république, qui réclament leur liberté : de-là, tout citoyen peut, quand il veut, quitter un état, emporter tous ses biens & passer dans un autre, à l'exception près du moment où l'on seroit à la veille de combattre ; Rousseau regarderoit cela comme une désertion : on ne sait pas pourquoi.

4 *Septembre* 1762. M. Colardeau s'est senti blessé des critiques différentes qu'on a faites de

sa piece sur les vaisseaux : sa bile s'est émue, & il vient de la répandre à grands flots dans une *Epître à sa Chatte*. Il regne dans cette niaiserie une amertume qui fait peu d'honneur à la philosophie du poëte. Il paroît, au reste, ne pas s'en piquer. Il a fait aussi une ode sur la poésie & la philosophie, où il dégrade absolument cette derniere, pour élever l'autre sur ses débris. Il le fait comme il le dit ; car il y a de très-beaux vers dans cette piece, & pas le sens commun.

4 *Septembre*. Les Italiens, jaloux de témoigner leur zele dans l'occasion présente, ont fait faire un couplet en l'honneur du prince de Condé. Il a été chanté avec tous les applaudissements dus à ce jeune héros. Le voici :

AIR : *d'un inconnu.*

De nos guerriers, héros nés pour la gloire,
Tout doit chanter le triomphe éclatant :
Ils doivent vaincre, tout nous l'apprend ;
Des cœurs François l'honneur est le garant.
Qui sert Louis, doit fixer la victoire.

5 *Septembre* 1762. On a fait une suite au *Colporteur*, en forme d'almanach. Il y a tant de gens disposés à la méchanceté, que de pareils ouvrages trouvent un continuateur.

5 *Septembre*. Pour le coup on s'apperçoit que le frere Berthier, aujourd'hui abbé, n'est plus à la tête du Journal de Trévoux : il est d'une platitude inimitable ; on y fait usage de toutes pieces. On y lit entr'autres une ode sur l'électricité. C'est le comble du ridicule.

5 *Septembre* 1762. On a fait une détestable épitaphe sur les jésuites. On ne la cite que comme un échantillon de l'aveuglement du fanatisme :

> Ci gît un corps, le plus savant,
> Le plus soumis, le plus fidele,
> Détruit par le plus ignorant,
> Le plus fougueux, le plus rebelle.

6 *Septembre* 1762. *Les recherches sur le Despotisme oriental* sont entre les mains de plusieurs personnes. L'auteur est M. le Boulanger, ingénieur des ponts & chaussées. Il est mort depuis la publication de son livre. De-là les conjectures ordinaires sur cet événement.

6 *Septembre.* On donnera demain à l'opéra, *Acis & Galathée*, pastorale héroïque en trois actes, paroles de Campistron, musique de Lully. Depuis 1686 elle a été reprise sept fois. On n'augure pas qu'elle ait un succès bien complet. On trouve mauvais qu'à la veille d'avoir une foule d'étrangers nous donnions un aussi mauvais échantillon de notre goût musical.

7 *Septembre* 1762. Des marchands de la foire St. Ovide ont imaginé de faire de petites figures de cire, habillées en jésuites, qui ont pour base une coquille d'escargot ; cela a pris comme les pantins : à l'aide d'une ficelle on fait sortir & rentrer le jésuite dans sa coquille. C'est une fureur. Il n'y a point de maison qui n'ait son jésuite.

8 *Septembre* 1762. Les nouveaux directeurs du concert spirituel ont amusé aujourd'hui le public pour la seconde fois. On a goûté beaucoup un

motet du Signor Peo, maître de musique de la chapelle du roi des Deux-Siciles : c'est une espece d'oratorio à quatre coryphées. Rien de nouveau d'ailleurs. On regrette toujours la musique de Mondonville, quoiqu'on en eût par dessus les oreilles. Cet auteur sentoit même qu'il la falloit laisser reposer ; il avoit exigé qu'on ne les jouât de deux ans, en cas que son marché eût lieu.

9 Septembre 1762. M. le Miere, sans renoncer à son *Terée*, s'est mis en tête de remanier un sujet traité assez mal, il est vrai, par Crébillon ; c'est *Idoménée*.

M. Colardeau a aussi une piece sur le chantier.

10 *Septembre* 1762. Le grand rôle que Mlle. Le Maure a joué sur la scene lyrique ne nous permet pas d'omettre une circonstance essentielle de sa vie. Cette sublime actrice, si connue par sa belle voix, sa laideur & ses caprices, vient de se marier à un jeune homme, chevalier de St. Louis, nommé M. de Monrose. Elle a plus de 50 ans.

11 *Septembre* 1762. Le *Sancho* vient de finir, avec 25 représentations ; les *Sœurs rivales* vont encore : les Italiens promettent des nouveautés en abondance.

12 *Septembre* 1762. On commence à voir des estampes destinées pour la nouvelle édition de Corneille. Elles sont du Sr. Gravelot : celle de *Cinna* nous est tombée entre les mains. Elle est d'une grande beauté. *Soyons amis, Cinna !* c'est le sujet & la légende.

13 *Septembre* 1762. On sait que le Sr. Keyser a vendu son secret au roi. A la tête de son instruction il a mis une préface, où il développe

F 3

dans le jour le plus terrible les symptômes de la maladie qu'il combat. Tous les connoisseurs regardent ce morceau comme un chef-d'œuvre d'éloquence. Il mérite d'être cité à la postérité la plus reculée. On ne présume pas qu'il soit de cet empirique.

13 Septembre 1762. On publie un arrêt du parlement, du 3 septembre, par lequel il paroît que pénétré, ainsi que l'a indiqué M. de la Chalotais dans son beau requisitoire, de la nécessité de réformer les études pédantesques qu'on fait faire aujourd'hui, il enjoint aux universités de Paris, Rheims, Bourges, Poitiers, Angers & Orléans, de donner dans trois mois, tels mémoires qu'ils aviseront bon être sur cet objet. Il veut d'ailleurs établir une espece d'affiliation entre tous les différents colleges, pour qu'il en résulte un plan uniforme d'instruction. Il faut espérer qu'à force d'attaquer le pédantisme, de le combattre, de le poursuivre jusques dans ses repaires les plus formidables, on le détruira tout-à-fait.

14 Septembre 1762. On publie encore un arrêt du parlement du 7 septembre, qui transfere le college de Lisieux dans le college de Clermont [dit Louis le Grand], dont il occupera une partie convenable. Il y doit ouvrir ses classes au premier octobre. Le parlement ordonne en outre, toujours sous le bon plaisir du roi, que provisoirement les boursiers des différents colleges, qui ne sont pas de plein exercice, seront tenus de fréquenter ledit college de Lisieux, exclusivement à tout autre. On ne peut qu'applaudir encore à la sagesse de ce réglement, qui tend de plus en plus à former d'excellents sujets dans tous les ge nres.

14 *Septembre.* On a repris *Tancrede* hier, Cette piece a toujours un succès marqué, & Mlle. Clairon y arrache les larmes des yeux.

16 *Septembre* 1762. Depuis le renouvellement de la gazette de France, on la trouve détestablement écrite. On se plaint qu'elle fourmille de centre-sens, d'amphibologies, qu'elle respire souvent l'ignorance la plus crasse & la plus absurde. On ne pourroit trop assigner à qui la faute. Cependant M. Raymond de Ste. Albine, le rédacteur, est celui qu'on immole aux clameurs du public: on le prive de son emploi; on lui donne 3,000 livres de pension. L'abbé Arnaud lui succede. On ne sait si l'enflure du style de cet auteur conviendra beaucoup à cet ouvrage, dont la simplicité, la clarté, doivent faire le plus grand mérite. On ignore si le journal étranger conservera ce brillant coryphée.

17 *Septembre* 1762. L'arrêt du parlement commence à s'effectuer, & dès le 15 le college de Lisieux a pris possession des bâtiments qui lui sont destinés dans celui de Clermont.

18 *Septembre* 1762. M. Formey vient de donner au public *l'Esprit de la Nouvelle Héloïse*, en un volume. Il prétend que cet ouvrage peut être utile à la jeunesse; il n'en adopte pourtant pas tous les principes & toutes les maximes. Comme la chaleur & le sentiment sont le premier mérite d'un roman, on conçoit que l'analyse de M. Formey doit être des plus seches, & ne pas mériter tout le cas qu'il en pourroit faire.

F 4

19 Septembre 1762. M. Racine est allé voir la salle de la comédie, il y a quelques jours. Sa grande dévotion l'empêche depuis long-temps de fréquenter le spectacle. Ce fils d'un illustre pere a été accueilli avec tous les égards que les comédiens lui devoient : il a tout loué, tout admiré. Sa visite faite : « Messieurs, a-t-il
» ajouté, je viens répéter une petite dette.
» Vous savez que mon pere avoit défendu par
» son testament qu'on jouât *Athalie*. M. le ré-
» gent a depuis ordonné que, sans égard aux
» volontés du testateur, ce drame seroit donné
» au public. Cet ordre de M. le duc d'Orléans
» ne me fait déroger en rien à mes droits ; je
» revendique en conséquence la part qui me
» doit revenir des représentations multipliées de
» ce chef-d'œuvre de mon pere. » Cette demande a fort étourdi l'aréopage comique : il est question de trouver un *mezzo termine* à cette contestation naissante.

20 Septembre 1762. On a fait aujourd'hui capture de différentes éditions de livres prohibés. On en a arrêté une du *Contrat Social* venant de Versailles ; une autre de la *Suite du Colporteur* : on prétend même qu'on en a arrêté une *des Trois Nécessités*. On regarde cependant ce dernier livre comme chimérique.

La *Suite du Colporteur* est intitulée : *Almanach des gens d'esprit, par un homme qui n'est pas sot*. On peut juger du livre par le titre : c'est toujours Chevrier qui s'en dit auteur.

23 Septembre. On ne cesse de faire des perquisitions du *Contrat Social*. Un nommé de Ville, libraire de Lyon, vient d'être arrêté &

conduit à Pierre-Scize. On a trouvé chez lui une édition qu'il faisoit de ce livre.

25 *Septembre* 1762. On ne peut guere applaudir à l'exposition des tableaux de l'académie de St. Luc : elle ne mérite pas les regards du public. Toute la partie historique est détestable. Le portrait y est fort en vogue ; ce genre peu digne d'éloge n'est admissible que lorsqu'on offre les personnages qui méritent les éloges de la nation. On y voit un tas de filles & d'hommes sans titre, qui ne peuvent exciter aucune sensation. La sculpture est meilleure en général. Cet art se conserve infiniment mieux chez nous.

26 *Septembre* 1762. On a repris hier *Zelmire*, & il paroît que cette tragédie continue d'être accueillie.

M. Goldoni, avocat de Venise & auteur d'un théatre, s'est transporté ici pour concourir au bien-être de la comédie Italienne. Il travaille à présent pour elle. Ses *Caquets*, traduits par M. Riccoboni, ont eu un succès étonnant, & ses compatriotes esperent tirer un grand parti de son séjour auprès d'eux. Il doit rester deux ans. Il étoit assez habile avocat, & travailloit beaucoup. La Métromanie l'a emporté.

27 *Septembre* 1762. On confirme l'aventure de M. Racine, qui n'ira pas plus loin, à ce qu'on assure ; il coloroit sa demande du prétexte de la charité : il vouloit faire des aumônes de cet argent. On prétend que les comédiens se sont moqués de lui, & que cette restitution iroit de 30 à 40,000 livres.

28 *Septembre* 1662. *Lettre à M. D*** sur le Livre intitulé Emile.* Cette critique sage & assez

bien écrite n'a rien de faillant. L'auteur dit à peu près ce que tout le monde a pensé du livre de Rousseau. Il paroît cependant trop affecter de relever les introductions qu'on pourroit tirer des assertions de cet auteur sur l'autorité & les puissances. On sent que si l'autre a fondé avec trop d'amertume & d'indépendance, celui-ci peut être taxé de servitude & d'adulation.

29 Septembre 1762. On dit aujourd'hui que Chevrier n'est pas mort.

Le Sr. Pigale prend, à ce qu'on pense, possession du Roule, & va travailler à finir les travaux du fameux Bouchardon. Il prétend que cet artiste ne faisoit rien qui vaille sur la fin de sa vie, parce que la main lui trembloit. En conséquence il refait une troisieme figure du piedestal, & tirera de sa Minerve la quatrieme, qui n'étoit pas encore commencée.

Mlle. Arnoux est absolument retirée. C'est une perte irréparable pour le théatre lyrique.

1 Octobre 1762. On s'imaginoit que le livre des *Trois Nécessités*, dont tout le monde parle sans l'avoir vu, étoit un être idéal ; on voit aujourd'hui un arrêt du conseil souverain d'Alsace, où, sans lui donner une existence réelle, on insinue qu'il existe. On le dénonce sous le titre des *Quatre Nécessités* : on en ordonne la brûlure par-tout où il se trouvera ; & l'on fait l'injonction la plus comminatoire d'en apporter tous les exemplaires au greffe de la cour. Ce simple dispositif donne lieu à beaucoup de réflexions. En général, on croit qu'il a été fait à l'instigation des jésuites, très en faveur dans ce tribunal. On sent pourquoi ils voudroient donner quelque consistance à un ouvrage qui heureusement ne se trouve nulle part.

2 *Octobre* 1762. Les comédiens François ont donné aujourd'hui *Zulime*, de M. de Voltaire. C'est un très-mauvais tour qu'ils ont joué à cet auteur. *Zelmire*, tant fêtée, venoit d'être jouée tout récemment. On a comparé ces deux drames, & le premier n'a pu soutenir le choc du second.

2 *Octobre* 1762. La gazette de France nous annonçoit hier les changements faits dans les rédacteurs de cet ouvrage. On savoit que M. l'abbé Arnaud y présidoit : on apprend que M. Suard lui est associé. Il étoit déja son collegue à l'égard du journal étranger, il en faisoit la partie Angloise. On prétend qu'ils ont 1,000 écus chacun : d'autres veulent qu'ils n'aient que 2,000 livres.

3 *Octobre* 1767. Depuis que MM. du college de Lisieux doivent occuper celui de Clermont, plus de 200 ouvriers y travaillent sans relâche. On y a déja fait pour plus de 60,000 livres de réparations. Comme l'étendue en est fort considérable, on sépare une grande partie des bâtiments, destinés à l'université : elle y aura à l'avenir sa salle d'audience, le recteur un appartement, & les différentes facultés plusieurs pieces pour y tenir leurs assemblées. C'est demain que se fait la prise de possession.

4 *Octobre* 1762. Aujourd'hui, M. Fourneau, recteur de l'Université, a pris possession, au nom de son corps, du college, ci-devant dit de *Louis le Grand*. Cette cérémonie s'est faite par l'attouchement, suivant l'usage : elle

a été suivie d'un *Te Deum*, en action de graces, & d'une grand'messe. Ensuite s'est fait l'ouverture des classes, où le principal de Lisieux & les professeurs ont été installés. Mrs. les Commissaires du parlement présidoient à ces différentes cérémonies. Le tout s'est terminé par une harangue du régent de rhétorique de Lisieux: elle rouloit sur la rhétorique. Il a tiré l'augure le plus heureux de la nouvelle transplantation; il a fait entendre à MM. du parlement qu'elle se faisoit sous leurs auspices, & que sans doute ils protégeroient ce nouvel établissement.

5 *Octobre* 1762. Il court une caricature, où l'on représente MM. de Voltaire & Rousseau, l'épée au côté, en présence l'un de l'autre, faisant le coup de poing. Au bas est un dialogue en vers entre ces deux auteurs. Le poëte demande au philosophe pourquoi il l'a critiqué si durement? Il lui fait des reproches sur sa bile trop amere. L'autre répond qu'il est en possession de dire la vérité envers & contre tous. Enfin la querelle s'échauffe. Rousseau gesticulant des poings, Voltaire lui reproche de ne pas se servir de son épée en bon & brave gentilhomme. Celui-là prétend que ce sont les armes de la nature. Telle est la substance de cette conversation, où tous deux sont tournés dans le plus parfait ridicule, quoiqu'en très-méchante poésie.

6 *Octobre* 1762. L'*Almanach des gens d'esprit* faisant un certain bruit, il faut en rendre compte en détail. Il tire tout son mérite, comme le *Colporteur*, de sa méchanceté, & comme il n'y en a pas tant, il intéresse moins en proportion.

A l'occasion des *Eclipses*, il fait des allusions à différentes aventures, qui peuvent être piquantes pour ceux qui en ont la clef. L'article des *Théâtres* contient une notice des divers acteurs & actrices, avec l'anecdote scandaleuse. Suivent les portraits des différentes nations de l'Europe : ils sont vagues, diffus & pris par-tout. On rapporte après aux différents mois de l'année les événements remarquables qui s'y sont passés, toujours assaisonnés d'une mauvaise plaisanterie. Ce qu'il y a de mieux dans tout le livre, ce sont des anecdotes sur quelques gens de lettres vivants : quelques-unes ne sont rien moins que neuves, mais elles intéressent par leurs auteurs. On peut conclure de tout ceci, que c'est un homme qui écrit pour vivre, & qui, vraisemblablement, veut faire quelque journal, quelque ouvrage périodique, pour avoir son pain quotidien.

8 *Octobre* 1762. On fermente beaucoup sur le livre des *Quatre Nécessités*, proscrit par le conseil souverain d'Alsace, qui ne l'a ni lu ni vu. On le nomme ainsi, parce qu'il se sous-divise en quatre propositions :

Nécessité de détruire la société des jésuites.

Nécessité pour la France de se séparer du pape.

Nécessité d'anéantir l'épiscopat, ou au moins d'humilier les évêques.

Nécessité....... La plume tombe des mains ici..... on ne peut, sans frémir, tracer cet horrible canevas. Dans chaque chef, l'auteur donne les moyens de parvenir au but dont il s'efforce de prouver l'excellence & la nécessité. On continue à regarder cet ouvrage des ténèbres comme n'exiftant que dans le cerveau de quelque efprit infernal.

9 *Octobre* 1762. Les héritiers de la Fontaine ont un procès contre les libraires, au fujet de l'impreffion des œuvres de ce grand homme. Tout ce qui le concerne intéreffe trop la littérature pour n'en point parler. Nous rendrons compte du jugement intervenu dans cette caufe importante.

10 *Octobre* 1762. On vend une *Vie du pere Norbert*, capucin, déja fi mal habillé dans le *Colporteur*. Il y a grande apparence que ce libelle eft encore un fcandale, éclos du cerveau du fieur Chevrier.

12 *Octobre* 1762. Aujourd'hui on a donné à l'opéra de nouveaux fragments, compofés de *Hilas & Zélis*, *Alphée & Aréthufe*, l'*Acte de fociété*.

Le premier, déja joué avec les *Caracteres de la Folie*, bien loin de foutenir ce mauvais drame, avoit échoué conjointement. Aujourd'hui qu'il eft en meilleure compagnie, on l'a goûté beaucoup. Larrivée & Mlle. le Maure en font tous les honneurs.

On a vu reparoître dans *Alphée & Aréthufe* Mlle. Arnoux, éclipfée depuis plufieurs mois, & qui même avoit quitté. Heureufement qu'elle n'a pas tenu long-temps rigueur aux directeurs & au public. Quoi qu'il en foit, elle a joué la fcene avec fon fuccès ordinaire, & avec des applaudiffements nouveaux. On ne s'attendoit pas à la voir, & la furprife a été très-agréable. On a cru pourtant remarquer quelque diminution dans fa voix, mais non dans fon jeu. On fait que les paroles de cet acte font de Danchet, & la mufique de Campra, refondue par Dauvergne. Cet acte est susceptible d'une grande impression & porte au sentiment.

L'acte de société passe aussi à la faveur des deux autres & des ses ballets, agréablement dessinés, quoique la pantomime n'y soit pas parfaitement caractérisée.

En général, cette représentation a plu, & elle soutiendra ce spectacle jusqu'à l'opéra d'hiver.

14 *Octobre* 1762. On reçoit dans les maisons, par la petite poste, une feuille anonyme, qui ne se vend point ; elle est intitulée : *Lettre sur la reprise de la Martinique par les Anglois*, 1762. Elles contiennent l'historique de ce qui s'est passé à la Guadeloupe & à la Martinique, lors de leur conquête. Ce livre justifie M. Naudeau, gouverneur de la premiere isle, & elle inculpe gravement le défenseur de la seconde. Elle détaille des inepties, des couardises, des fourberies même de la part de ce dernier. Toutes deux sont écrites en termes propres à la narration, simplement, & parées de la seule candeur de la vérité. Un avertissement les précede, où l'on fait sentir combien il est essentiel de consigner tout de suite dans l'histoire les faits au moment où ils viennent de se passer, afin de les transmettre à la postérité dans leur état exact & naturel.

15 *Octobre* 1762. La chambre des vacations a rendu hier un arrêt qui supprime un écrit ayant pour titre : *Lettre d'un ami de Province à un ami de Paris, au sujet d'une nouvelle fourberie des soi-disant jésuites* : parce qu'il parle d'un libelle qu'on ne nomme point, & qui, s'il exis-

toit, seroit criminel, contraire à l'unité de l'église, aux principes gravés dans tous les cœurs françois & à leur fidélité inviolable envers l'auguste maison qui les gouverne. On ne concevroit rien à ce galimathias, si l'on n'étoit au fait des bruits qui ont couru sur le livre chimérique *des Quatre Nécessités*.

16 *Octobre* 1762. On a donné aujourd'hui aux François le *Tambour Nocturne*, piece en cinq actes, en prose, imitée de l'Anglois. Ce drame imprimé dans les œuvres de Néricault Destouches, n'avoit jamais été joué : en général c'est une farce.

16 *Octobre* 1762. On nous annonce d'avance une perte irréparable qu'est sur le point de faire la comédie Françoise, & le public encore plus : c'est Mlle. Dangeville, qui se retire à Pâque.

17 *Octobre* 1762. Le fameux Geminiani, cet agréable & savant compositeur en musique, vient de mourir à Dublin dans un âge très-avancé.

18 *Octobre* 1762. L'opéra va ce voyage-ci à Fontainebleau ; & pour que les plaisirs du public ne souffrent point de l'absence des meilleurs acteurs, qui sont en très-petit nombre, la cour les fait aller & revenir en poste.

20 *Octobre* 1762. On renouvelle les plaintes faites depuis long-temps contre Freron : on trouve ses feuilles vuides absolument, elles ne sont pas même soutenues par le sarcasme si à la main de ce journaliste & si agréable aux lecteurs. Ses amis lui en ont fait reproche ; il se défend & prétend qu'il ne peut plaisanter le moindre grimaud du parnasse, qu'on ne le mulcte à la police, qu'on ne le sabre, qu'on ne le mette en pieces : il gémit fort de cette inquisition,

22 Octobre 1762. Il y a eu hier spectacle sur le théatre de la cour à Fontainebleau ; on y a joué *Psyché*, ballet charmant en un acte. Le roi en a été si satisfait, qu'il a demandé à le revoir. Les paroles sont de M. l'abbé de Voisenon, sous le nom de Mondonville, qui en a fait la musique. Il faut le distinguer d'une autre *Psyché*, tragédie de la Fontaine, & musique de Lully.

23 Octobre 1762. Le bruit court que l'impératrice de toutes les Russies a écrit à M. Diderot, pour l'inviter à se rendre à sa cour : on prétend que M. d'Alembert a reçu les mêmes offres.

Il paroît que Chevrier est décidément mort.

24 Octobre 1762. En vertu d'un arrêt du parlement qui défend aux ci-devant soit-disant jésuites de se retirer autrement que comme écoliers dans les lieux où la jeunesse est élevée, l'université avoit renouvellé son décret, qui excluoit depuis long-temps les membres de cette société de toutes les places scholastiques. Ce décret avoit été notifié aux principaux de tous les colleges, en vertu d'une délibération prise par la faculté des arts.

Le 18 de ce mois le recteur [M. Fourneau] a reçu une lettre de cachet pour se rendre à Fontainebleau, avec ordre d'y apporter le regiftre de l'université. Admis à l'audience du roi, M. le chancelier lui a déclaré que sa majesté désapprouvoit le décret qu'il avoit rendu, & a fait mettre en marge du regiftre de l'université, l'arrêt du conseil qui casse ledit décret, sans rien toucher à l'arrêt du parlement, au bas duquel il est inscrit. Le recteur a représenté vivement au roi que le décret qui avoit le malheur de lui déplaire, n'étoit point son ouvrage, mais celui de l'université à laquelle il avoit l'honneur de présider, comme M. le premier président du parlement.

Quelques moments avant de paroître devant le roi, M. le chancelier, prévenu contre le recteur, lui a fait des reproches très-vifs en présence de quelques ministres, sur un discours qu'il a prononcé depuis peu aux Mathurins, où, en rendant compte de sa gestion & de ce qui s'est passé sous son rectorat, il a parlé de la destruction de la société des jésuites, comme ancienne & continuelle ennemie de l'université. Ce suprême magistrat a trouvé mauvais qu'il ait pris de-là occasion de s'étendre sur leur doctrine, sur leur attachement aux opinions ultramontaines, sur les vexations qu'ils avoient exercées depuis 200 ans, dont la providence a enfin terminé le cours.

Des gens mal intentionnés ou fort ignorants avoient rendu très-défavorablement ce discours du recteur à M. le chancelier, & avoient rapporté un passage cité, tiré de l'apocalypse, chapitre XVIII, verset 22. Le voici : *Et vox Citharœdorum & Musicorum & Tibia ac Tuba Canentium non audientur in te amplius.* Ce passage avoit été énoncé au sujet de la prise de possession du college de Clermont, & l'on sent l'application amere, mais vraie, qu'on en devoit faire. Au lieu du mot de *Citharœdorum*, des plaisants, ou des méchants, ou des imbéciles, avoient substitué celui de *Cynœdorum*, [voyez *Pétrone*, *Martial.*] On voit par cette méprise quelle indécence le terme présentoit à l'esprit, & combien cela rentroit dans les préjugés odieux reçus contre la société. M. le chancelier, dans les reproches qu'il faisoit au recteur, appuyoit beaucoup sur ce passage dont il ne disoit que le sens François, & qui par-là devenoit inintelligible à son auteur. Ce ne fut qu'avec beaucoup de peine qu'on se concilia, & qu'on reconnut qu'on avoit substitué le mot *Cynœdorum* à celui de *Citharœdorum*; alors l'énigme devint claire.

25 *Octobre* 1762. M. Pinto, juif Portugais, vient d'écrire une petite brochure en faveur de sa nation. [On appelle nation Portugaise les juifs Portugais & Espagnols, établis en France depuis 1550, & jouissant des mêmes privileges que les autres sujets du roi]. Il attaque surtout le premier chapitre du septieme tome des *Œuvres de M. de Voltaire*: il combat fortement & avec toutes sortes d'égards les préjugés injustes de cet auteur. Il faut qu'il ait raison. M. de Voltaire lui a répondu très-poliment, est convenu qu'il s'étoit expliqué trop violemment, & a promis de faire un carton dans la nouvelle édition. On ne sauroit trop consigner à la postérité un exemple aussi mémorable de l'équité & de la modération de ce grand homme.

26 *Octobre* 1762. L'Académie de Marseille donne pour sujet du prix de poésie de l'année prochaine, *le Pacte de Famille*.

27 *Octobre* 1762. *Les Soirées du Palais-Royal, ou les Veillées d'une jolie femme, en plusieurs Lettres, avec la conversation des Chaises.* On rapporte ce titre pour son originalité. Cette brochure de société ne devoit point transpirer dans le public, étant très-médiocre pour le fond &

pour la forme. La conversation des chaises ne vaut rien, après le *Sopha*. D'ailleurs elle ne traite point de sujets assez généraux.

28 *Octobre* 1762. La Sorbonne a enfin mis la derniere main à la censure du pere Berruyer, & elle est sous presse, malgré tous les obstacles qu'il a fallu surmonter pour effectuer ce grand projet.

29 *Octobre* 1762. On ne cesse de rire encore de la plaisante scene qui s'est passée à Fontainebleau. On ajoute, pour comble de ridicule, que le recteur avoit eu ordre d'apporter son discours, & que lorsqu'il fut question de le lire & de l'examiner, personne n'avoit pu l'entendre : qu'on avoit eu recours au sieur Mesnard, qui avoit dressé l'arrêt du conseil relatif à la cassation du décret, & qu'il avoit avoué son ineptie pour l'intelligence dudit arrêt, & du discours du recteur : que celui-ci s'étant pleinement justifié de l'odieuse imputation dont on l'avoit chargé, & persistant à demander l'examen de son discours, on s'en étoit rapporté à lui, & l'on avoit supprimé de l'arrêt du conseil ce qui avoit quelque rapport aux qualifications graves & injustes dont on l'avoit chargé.

30 *Octobre* 1762. Les amateurs ont dans leurs porte-feuilles deux lettres de Rousseau : l'une adressée au bailli de *Moitié-Travers*, petit endroit près de Neuchâtel, où il réside ; l'autre au pasteur dudit lieu. Dans l'une, il remercie le premier des secours généreux qu'il lui a donnés ; dans l'autre, il fait sa profession de foi, & demande à être admis à la cene comme bon protestant.

Ce grand philosophe s'occupe actuellement à

faire des lacets. Il protefte qu'il renonce à écrire, puifqu'il ne peut pas prendre la plume fans alarmer toutes les puiffances.

1 *Novembre* 1762. On ne fauroit trop configner à la poftérité les noms de deux femmes illuftres qui honorent les lettres de leur protection : mefdames les ducheffes de Choifeul & de Grammont méritent une place diftinguée dans le rang de ces virtuofes.

M. l'abbé Barthelemi, de l'académie des infcriptions & belles-lettres, garde du cabinet des médailles du roi, ayant été depuis peu favorifé d'un logement particulier, ces deux dames l'ont gratifié d'une galanterie peu commune. Elles ont, pendant qu'il étoit abfent, trouvé le fecret d'avoir la clef d'un *Mufœum* qu'il avoit arrangé philofophiquement ; elles l'ont décoré à fon infu de la façon la plus galante & la plus voluptueufe : elles l'ont enrichi de plufieurs ouvrages de leurs mains, & au retour de l'abbé, la clef s'étant retrouvée, il a été tranfporté dans un boudoir de Fée. Tout Paris parle de cet enchantement.

2 *Novembre* 1762. Nous apprenons comme un fait conftant que les héros du conte de Marmontel, dont on a fait deux pieces différentes, intitulées *Annette & Lubin*, exiftent réellement à Bezons, dont M. de St. Florentin eft feigneur : que c'eft lui qui eft défigné dans le rôle de bonté & de bienfaifance qu'on lui fait jouer ; que le bailli eft le curé du lieu, homme dur & fans entrailles. Ce miniftre fe propofe de faire voir un jour à la comédie Italienne ces deux modeles de l'innocence paftorale. Au

cefte, ils ont bien dégénéré de leur figure de vierge.

5 *Novembre* 1762. M. d'Alembert a dans son porte-feuille une lettre du roi de Prusse, où ce monarque répond avec bonté aux questions que le géometre lui avoit faites sur le sort de l'abbé de Prades. Il est très-vrai que cette majesté a eu lieu de se plaindre de la conduite dudit abbé ; il a manqué essentiellement à la reconnoissance & à la fidélité qu'il lui devoit, en trempant dans un complot formé conjointement avec l'évêque de Breslau. Ce crime méritoit la mort. Le roi de Prusse a eu la générosité de l'épargner : il le tient enfermé dans une citadelle jusqu'à la paix, & alors il le rendra à sa patrie & à ses amis, *s'il en peut avoir*. Ce sont les propres termes de la lettre.

6 *Novembre* 1762. M. l'abbé Yvon, depuis son retour, est fort bien avec M. l'archevêque : il lui communique le plan d'une nouvelle histoire ecclésiastique qu'il a entreprise, qu'il compte traiter philosophiquement. Ce mot n'a point effrayé sa grandeur, & le *Prospectus* de cet ouvrage doit paroître incessamment.

7 *Novembre* 1762. M. Thomas, secretaire intime de M. le duc de Praslin, ministre des affaires étrangeres, ci-devant comte de Choiseul, vient de lui payer son tribut d'hommages, par les vers suivants, sur sa nouvelle dignité :

La justice aujourd'hui récompense le zele,
Le royaume applaudit à ce titre flatteur,
   Et votre dignité nouvelle
   Est l'aurore de son bonheur.
  Dans son sein aujourd'hui la France

Compte deux ducs, ministres vigilants,
Moins unis par le nom, le rang & la puissance,
Que par la gloire & les talents.
Toujours aux rives de la Seine
Le nom que vous portez, annonça le succès.
Dans des temps très-fâcheux, de discorde & de haine,
Plessis-Praslin battit Turenne :
Vous faites plus, vous nous donnez la paix.

11 *Novembre* 1761. M. Seguier, ce grand avocat-général, se délasse quelquefois entre les bras Graces & des Muses, des travaux importants auxquels sa charge l'assujettit. Voici une chanson très-agréable, qui a passé dans toutes les bouches des jolies femmes de Paris :

Tous mes souhaits & ma plus forte envie,
Auroient été d'être un nouveau Crésus ;
Des riches dons d'Amérique & d'Asie,
J'aurois tâché d'amasser tant & plus,
Non pas pour moi, c'eût été pour ma mie,
Sans elle, hélas ! en aurois-je voulu ? (*Bis*)

D'être un héros j'aurois eu la manie ;
Mars m'auroit vu suivre ses étendards,
L'antique amour, l'amour de la patrie,
Ne m'eût point fait affronter les hasards ;
L'espoir d'offrir mes lauriers à ma mie,
Seul m'eût frayé la route des Césars. (*Bis*)

D'être un Apelle il m'auroit pris envie,
Mais sans daigner travailler pour les rois ;

Si de Rubens imitant la magie,
La toile eût pu s'animer sous mes doigts,
Quel beau portrait j'aurois fait de ma mie !
Je l'aurois peinte, ainsi que je la vois. (*Bis.*)

Eternifer une flamme chérie,
Auroit été de mes vœux le premier ;
Le tendre amour, seul guide de ma vie,
Aux doctes sœurs m'eût fait sacrifier :
J'aurois été le chantre de ma mie,
J'eus mis ma gloire à la défier. (*Bis.*)

En me livrant tout à l'astronomie,
J'aurois suivi ma tendre passion ;
Un nouvel astre, au gré de mon envie,
Eût de nos jours paru sur l'horizon :
Au firmament j'aurois placé ma mie,
Elle eût été ma constellation. (*Bis.*)

J'aurois banni la sombre jalousie :
L'amour sincere en écarte l'horreur ;
Trop délicat pour cette frénésie,
D'un feu plus pur j'aurois fait mon bonheur ;
Car en l'aimant, j'eusse estimé ma mie :
Sans mon estime auroit-elle eu mon cœur ! (*Bis.*)

12 *Novembre* 1762. L'académie des inscriptions & belles-lettres a tenu aujourd'hui sa séance publique de rentrée après la St. Martin.

M. Schmidt a remporté, pour la septieme fois, le prix, roulant sur *l'Antiquité de l'Egypte*.

M. le Beau, secretaire de l'académie, a lu
l'Eloge

l'*Eloge de M. Falconnet*. On a trouvé que l'auteur l'avoit trop envisagé comme savant & homme sociable ; qu'il avoit plus cherché à faire briller son esprit, qu'à détailler les rares & grandes qualités du défunt.

M. Bejaud a lu un mémoire sur un *corps de milices connues chez les Grecs, sous le nom d'Epirotes*. On sait que ce sujet est très-peu à la portée du commun des auditeurs..... Celui de M. l'abbé Arnaud *sur les anciens Grecs*, est encore plus ridicule. Il traite de leur origine, de leur usage, du rapport qu'ils ont avec la musique. Il prétend que la poésie fait danser les mots.

Enfin M. Chabanon a lu en vers une *Ode de Pindare*, dont il expose d'abord le plan d'une façon fort nette. Cette licence a été tolérée ; il avoit été arrêté qu'on ne liroit point de vers à cette académie, par l'abus qui s'y étoit introduit, & qui peu-à-peu lui auroit fait perdre son institution.

13 *Novembre* 1761. L'académie des sciences a tenu aujourd'hui sa séance publique pour la rentrée.

On a commencé par l'*Eloge de M. l'abbé de la Caille*, cet astronome célèbre par le nombre & l'exactitude de ses observations. Il avoit suivi neuf à dix mille étoiles nouvelles, pendant un séjour de deux ans au cap de Bonne-Espérance.

M. l'abbé Pingré, chanoine régulier de sainte Genevieve, a rendu compte de ses observations à l'isle Rodrigue, du passage de Vénus sur le disque du soleil.

M. de Parcieux, après avoir démontré par

plusieurs calculs exacts, combien il seroit à desirer de faire venir une plus grande quantité d'eau à la ville de Paris, a lu un mémoire, dans lequel il a démontré la possibilité, au moyen d'un aqueduc de Paris à la riviere d'Yvette, d'augmenter à peu de frais cette quantité jusqu'au nombre de mille ou douze cents pouces. On n'en a aujourd'hui pour cette grande capitale qu'environ 230 pouces.

· L'assemblée a fini par un mémoire de M. l'abbé Chappe, qui étoit allé en Sibérie, pour observer le passage de Vénus, en correspondance avec M. l'abbé Pingré. Il y a joint plusieurs remarques curieuses, tant sur l'histoire naturelle du pays que sur les habitants.

14 Novembre 1762. La faculté de théologie de Paris vient de rendre publique la *censure contre le livre d'Emile, ou de l'Education, par J. J. Rousseau*. Elle est en latin & en françois, très-détaillée, particulièrement sur le troisieme volume. Elle trouve 19 hérésies dans cet auteur. Quelques critiques prétendent que l'article le plus mal traité dans cet ouvrage scientifique est celui de la religion.

14 Novembre 1762. On travaille au catalogue de la bibliotheque de M. Falconnet, qui sera bientôt en vente. Elle se monte à 45,000 volumes : 11,000 ont été donnés à la bibliotheque du roi, suivant la convention.

16 Novembre 1762. *Iphigénie* a été jouée aujourd'hui à l'opéra. Les paroles sont de messieurs Danchet & Dupré, la musique de Campra & Desmarets. Ce drame si vanté n'a pas eu un succès marqué. On a beaucoup applaudi aux morceaux de symphonie ajoutés : ils sont d'un nommé

Berton, & donnent de grandes espérances de ce jeune homme. Les ballets n'ont rien de beau particuliérement.

Les amateurs, en général, trouvent cet opéra triste, peu fourni de spectacle, d'une choréographie commune, & d'une musique disparate, par l'obligation où l'on a été de renforcer la vieille harmonie par la nouvelle.

18 *Novembre* 1762. Toute la comédie Italienne est en mouvement pour une piece annoncée depuis long-temps, & sur laquelle elle fonde les plus grandes espérances. C'est *le Roi & le Fermier*, opéra comique de grande maniere. Les paroles sont de M. Sedaine, & la musique de Monsigny. Elle est en trois actes, & différente de celle de M. Collé, dont on a parlé, qui n'est point imprimée.

19 *Novembre* 1762. M. l'abbé Arnaud est à la veille de renoncer à continuer le *Journal Etranger*, qu'il prétend lui coûter déja quinze mille francs du sien. Il se plaint qu'on ne lui donne aucun secours, que les autres journalistes le jalousent, qu'ils le pillent, le travestissent, & ne lui font pas même l'honneur de le nommer. Il se propose, si l'on ne lui donne pas plus d'encouragement, de faire un adieu terrible. Cela sera décidé sous peu.

20 *Novembre* 1762. *Eponine*, tant prônée, doit enfin se jouer la semaine prochaine. Les partisans de cette piece, ou plutôt de l'auteur, sont en grand nombre : tout est déja loué depuis quelques jours.

M. Chabanon est un jeune homme de trente-cinq ans, qui, après avoir fait des études assez bonnes, s'est jeté dans le monde, & y a réussi par une figure agréable, par un esprit aisé, brillant & facile, & sur-tout par un talent supérieur pour le violon. Il a long-temps fait les délices des sociétés. Il y a quelques années que, réfléchissant sur le vuide de son art, & sur la nécessité d'appuyer son existence sur quelque chose de plus solide & de plus durable, il a pris la généreuse résolution de travailler à mériter quelque titre littéraire. Il n'y a point de moyen plus aisé de commencer à percer que d'entrer à l'académie des belles-lettres; il s'est jeté dans le grec à corps perdu, a travaillé trois ans avec la plus grande opiniâtreté, & sans voir aucun humain que quelques partisans de cette langue. Il est sorti muni de tout le savoir nécessaire; il a été admis à l'académie des belles-lettres; il a travaillé sur Pindare, pour payer son tribut littéraire; & ne regardant cette académie que comme un passage à l'académie Françoise, il a fait des tragédies. Son succès peut lui ouvrir une route brillante.

22 *Novembre* 1762. *Le Roi & le Fermier*, dont on a parlé, n'a pas eu le succès qu'on s'en promettoit. Le premier acte est bien fait, quant à la partie dramatique; la musique est excellente; les deux autres sont très-médiocres en tout, & mauvais à quelques égards.

24 *Novembre* 1762. Quoique nous ne soyons point dans le goût de consigner ici les mariages, on ne peut passer sous silence celui de Mlle. Le Mierre & de Larrivée. Ces deux coryphées de la scene lyrique sont enfin unis par des liens indissolubles, après s'être essayés long-temps à porter leurs chaînes. Ce grand événement a fait une sensation si considérable parmi les amateurs

de l'opéra, qu'il fait nécessairement époque dans son histoire.

25 *Novembre* 1761. Autre événement non moins remarquable, quoiqu'aussi étranger en apparence à la littérature : madame Saurin, qui réunit les graces à l'esprit, étant accouchée d'un garçon, il y a quelques jours, l'académie a fixé une députation pour féliciter la femme de leur confrere. M. l'abbé d'Olivet a été chargé de cette galante harangue, & il a porté la parole avec toute l'éloquence possible.

26 *Novembre* 1761. M. de Rochefort, jeune homme, membre de l'académie de Nîmes, arrivé de province depuis peu, lut plusieurs chants d'Homere, qu'il a traduits en vers. Nous avons entendu celui de *la mort d'Achille*, où il y a de sublimes beautés. S'il peut soutenir ce grand ouvrage sur le même ton, il a lieu de se promettre un succès complet. Tous les partisans de la langue grecque en ont été enchantés, & exhortent ce nouveau défenseur d'Homere à entrer dans la lice.

27 *Novembre* 1761. Le parlement s'occupe sérieusement du nouveau plan d'études. Il regarde sur-tout la philosophie, si barbare encore dans les écoles. Il est question de soumettre les professeurs à profiter des bons livres écrits sur cette matiere, à choisir les plus orthodoxes & les plus lumineux, & à les expliquer à leurs disciples, au lieu de perdre un temps infini à dicter des cahiers d'une philosophie scholastique, & dans laquelle ils étoient maîtres de glisser des absurdités & toutes les erreurs qu'ils vouloient. On voudroit comprendre dans ce projet la théologie même ; ce point est délica-

eat, & fera le sujet de grandes contestations.

28 *Novembre* 1762. On commence à parler d'une traduction des *Georgiques*, par M. l'abbé de Lisle, jeune homme dont on a vu des vers fort joliment faits. Il n'est point rebuté par les détails agrestes où entre son auteur, & il prétend qu'on peut les rendre avec élégance en François. Il s'agit de prouver ce qu'il avance.

29 *Novembre* 1762. On a joué *Heureusement* aujourd'hui. Ce drame est fait d'après le conte de M. de Marmontel. Il a été bien reçu ; il est écrit avec facilité, fort court, & n'a que très-peu d'intrigue. C'est un tissu des plus frêles. Le dénouement en est heureux, mais pas assez filé. En général, la piece frise l'obscénité. Mademoiselle Dangeville en fait le principal mérite par son jeu. Il s'est passé un événement qui fait anecdote. L'amant & la maîtresse sont à table ; le premier est un jeune officier ; sur le point de partir pour l'armée, il prend le verre : « Je vais boire à *Cypris*, dit-il, *& moi, je bois à Mars* », répond la femme. Mlle. Hus, qui faisoit ce rôle a jeté une œillade au prince de Condé en prononçant ces dernieres paroles. Le public a saisi l'à-propos, & les battements de mains de se multiplier pendant quelques minutes.

30 *Novembre* 1762. Le roi a ordonné un mausolée à M. de Crébillon, dans l'église de Saint Gervais, où il est enterré. En conséquence, M. de Marigny a écrit une lettre au fils, pour lui faire part de cette marque d'estime & de considération que S. M. veut donner à son célebre pere. C'est M. le Moine qui est chargé de cet ouvrage.

1 *Décembre* 1762. L'élection du succeſſeur de M. de Crébillon eſt fixée décidément au 4 de ce mois. Perſonne ne doute que l'abbé de Voiſenon ne ſoit élu. M. de Marmontel, qui s'étoit mis ſur les rangs, vient de ſe retirer, à la vue d'un pareil compétiteur.

2 *Décembre* 1762. La cenſure du pere Berruyer par la Sorbonne, vient enfin de paroître, malgré toutes les menées pour qu'elle reſtât imparfaite. Elle démontre les erreurs ſans fin de ce jéſuite, & elle n'empêchera pas qu'on ne liſe toujours avec le plus grand plaiſir ce délicieux romancier.

3 *Décembre* 1762. Il n'y a point eu de comédie aujourd'hui, quoiqu'on eût annoncé deux pieces à l'ordinaire. Il s'y étoit rendu du monde; on attendit juſqu'à ſix heures. Alors on vint déclarer au public qu'on ne joueroit point, vu l'indiſpoſition d'une actrice qui ne pouvoit être ſuppléée. On rendit l'argent, & l'on ſe retira. Cette actrice indiſpoſée étoit Mlle. Dubois, qui dans ce moment étoit en grande loge à l'opéra. Le lieutenant de police, informé de l'aventure, a mandé cette actrice, l'a traitée avec toute la dureté due à ſon caractere & à ſon impertinence, & l'a envoyée en priſon. Elle a de plus été condamné à payer les frais & le profit de la repréſentation, évalués à 500 livres, & une amende de cent écus.

4 *Décembre* 1762. Aujourd'hui s'eſt fait l'élection de M. l'abbé de Voiſenon. On étoit ſi prévenu de cet événement, qu'à l'inſtant où l'académie étoit encore aſſemblée, il s'eſt répandu une quantité de portraits de cet abbé, avec ſon nom & cette phraſe : *Elu à l'académie fran-*

poise le 4 Décembre 1762. On lit au bas ces vers :

L'aimable successeur du sombre Crébillon,
Dans un genre opposé s'illustre sur la scene.
Les arbitres du goût ont élu *Voisenon*,
Ils couronnent Thalie, en pleurant Melpomene.

On est fort intrigué pour savoir l'auteur de cette galanterie. Les uns prétendent que c'est Made. de Favart, avec qui cet abbé vit : d'autres disent que c'est le mari.

4 *Décembre* 1762. Made. de Favart a célébré aujourd'hui l'arrivée de M. le prince de Condé à la comédie Italienne, par le couplet suivant :

Que notre troupe réunie
Saisisse ce moment heureux !
Célébrons les faits généreux
De ce soutien de la patrie !
Que de périls, que de hasards,
Il a déja courus au printemps de sa vie !
Quelle gloire pour Thalie
De couronner Mars !
Que notre troupe réunie, &c.

5 *Décembre* 1762. On ne cesse de parler de l'aventure d'hier. Les portraits ont été envoyés à toute la cour. L'académie est furieuse de voir le secret de ses suffrages violé. L'abbé de Voisenon se trouve chargé d'un ridicule auquel il ne s'attendoit pas. Favart & sa femme protestent qu'ils ne lui ont point rendu ce mauvais service.

6 Décembre 1762. *Eponine*, tant vantée, a eu ce matin une répétition devant une assemblée très-nombreuse, qui a fondu en larmes.

Cette après-midi elle a été jouée. Le public du soir ne s'est pas trouvé aussi-bien disposé que celui du matin, & cette piece, qui n'auroit passé que pour médiocre si on ne l'avoit pas tant exaltée, est jugée détestable. Son succès a été si foible, que l'auteur vouloit la retirer; il se disposoit à faire un compliment au parterre pour lui demander la permission : Mlle. Clairon lui a fait sentir l'indécence de ce procédé, & qu'il étoit le maître de le faire sans rien dire; mais elle a conseillé d'essayer une seconde représentation; elle a promis de la faire aller tant qu'elle pourroit.

Le sujet de ce drame est tiré d'une dissertation de M. Secousse, qui est dans le 6e. volume des mémoires de l'académie des belles-lettres. L'auteur l'a suivi en grande partie. Sans entrer dans le détail des défauts de la constitution du poëme, la versification est des plus impropres au genre dramatique : c'est une enflure de style, un faste d'expressions, un amas de métaphores hardies, d'hyperboles gigantesques, qui ne peuvent en imposer qu'aux ineptes. L'auteur, loin de s'être formé le goût par la lecture des Grecs, se l'est gâté vraisemblablement en méditant trop *Pindare*. Le ton de ce lyrique est insoutenable dans notre langue, même dans son genre, à plus forte raison dans celui dont il est question.

7 Décembre 1762. Les admirateurs de M. de Chabanon ne peuvent revenir du peu de succès de sa piece. Il se répand une anecdote qui feroit peu d'honneur à cette tragédie, si elle étoit vraie.

A la fin de la piece a régné un grand silence : ensuite quelques clameurs se sont fait entendre ; on a demandé sourdement l'auteur. Ce bruit s'est accru, a recommencé à plusieurs reprises, enfin est devenu si tumultueux, que la garde s'en est mêlée, & l'on a arrêté deux jeunes gens les plus acharnés. On assure qu'ils se sont trouvés être deux freres ou parents de l'auteur... On les a relâchés tout de suite.

8 *Décembre* 1762. *Arrêt rendu par le conseil souverain du Parnasse.* Cet écrit est une plaisanterie contre l'insolent libelle de M. Poinsinet : elle est de M... Il ne méritoit pas qu'un plus digne athlete descendît dans la lice. C'est un pamphlet médiocre, comme l'ennemi qu'on combat.

10 *Décembre* 1762. Les Muses pleurent depuis quelques jours la mort de l'un de leurs nourrissons & de leurs protecteurs en même temps. C'est M. de la Poupeliniere. Son nom, à jamais fameux dans les fastes littéraires, va sans doute s'accroître par l'impression de ses ouvrages, qui sont en grand nombre. On ne doit jamais oublier sa magnificence envers les artistes. Un orchestre entier se trouve dispersé par la perte de cet Apollon.

11 *Décembre* 1762. M. le chevalier de la Moriere est sorti de St. Lazare, & se montre avec un front d'airain.

11 *Décembre.* On parle de donner à l'opéra la fameuse décoration du *Palais de Vénus*, qu'on a vu à Fontainebleau. On ne s'imagineroit jamais qu'on pût rassembler autant de diamants qu'il en a fallu pour l'en couvrir. La féerie

n'offre rien de plus beau. Aucune cour d'Europe ne pourroit fournir à cette magnificence.

12 *Décembre* 1762. M. l'abbé de Voisenon parle beaucoup d'une tragédie faite par le fils d'un tailleur. C'est un nommé *Prieur*, jeune homme de 19 ans. Le sujet est *la mort des deux de Witt*, l'un grand pensionnaire de Hollande, & l'autre bourguemestre de la ville de Dordrecht. L'abbé prétend que cet ouvrage annonce un talent décidé & déja porté à un grand point de perfection. Au reste, l'auteur est de la plus grande innocence. M. l'abbé de Voisenon lui ayant paru inquiet sur le titre qu'il donneroit à cette tragédie, l'autre n'a point hésité à la mettre sous son vrai nom; l'abbé a cherché à lui en faire sentir le ridicule, lui a témoigné que ces demoiselles ne joueroient jamais sa piece sous une pareille dénomination, qu'elles étoient trop pudiques, trop susceptibles, & que d'ailleurs le public riroit...... Il n'a point senti cette plaisanterie.

13 *Décembre* 1762. Il paroît un mémoire de M. Loiseau, en faveur des Calas. Ce jeune écrivain veut se mettre sur les rangs. Il est le quatrieme. M. Mariette, avocat au conseil, en a fait un, plus dans le genre de son état. Celui de M. Beaumont est bien écrit, tendre, pathétique: c'est à la sollicitation de M. de Voltaire qu'il s'en est chargé. Le choix de ce grand homme fait l'éloge du défenseur. Enfin M. Loiseau a traité cette aventure dans un goût nouveau: c'est un roman très-animé, très-chaud. On ne peut se dissimuler que le public ne préfere encore, comme ouvrage littéraire, les

Lettres courtes & légeres que M. de Voltaire a écrites sur cette matiere.

13 *Décembre* 1762. On nous annonce à la comédie Françoise une comédie de M. Collé, l'amphigouriste, tirée des *Illustres Françoises*. C'est l'histoire de *Dupuis & Desronais*. Elle est intitulée de leur nom.

14 *Décembre* 1762. Le sieur Bernaud vient d'être chassé de la comédie Françoise, par un ordre de M. le duc de Duras. Il avoit eu une querelle très-vive dans les foyers, avec mademoiselle Clairon. Il avoit invectivé cette actrice de la façon la plus indécente..... La sublime Melpomene a conservé toute sa majesté dans cette occasion ; mais piquée au vif, elle a demandé sa retraite : le gentilhomme de la chambre, instruit de son mécontentement, lui a fait justice, & elle reste.

14 *Décembre* 1762. Les imprimeurs se plaignent que les nouveautés tarissent : on a mis un embargo sur tous les manuscrits. La police, plus sévere que jamais, ne passe rien, ne tolere aucune plaisanterie... Plusieurs imprimeurs vendent leur fonds de boutique, & nous sommes menacés d'une sécheresse générale dans la littérature de France.

15 *Décembre* 1762. M. le duc de St. Aignan est nommé directeur, pour répondre à Monsieur l'abbé de Voisenon, le jour de sa réception à l'académie Françoise. Elle est fixée au 15 janvier. Cet abbé, trop célebre, trop fêté à Paris, va se renfermer dans son abbaye pour travailler à son discours. Il a demandé trois jours pour cet important ouvrage. Toute la cour doit se trou-

ver à cette cérémonie, & sur-tout les femmes les plus élégantes.

16 *Décembre* 1762. Les fêtes de Choisy n'ont point été aussi brillantes qu'on l'espéroit. On ne se seroit jamais imaginé qu'*Irene*, rebut de la ville, eût été transportée sur ce théatre Géliotte a chanté. On a remarqué qu'il n'avoit plus que les restes du grand homme.

17 *Décembre* 1762. Dans la comédie d'*Heureusement*, imprimée, on a consacré l'anecdote *je bois à Mars*. On a choisi cet instant de la piece pour estampe. Ce petit drame soutient à la lecture sa réputation, du côté du style facile & naturel.

M. le prince de Condé a fait annoncer à Mlle. Hus, qu'elle auroit un présent de S. A. S.

18 *Décembre* 1762. M Collé, l'amphigouriste, est nommé lecteur de M. le duc d'Orléans. Ce prince a fait créer la place pour lui. Il est à 2,000 livres d'appointements.

19 *Décembre* 1762. La feuille 32 du St. Freron réveille un peu l'attention sur son compte. Elle contient un éloge très-raisonné, très-approfondi, très-bien fait de *Crébillon*; mais le but de l'auteur paroît avoir moins été l'éloge de ce grand homme que la satire d'un autre non moins grand, qu'on devine aisément : M. de Voltaire, sans être nommé, y est désigné sous les traits les plus caractéristiques & malheureusement les plus vrais.

21 *Décembre* 1762. L'*Annette & Lubin*, de la comédie Italienne, qui jusqu'à présent avoit passé pour être de M. Favart & de l'abbé de Voisenon, reçoit un troisième pere; M. Lourdet

de Santerre, auditeur des comptes, en revendique une grande partie.

23 *Décembre* 1762. M. l'abbé de Voisenon est de retour. Il convient que son discours l'a beaucoup embarrassé à l'occasion de la paix dont il faut parler. On verra comment il se sera tiré de ce mauvais pas.

23 *Décembre*. Les partisans de la musique Italienne parlent avec enthousiasme des concerts qu'on va donner au Louvre, composés en entier dans ce genre-là.

24 *Décembre* 1762. Avant-hier on a répété à l'opéra, *Philemon & Baucis*, qu'on doit donner à la cour. Géliotte & Mlle. Arnoux jouent cet acte intéressant.

26 *Décembre* 1762. *La Renommée Littéraire*, nouvel ouvrage périodique. L'auteur donne ce mois-ci pour essai. On voit à la tête une renommée avec deux trompettes. Elle embouche l'une : il en sort différentes légendes, qui contiennent les titres des ouvrages dignes de passer à la postérité. De sa bouche inférieure en part une autre : *Pieces dérobées*, *l'Année Littéraire*, *les Jérémiades*, *Epître à Minette*, *Califte*, sont les ouvrages infortunés qu'elle destine aux plus vils ministeres. Cette idée, prise de la *Pucelle*, est gaie & judicieuse.

Ce nouveau journaliste s'annonce pour antipode de Freron, & cela doit être ; il n'en sera peut-être pas meilleur. Il en veut beaucoup encore à M. Colardeau ; & non content de le couvrir d'opprobre par la renommée, il le disseque impitoyablement, & le traduit dans le plus grand ridicule.

On peut sur cette feuille juger que l'auteur

n'a pas encore la maturité de jugement nécessaire pour travailler dans un pareil genre; que d'ailleurs il n'est pas, à beaucoup près, dégagé de préjugés comme il le faudroit. Du reste, son style est plein & naturel.

27 *Décembre* 1762. M. Titon du Tillet, fort connu par son *Parnasse François*, vient de mourir dans un âge très-avancé. Sa maison étoit ouverte aux gens de lettres, & les Muses doivent jeter des fleurs sur le tombeau de cet aimable Mécene.

28 *Décembre* 1762. M. l'abbé de Caveirac, depuis long-temps soupçonné d'être auteur de différents libelles écrits en faveur des jésuites, vient d'être recherché très-sévérement. La police a fait chez lui une descente des plus circonstanciées. Heureusement pour lui, il avoit la fuite.

30 *Décembre* 1762. Le nommé Grangé, libraire, ouvre incessamment ce qu'il appelle une *Salle Littéraire* : pour trois sous par séance on aura la liberté de lire pendant plusieurs heures de suite toutes les nouveautés. Cela rappelleroit les lieux délicieux d'Athenes, connus sous le nom de Lycée, du Portique, &c. si le ton mercenaire ne gâtoit ces beaux établissements.

31 *Décembre* 1762. Il a débuté à l'opéra une nouvelle basse-taille; on parle plus des gasconnades de cet acteur que de sa voix. Rebel lui ayant déclaré qu'il n'auroit que de médiocres appointements d'abord, mais qu'à mesure que le public seroit content de lui, il seroit augmenté: *Cadedis*, a-t-il dit, *cela étant, Monsieur, vous m'augmenterez donc tous les jours.*

ANNÉE M. DCC. LXIII.

1 *Janvier* 1763. On a donné derniérement *le comte d'Essex*. Il s'est passé ce jour-là une anecdote qui mérite d'être consacrée. Lorsqu'il fut question à l'assemblée de cette piece, Mlle. Clairon demanda qui joueroit *Elisabeth* ? Mlle. Dumesnil dit qu'elle s'en chargeroit : « je ferai donc la duchesse, reprit la premiere ? Non pas, s'il vous plaît, s'écria Mlle. Hus ; c'est mon rôle, & je ne m'en défais point. Je ne veux rien vous enlever, repliqua Mlle. Clairon ; cela étant, je ferai la confidente : il n'y a pas grand'chose à dire, c'est mon fait. » On crut qu'elle se moquoit, & l'on se sépara. Le jour de la représentation elle tint parole, au grand étonnement de Mlle. Hus, qui en fut déconcertée. Elle en joua le double plus mal. Mlle. Clairon ne paroissoit pas, que les battemens de mains ne recommençassent, & les sifflets pour l'autre...... Ce fut avec grande peine qu'elle fut jusqu'au bout ; & l'on présume qu'elle ne cherchera plus à se trouver en concurrence avec Mlle. Clairon. Les niais du parterre ne pouvoient concevoir cela : « Nous voyons bien, disoient-ils, pourquoi l'une est huée ; mais pourquoi applaudir l'autre, qui ne dit mot ? »

Mlle. Clairon, pour se délasser, joua *Cathos* dans les *Précieuses Ridicules*, & s'amusa comme une reine.

2 *Janvier* 1763. Epitaphe de M. de la Poupeliniere.

Sous ce tombeau repose un Financier;
Il fut de son état l'honneur & la critique;
Généreux, bienfaisant, mais toujours singulier,
Il soulagea la misere publique.
Passant, priez pour lui, car il fut le premier.

3 *Janvier* 1763. Il se répand un bon mot de cour, d'une espece singuliere; il mérite d'être retenu. On l'attribue à M. de Souvré. Ce seigneur, à l'occasion de la réforme, disoit, qu'on s'y étoit mal pris; qu'il falloit la commencer par celle d'un sacrement. —— Quel est-il? —— Le baptême. —— Pourquoi? quel rapport entre lui & ce dont il est question? —— *C'est que tout n'auroit pas été par compere ni par commere.*

4 *Janvier* 1763. On a donné hier pour la seconde fois aux Italiens une piece jouée pour la premiere le jour de l'an. C'est *le Milicien*, comédie en un acte, mêlée d'ariettes, &c..... C'est dans le genre un peu farce; mais il y a des morceaux de musique qui méritent d'être cités. Elle est de Duny, les paroles d'Anseaume. On l'interrompt par l'indisposition d'un acteur. Nous en parlerons à la reprise.

5 *Janvier* 1763. M. Titon legue son *Parnasse François* au roi, en suppliant S. M. d'accorder quelque grace spécifiée à sa famille.

6 *Janvier* 1763. L'académie Françoise a fait avant-hier son élection, par scrutin, du directeur & du chancelier pour le trimestre de janvier. Le sort est tombé sur M. le cardinal de Luynes, directeur, & M. l'abbé Allary, chancelier. Ce

fera le premier qui haranguera le roi fur la paix, fi elle eft publiée dans fon trimeftre, & à fon défaut le fecond.

7 Janvier 1763. On a fait depuis quelque temps des recherches féveres pour l'impreffion de certains livres en faveur des jéfuites, entr'autres de *l'Appel à la Raifon*. Les nommés Bregis & Brothier, ci-devant jéfuites, font convaincus d'en avoir corrigé les épreuves, plufieurs autres font fur le point d'être pourfuivis à ce même fujet.

8 Janvier 1763. Ce matin le châtelet a décrété de prife de corps les deux ci-devant jéfuites, Bregis & Brothier, pour avoir corrigé les épreuves de *l'Appel à la Raifon*. Deux autres ne font défignés que fous le nom de *Quidams*, & ne font pas encore connus. Un cinquieme n'eft décrété que d'ajournement perfonnel, pour avoir été employé à copier cet ouvrage, qu'on lui a dicté.

9 Janvier 1763. On commence à parler beaucoup d'un mandement de M. l'évêque de Lavaur, par lequel il défend la lecture & l'introduction dans fon diocefe, du livre *des Affertions*, comme faux, fcandaleux & calomniateur. Il prétend que les paffages cités font ou abfolument contraires à la doctrine des jéfuites, ou falfifiés & altérés, foit en tronquant, foit en divifant, foit en ajoutant, ou enfin pris dans un mauvais fens, étant dans leur fens naturel la doctrine conftante & univerfelle de l'églife. Cet ouvrage, qui doit faire grand bruit, eft comme littéraire, fort bien fait, écrit avec feu & pathétique.

10 *Janvier* 1763. M. de Soiffons vient d'oppofer

au livre dont nous venons de parler, un livre plus sage & plus judicieux ; c'est un *Mandement*, par lequel entrant dans les vues du parlement il proscrit, comme évêque & comme juge de la foi, les *propositions* que celui-là condamne politiquement. Il est le premier qui ait opposé son bouclier à cette inondation de maximes abominables. Il avoit eu la déférence de prévenir M. l'archevêque de Paris de conjurer ce pasteur de remplir la promesse qu'il avoit faite de donner quelque chose sur cette matiere ; il l'avoit assuré qu'il convenoit qu'il marchât le premier, qu'il suivroit ses traces, &c. « Allez » toujours devant, Monseigneur, (lui a dit » M. l'archevêque) nous ne marchons pas sur » la même ligne. »

11 *Janvier* 1763. L'opéra a donné aujourd'hui *Polixene*, tragédie nouvelle en cinq actes, paroles de M. Joliveau, secretaire perpétuel de l'académie de musique, & la musique de M. Dauvergne.

Le poëme est très-médiocre. On accuse le musicien de chercher toujours à peindre, & de ne jamais attrapper ce qu'il cherche, de ne donner rien à chanter, d'être plein de réminiscences, presque toutes défigurées. Le spectacle est assez pompeux, autant que le comporte la scene ; les ballets sont pittoresques en quelques endroits, entr'autres dans le quatrieme acte, où la jalousie vient tourmenter Pyrrhus avec un chœur de furies & de démons. Cet endroit rappelle *Psyché* : mais quelle différence, pour l'intérêt, entre une jeune princesse effrayée de toutes les horreurs de l'enfer, & un prince guerrier & intrépide! Doit-il avoir peur des diables? peut-on le plaindre?

On a admiré avec raison une décoration du second acte : il est question d'une tempête. Le fond du théâtre représente la mer & un ciel serein d'abord : peu-à-peu, à mesure que l'orage se forme, on voit s'élever les nuages du sein de l'onde. Cette manœuvre bien exécutée pourroit faire l'illusion légere qu'on desire en pareille occasion; il n'y a que les éclairs qui ne répondent pas à ce spectacle terrible.

12 *Janvier* 1763. Les poëtes ne le cedent point à nos orateurs : plusieurs de ces premiers sont entrés en lice pour défendre la mémoire du malheureux Calas; aujourd'hui M. Barthe se met sur les rangs, & chante ce héros tragique dans une héroïde nouvelle, non encore imprimée.

Il en a fait une autre, où il fait parler l'abbé de Ramsay : malheureusement le plus grand mérite de ces ouvrages, c'est d'avoir fait de beaux vers.

12 *Janvier*. M. Dubelloy travaille à une nouvelle tragédie, intitulée le *Siege de Calais*. Ce trait, tiré de notre histoire & passé sous Philippe de Valois, en 1347, est très-beau : savoir, s'il est susceptible de tous les ressorts dramatiques, sur-tout entre les mains de M. Dubelloy, qui en met beaucoup en œuvre à la fois.

13 *Janvier* 1763. Les gens qui plaisantent sur tout, ont fait à M. de la Poupeliniere une épitaphe bien différente de celle qu'on a vu ci-dessus. On en jugera, la voici :

Pour être auteur ci-gît qui paya bien :
Maint ouvrage s'est fait ainsi, c'est la coutume.
De son dernier, en ne songeant à rien,
Il devint pere, hélas! c'est son posthume.

14 Janvier 1763. Depuis quelque temps on parle beaucoup d'une Hollandoise jeune & jolie, nommée madame *Pater*. C'est la femme d'un riche négociant ; elle fait l'entretien des cercles & le sujet des épigrammes ou madrigaux. Voici ce qu'on a fait de moins mauvais : on ne le rapporte que pour faire époque :

> *Pater* est dans notre cité,
> *Spiritus* je voudrois bien être ;
> Et pour former la Trinité
> *Filius* on en verroit naître.

Les seigneurs vont en procession chez elle pour la voir : son mari, excédé de ces visites, dit un jour à des courtisans, en les reconduisant : « je » suis très-sensible, Messieurs, à l'honneur que » vous me faites de venir ici ; mais je ne crois » pas que vous vous y amusiez beaucoup ; je » suis toute la journée avec Mde. Pater, & la » nuit je couche avec elle. »

15 Janvier 1763. La réception de l'abbé de Voisenon est renvoyée à samedi : il se tue de dire à tout le monde que son discours est plat ; il seroit fâché qu'on le crût.

On a repris aujourd'hui *le Milicien* : on attribue cette piece à M. Bertin, dont Anseaume est le prête-nom. En général, c'est une forte satire des militaires ; il y a plus de vérité que de finesse.

16 *Janvier* 1763. Il court dans le monde une épigramme sur Freron, qu'on dit être de M. de Voltaire: elle est tapée, mais mal digérée : on en jugera.

<blockquote>
Un jour loin du sacré Vallon,
Un serpent mordit Jean Freron.
Savez-vous ce qu'il arriva?
Ce fut le serpent qui creva.
</blockquote>

Cette épigramme, originairement en grec, ensuite traduite en latin, enfin mise en françois, se trouve dans le dictionnaire de la Martiniere.

17 *Janvier* 1763. Après une longue attente, on a joué aujourd'hui à la comédie Françoise *Dupuis & Desronais*, comédie en trois actes, en vers libres.

Dupuis est un vieux libertin, qui a une fille, dont est amoureux *Desronais*; celle-là répond à sa passion : tous deux pressent le bon homme de les marier; il les aime tendrement, & n'en veut rien faire de son vivant. Il craint qu'on ne l'abandonne, & de rester seul. Enfin il se laisse émouvoir & se rend à leurs sollicitations. Tel est le sujet, l'intrigue & le dénouement de la piece : il y a cinq acteurs, dont deux sont inutiles. On n'en parle point : c'est le valet & une espece de confident de Dupuis.

Ce drame, tout simple, tout peu intrigué qu'il soit, a fait très-grand plaisir, par les détails & par une peinture de nos mœurs très-affligeante, mais très-vraie. Les femmes y sont, on ne peut plus, maltraitées.

Le coloris de l'auteur est peu saillant; peu

naturel & raboteux ; il y a plus de finesse que d'esprit dans cette piece, plus de jeu que d'expression. Mollé y déploie une action brillante, beaucoup de feu, de graces & de sentiments; il est pénétré, outré; c'est un beau défaut dont il se corrigera. D'ailleurs, c'est un vice qui lui est commun avec tous les personnages de la piece. Les caracteres de Dupuis, de sa fille & de Desronais, sont par-delà la nature, en voulant trop y atteindre.

18 *Janvier* 1763. Il se trouve dans quelques maisons un petit almanach, intitulé : *Etrennes aux Paillards*. Il contient 26 couplets, sur 26 danseuses de l'opéra & leurs entreteneurs, fort méchants & fort bien faits dans leur espece Mlle. Lany ouvre le bal. Cet almanach est arrivé de Saint-Denys, par la poste, à plusieurs personnes.

19 *Janvier* 1763. On sait que M. de Voltaire travaille à une histoire de l'expulsion des jésuites : plusieurs journaux font mention de cette nouvelle : on prétend qu'il travaille aussi à celle de la guerre qui vient de finir.

20 *Janvier* 1763. On a vu il y a quelque temps les instances faites par l'impératrice des Russies à M. d'Alembert, pour l'engager à se charger de l'éducation de son fils. Ce philosophe avoit refusé l'impératrice, & l'on a des copies de la seconde lettre de cette souveraine. La voici.

LETTRE de l'impératrice de Russie, à Monsieur d'Alembert.

A Moscou, le 13 Novembre.

Monsieur d'Alembert, je viens de lire la réponse que vous avez écrite au Sr. Odard, par laquelle vous refufez de vous transporter ici pour contribuer à l'éducation de mon fils. Philofophe, comme vous êtes, je comprends qu'il ne vous coûte rien de méprifer ce qu'on appelle grandeurs & honneurs dans ce monde. A vos yeux tout cela eft peu de chofe, & aifément je me range de votre avis. A envifager les chofes fur ce pied, je regarde comme très-petite la conduite de la reine Chriftine, qu'on a tant louée, & fouvent blâmée à plus jufte titre. Mais être né & appellé pour contribuer au bonheur & même à l'inftruction d'un peuple entier, & y renoncer, il me femble que c'eft refufer le bien que vous avez à cœur. Votre philofophie eft fondée fur l'humanité; permettez-moi de vous dire, que de ne fe point prêter à la fervir, tandis qu'on le peut, c'eft manquer fon but. Je vous fais trop honnête homme pour attribuer vos refus à la vanité : je fais que la caufe n'en eft que l'amour du repos, pour cultiver les lettres & l'amitié. Mais à quoi tient-il? Venez avec tous vos amis. Je vous promets, & à eux auffi, tous les agréments & aifances qui peuvent dépendre de moi; & peut-être vous trouverez plus de libertés & de repos que chez vous. *Vous ne vous prêtez pas aux inftances du roi de Pruffe, & à la reconnoiffance que vous lui devez;* mais ce prince n'a point de fils. J'avoue que l'éducation de ce fils me tient fi fort à cœur, & vous m'êtes fi néceffaire, que peut-être je vous preffe trop. Pardonnez mon indifcrétion en faveur de la caufe, & foyez affuré que c'eft l'eftime qui m'a rendue fi intéreffée.

[*Signé*]   CATHERINE.

P. S.

P. S. Dans toute cette lettre je n'ai employé que les sentiments que j'ai trouvés dans vos ouvrages: vous ne voudriez pas vous contre-dire.

21 Janvier 1763. On parle beaucoup du livre *de l'Education publique*. On le cite avec le plus grand éloge; & quoiqu'il ne soit plein que de vues saines & d'une philosophie sage & usuelle, on l'attribue à M. Diderot. C'est un plan très-bien fait & très-détaillé de la marche à suivre dans les études. Il entre à merveille dans les vues du parlement, & remplit le projet demandé,

22 Janvier 1763. Aujourd'hui s'est fait la réception de M. l'abbé de Voisenon, avec toute l'affluence qu'on devoit en attendre. Son discours étoit plein d'esprit, quelquefois précieux, plus poétique qu'oratoire, les images vives, brillantes, mais peu neuves. Il a traité de la façon la plus agréable les avantages réciproques que les grands & les gens de lettres ont trouvés à se rencontrer ensemble.

La réponse de M. le duc de Saint-Aignan étant celle d'un grand seigneur, simple, noble, & plus dans le vrai genre; il a fait, ainsi qu'il convenoit, l'éloge de M. le duc de Nivernois, qu'il remplaçoit dans ce moment-là.

M. Watelet a fini la séance par la lecture de la traduction libre du 3e. chant du *Tasse*. Elle est fort allongée: en quelques endroits il a enchéri sur son original. Cette traduction a du mérite: l'auteur a lu en déclamateur, en variant les tons suivant les images qu'il avoit à peindre.

23 Janvier 1763. M. Marin répand dans le monde, sous le titre de *Lettre*, un projet inté-

Tome I. H

reſſant pour l'humanité : il voudroit qu'on fît une ſouſcription pour faire des fonds en faveur des honnêtes gens malheureux qui ne peuvent pourſuivre leurs procès.

24 *Janvier* 1763. Amédée Vanloo , premier peintre du roi de Pruſſe, a expoſé depuis quelques jours aux regards des curieux un tableau ſingulier : c'eſt une allégorie ſoutenue des vertus du roi perſonnifiées. Il y a huit figures, ſans compter quelques animaux. On regarde par une lunette , & toutes ces figures ſe réduiſent en une ſeule, qui repréſente en miniature le buſte du roi très-diſtinct & très-reſſemblant. Pendant que vous levez l'œil à la languette, le peintre paſſe le doigt ſur les différentes parties du viſage. Vous levez les yeux, & vous le voyez ſucceſſivement toucher toutes les figures. Ce chef-d'œuvre d'optique devient bien moins ſurprenant par les exemples qu'on en a aux minimes de la place Royale & à la bibliotheque de Ste. Genevieve.

Le tableau naturel eſt médiocre ; les figures même en paroiſſent lourdes & mal proportionnées.

25 *Janvier* 1763. Le ſuccès conſtant de *Dupuis & Deſronais* a mis Collé en ſi grande faveur auprès des comédiens, qu'il eſt queſtion de jouer la piece de *Henri IV & du Meûnier*, ſi goûtée à Bagnolet. Le titre ſeul ſouffre des difficultés. On n'oſe mettre un de nos rois ſi récent ſur la ſcene. L'auteur ne veut point changer le nom , parce que le mérite de la piece y tient en très-grande partie. Il eſt queſtion de ſavoir ſi l'on permettra cette nouveauté.

On prétend que le duc d'Orléans en fait son affaire, & doit en parler à S. M.

27 *Janvier* 1763. M. de Sauvigny presse pour faire paroître son *Socrate* ; suivant ce qu'on lui avoit promis à la police, le mois de janvier étoit le terme fixé. Il prétend qu'il a des ennemis ; il présume que M. de Voltaire, qui a traité le même drame, pourroit sourdement cabaler contre lui : enfin il est encore incertain de son sort.

28 *Janvier* 1763. Il est venu de Nancy une épître de Gresset à un ex-jésuite, sur les revers que vient d'éprouver la société : elle est très-étendue ; il y a des choses onctueuses, & qui se ressentent du génie tendre & facile de l'auteur ; mais une ironie amere qu'il a placée sur la fin, forme une disparate fâcheuse dans tout l'ouvrage.

29 *Janvier* 1763. On rapporte l'histoire d'un placet arrivé à certain intendant, des plus plaisantes : on en pourroit faire un conte épigrammatique très-bon & très-sale. On la met ici pour les gens de lettres qui en voudront faire usage.

Une jeune fille très-jolie, se trouvant à l'audience d'un intendant, un placet à la main, monseigneur la lorgne, la démêle, l'aborde, lui dit de passer dans son cabinet. Rien de plus pressé que d'expédier le reste des suppliants. Il rentre l'amour dans le cœur, le feu dans les yeux : « Qu'y a-t-il pour votre service, bel « enfant : —— C'est un placet, Monseigneur. —— » Un placet ? ah ! il n'y a rien que de juste sans » doute : un ange comme vous doit avoir » raison. Si vous étiez aussi favorable à ma

» demande ! » En même temps il appuyoit des baisers ardents : ses mains libertines avoient laissé échapper le placet par des attouchements plus délicieux. « Eh ! mais, Monseigneur, » vous n'y songez pas ; vous ne savez pas ce » que je vous demande ; lisez. » En même temps notre agnès ramasse le placet, & en se baissant, découvre à monseigneur de nouveaux charmes. Sa grandeur n'y tient point, & de gré ou de force, il fait exaucer sa requête. Revenu à lui il jure à la demoiselle le plus inviolable attachement : sa cause est gagnée avant qu'il l'ait sue. Le bel ange s'envole rapidement, & monseigneur n'ayant rien de mieux à faire, parcourt le placet : il le relit à deux fois. Quelle surprise ! c'étoit une plainte amere contre un chirurgien ignorant ou fripon. On devine le reste. Monseigneur a pris depuis ce temps la coutume de lire les placets, avant de présenter le sien.

30 *Janvier* 1763. *La Renommée Littéraire* est de Mrs. le Brun. Ce sont deux freres, dont l'un est déja connu par ses démêlés avec Freron. Ces deux aristarques veulent prendre le sceptre de la littérature ; ils l'exercent durement sur les auteurs qui ne sont pas de leurs amis ; & en particulier M. Colardeau est une de leurs victimes les plus malheureuses. Ces Mrs. louent quelquefois leurs amis ; & comme il ne seroit pas modeste de se louer soi-même, ils se passent la plume réciproquement, lorsqu'il est question de leurs ouvrages. On ne croit pas que cette feuille périodique, déja à son numéro, végete encore long-temps.

31 *Janvier* 1763. M. Racine, dernier du nom,

fils du grand Racine, de l'académie des inscriptions & belles-lettres, est mort hier d'une fievre maligne. Il ne faisoit plus rien comme homme de lettres ; il étoit abruti par le vin & par la dévotion.

31 *Janvier* 1763. Les propositions de l'impératrice de Russie à M. d'Alembert sont des plus favorables ; elles sont uniquement à la charge d'assister sans titre à l'éducation du prince, son fils, pendant le temps de six ans. S. M. impériale lui offre un traitement semblable en tout a celui des ambassadeurs, avec toutes leurs franchises & tous leurs privileges, un hôtel magnifique & l'état de cent mille livres de rentes, dont les fonds au bout de six ans lui devront être assurés à perpétuité, en terres, maisons ou autres effets à sa volonté, qu'on acheteroit en France.

1 *Février* 1763. Il court une *Lettre sur la paix*, attribuée à M. Thomas. On ne croiroit pas qu'un secretaire intime d'un ministre des affaires étrangeres pût écrire de cette façon. C'est un amas de phrases en persiflage, en un mot, un véritable ouvrage de cour, où l'amertume & le fiel sont cachés sous des expressions douces.

2 *Février* 1763. On doit se rappeller qu'il y a quelques années que M. de Voltaire ayant appris l'extrême indigence où étoit réduite la petite niece du grand Corneille, touché de son état, fit offrir à son pere d'en prendre soin, & de la retirer chez lui à sa terre près Geneve. Ce qui fut accepté avec beaucoup de reconnoissance. Tous les journaux s'empresserent alors à publier cette généreuse action. Mlle. Corneille a vécu

depuis ce temps au château de Ferney, où M. de Voltaire & madame Denis se sont occupés à lui procurer une éducation & des connoissances qu'elle n'avoit pu acquérir chez ses parents. On vient d'apprendre qu'elle épouse M. Dupuis de la Chaux, cornette de dragons, qui possede une terre en Bourgogne près celle de Ferney, & a huit à dix mille livres de rente. En faveur de ce mariage, M. de Voltaire lui donne 20,000 livres. Quelque temps auparavant il lui avoit assuré 1,400 livres de rentes viageres : elle aura de plus le produit de l'édition des œuvres de Corneille, à laquelle préside M. de Voltaire, & qu'il doit accompagner de ses remarques : ce sera un objet de plus de 20,000 écus.

3 Février 1763. Il court manuscrite une tragédie de M. de Voltaire, intitulée *Saül*. Ce n'est point une piece ordinaire, c'est une horreur dans le goût de la *Pucelle*, mais beaucoup plus impie, plus abominable. On n'en peut entendre la lecture sans frémir.

5 Février 1763. M. Goldoni commence à déployer ses talents en faveur des Italiens : on a joué hier de lui *l'Amour fraternel*; on prétend que cette piece accommodée au théatre, est la même dont a été tiré le *Pere de famille* de Diderot. La comédie est froide & ne peut avoir un grand succès.

6 Février 1763. Hier Geliotte & Mlle. Arnoux représenterent sur le théatre de l'opéra l'acte de *Vertumne & Pomone*. Rien de plus délicieux. Ils recommencerent à deux fois, & l'assemblée très-brillante & très-nombreuse en fut sous le charme.

7 Février 1763. M. de la Bastide a composé des *Contes* dans le goût de M. de Marmontel : mais ils sont inférieurs pour la narration & les agrémens du style ; ils sont même pitoyables, à celui de *la petite maison* près, qui est très-bien & joliment fait. On prétend que sa femme y a beaucoup de part. C'étoit autrefois une fille fort répandue dans ces sortes d'aventures, & qui lui a suggéré toutes les descriptions agréables dont elle a l'imagination encore remplie.

8 *Février* 1763. On parle aussi des *Contes* de Mlle. Uncy. Cette héroïne est remarquable, & il en faut faire l'histoire en deux mots : elle a été élevée dès sa plus tendre jeunesse par les soins de M. de Meyzieux, neveu de M. Duverney. Ce galant homme avoit coutume d'éduquer ainsi de jeunes personnes pour ses plaisirs. Celle-ci ne connoît point d'autres parents. L'heure étant venue, M. de Meyfieux lui témoigna ses intentions : elle résista, & le combat fut si vif & si opiniâtre que son protecteur la renvoya, l'expulsa ; & la Dlle. a depuis intenté un procès à son bienfaiteur pour avoir une légitime, une pension au moins, &c. Elle a perdu.

11 *Février* 1773. L'abbé de Caveyrac, si recherché depuis quelque temps pour quelques ouvrages en faveur des jésuites, qu'on lui attribue en tout ou en partie, & sur-tout pour *Mes Doutes*, est passé en Pologne, où, à la sollicitation d'un grand prince, il a obtenu un bénéfice. Il passe pour un saint dans un certain monde. Il est bon de remarquer que ce même homme, si vendu aux jésuites aujourd'hui, a fait autrefois un livre diabolique contre le pere

Girard. Il est vrai qu'il y fut forcé : son intention a toujours été de capter la bienveillance de la société. Il fut dans ce temps-là trouver les jésuites de Provence : Mes peres, leur dit-il, » voilà une fâcheuse affaire. Vous ne manquez » point de gens d'esprit pour vous défendre, » mais toute apologie sortant de chez vous sera » suspecte ; elle sera bien mieux placée dans » la bouche d'un étranger : je vous offre ma » plume, je suis dévoué à la société, &c. » Les jésuites redouterent une pareille proposition. Le pere Girard étoit un saint qui n'avoit pas besoin d'apologie : le ciel, s'il le vouloit, feroit des miracles pour le justifier, &c. L'entêtement fut si grand de la part des RR. PP. que l'abbé, piqué vivement, répliqua : « eh bien ! » mes peres, vous ne voulez pas de moi pour » défenseur : je vous déclare la guerre, & vous » verrez quel ennemi je puis être, &c. mais » je n'en demeurerai pas moins disposé à faire » la paix, car je veux être de vos amis, à quelque- » prix que ce soit : » & il a réussi.

12 *Février* 1763. M. de Marivaux, de l'académie Françoise, est mort aujourd'hui. Les deux théatres se sont enrichis de ses productions, & plusieurs de ses romans ingénieux sont entre les mains de tout le monde. Il avoit l'esprit fin & maniéré, beaucoup de délicatesse ; il étoit parvenu à sa 77e. année, & ne faisoit plus rien.

13 *Février* 1763. Les deux spectacles de la *fausse Gloire* & de la *Gloire véritable*, dont on voit la description dans le discours de l'abbé de Voisenon, ont donné l'idée d'une exécution pittoresque pour les fêtes qu'on doit donner à

la paix. D'abord s'élevera celui de la *fausse Gloire*, avec son inscription & tous les attributs des conquérants. Il subsistera peu, & s'écroulera bientôt pour faire place au second, qui durera toute la nuit.

Comme M. l'abbé de Voisenon se nomme *Fusée*, & qu'on pourroit trouver quelques allusions piquantes à son genre d'esprit, sa famille s'est d'abord opposée à ce projet. Tout considéré, on estime qu'il lui feroit beaucoup d'honneur, & lui-même en est comblé.

15 *Février* 1763. M. d'Alembert s'est décidément refusé aux instances de l'impératrice des Russies. Bien des gens croient qu'il auroit dû accepter, & que le gouvernement même auroit dû lui insinuer l'utilité dont il nous auroit été dans cette cour. Mais M. d'Alembert a-t-il les talents nécessaires pour l'éducation d'un prince? est-ce un politique, un homme fait pour vivre auprès des rois? C'est un Diogene, qu'il faut laisser dans son tonneau.

16 *Février*. *Théogene & Chariclée* est reculé. M. Collé, qui ne s'attendoit pas à un succès aussi complet, n'avoit pas trouvé mauvais que les comédiens se disposassent à donner cette nouvelle tragédie; mais voyant la fureur du public, il n'a pas voulu la laisser rallentir, & a interposé l'autorité du duc d'Orléans pour empêcher sa piece d'être retirée : il a réussi.

Mlle. Clairon, qui devoit jouer le principal rôle, ne l'a point accepté : l'auteur est engoué de Mlle. Dubois, plus jolie que bonne actrice. Si cette piece réussit, l'auteur n'en devra point le succès au prestige du jeu de l'héroïne : elle est très-froide & très-servile.

17 *Février* 1763. On continue à parler du *Saül* de M. de Voltaire, comme un tissu d'impiétés rares, d'horreurs à faire dresser les cheveux. Cette tragédie est toujours très-recherchée & très-peu répandue ; elle ne court que manuscrite.

Ce poëte infatigable, varie sans cesse ses travaux. On parle de son *Œdipe* corrigé, dont il a tout-à-fait retranché le rôle de *Philotecte*. Il a retouché aussi sa *Mariamne*.

18 *Février* 1763. Rien de si raboteux, de si dur à la lecture, que la piece de *Dupuis & Desronais*. L'auteur y a noté toute la pantomime des acteurs ; & il paroît que ces observations, loin d'avoir donné lieu au jeu des personnages, n'ont été faites, au contraire, que d'après eux. L'épître dédicatoire au duc d'Orléans est du plus mauvais goût & très-petitement écrite.

20 *Février*. Madame la duchesse d'Aiguillon se met sur le rang des auteurs ; elle a traduit de l'Anglois des *Poésies Erses*, dont les journaux on rendu un compte très-avantageux. Le journal étranger en avoit parlé le premier ; celui des savants l'a fait ensuite ; & s'étant servi des mêmes réflexions & presque du style du premier, celui-ci réclame le plagiat & crie vivement au larcin. Ce dégoût l'avoit presque mis dans le dessein de discontinuer ; cependant il prend une nouvelle vigueur, & il va en paroître deux volumes pour continuer l'année derniere, qui n'est pas encore à sa fin.

21 *Février* 1763. La poétique de M. de Marmontel est sous presse : ses partisans l'annoncent, suivant l'usage, avec beaucoup d'éloges : il prêchera peut-être mieux par ses préceptes que par ses ouvrages.

23 *Février* 1763. On a fait un mauvais couplet sur la réforme & sur les jésuites.

>Capitaines, qu'on réforme,
>Et qui par-tout publiez
>Que c'est injustice énorme
>Qu'on vous ait ait ainsi rayés;
>A tort de vous chacun crie;
>Un coup plus inattendu
>   Nous pétrifie :
>*Jesus* lui-même a perdu
>   Sa compagnie.

23 *Février* 1763. monsieur l'abbé Radonvilliers, sous-précepteur des enfants de France, s'est mis sur les rangs pour briguer la place vacante à l'académie Françoise par la mort de M. de Marivaux. Un tel concurrent écarte tous les candidats.

24 *Février* 1762. On ne cesse de s'évertuer pour gagner de l'argent : il paroît un *Prospectus d'une Gazette du Commerce*, inventée sans doute à pareille fin. L'annonce en est belle; on met les meilleures choses du monde ; elle doit être de la plus grande utilité. Il en paroîtra deux par semaine : on en fera de deux sortes, pour la ville & pour la province. Elles paroîtront au 1er. avril 1763.

25 *Février* 1763. On trouve dans la ville de Rheims un livre fort rare, intitulé : *Apologie des Jésuites*; on l'attribue à un jeune pere de Nancy. Il est fort bien écrit : il ne paroît pas cependant qu'il contienne des arguments plus victorieux que tous les livres déja faits en faveur de la société.

26 Février 1763. M. de Voltaire a écrit à M. d'Alembert pour le congratuler sur le courage qu'il a eu de préférer la philosophie aux richesses & aux grandeurs dont vouloit le combler une grande princesse. La légéreté, la bonne plaisanterie, le sentiment pur & pénétrant caractérisent cette nouvelle production. Il y parle des jésuites, de Mlle. Corneille, de l'édition des œuvres de Pierre; il dit que les graveurs conviennent que la souscription est ornée des noms les plus brillants; mais que malheureusement les noms des grands seigneurs ne sont pas des lettres de change.

17 *Février* 1763. Mlle Dangeville quite sans rémission le théatre François : quoique préparés depuis long-temps à cette perte, elle sera longtemps l'objet de nos regrets. On dit pour nous consoler que Preville éleve Mlle. Luzi de l'opéra-comique : il espere qu'elle remplacera quelque jour cette inimitable actrice. Il trouve à sa jeune pupille le talent le plus décidé : il la prépare, il la dispose, il la forme, & veut laisser mûrir le moment de son début : il ne doute pas qu'elle n'ait le succès le plus complet dès cet instant. Elle promettoit déja beaucoup : elle est en bonnes mains. Voilà bien des motifs d'espérer : mais nous savons par malheur ce que nous perdons, nous le sentons tous les jours.

18 *Février* 1763. Les Italiens ont donné aujourd'hui la premiere représentation du *Bûcheron* ou des *trois Souhaits*, comédie en trois actes, mêlée d'ariettes. Les paroles sont de M. Custet, jeune homme qui entre en lice, & la musique de M. Philidor.

Ce drame a été bien reçu du public à tous égards, la musique sur-tout a fait une sensation. Quant à la fable, elle est tirée du conte de Perrault, plus rapide, plus serré, plus vif ; elle est changée d'une façon plus convenable pour le théatre, mais moins plaisante.

28 *Février* 1763. M. le marquis de Pompignan reparoît sur la scene, au sujet d'un discours prononcé dans l'église d'une de ses terres par son curé, dans lequel ce pasteur, en lui adressant la parole fait l'éloge de ses vertus, exalte la magnificence avec laquelle il a contribué à la réédificence de la paroisse. Ce discours, cité avec éloge par plusieurs journalistes, a donné matiere à M. de Voltaire, pour ridiculiser de nouveau M. de Pompignan par trois petites miseres imprimées : *Relation d'un voyage de Fontainebleau.* —— Une *Lettre de l'Ecluse*, acteur de l'ancien opéra comique —— & une *chanson*. Toutes médiocres que soient ces productions, elles en rappellent de si sanglantes, que les amis de M. le Franc ne peuvent qu'être fâchés de ces écrits, d'autant plus que le public en général n'est rien moins que disposé en sa faveur.

1 *Mars* 1763. M. l'abbé le Gendre, rival de M. l'abbé de Lattaignant dans le genre des chansons, a réformé ainsi celle qu'on a déja vue sur la réforme.

Sur l'air : *De tous les Capucins du monde.*

    Brave officier, bon militaire,
    La réforme te désespere,
    Que cela ne t'attriste pas !
    Je veux que tu t'en glorifie ;
    Jesus est dans le même cas,
    On réforme sa compagnie.

2 *Mars* 1763. Ce pays-ci ne tarit point en nouveautés. On propose une feuille hebdomadaire pour les livres fraîchement éclos, & l'on regarde cela comme très-utile pour le public ; il jugera : on ne parlera que de ceux imprimés avec permission, & répandus sous la protection du gouvernement.

3 *Mars* 1763. M. Framery, écolier du Plessis, âgé de 17 ans & demi, vient de faire une petite piece pour la comédie Italienne, qu'il avoit d'abord intitulée *la nouvelle Eve*. On lui a conseillé de substituer le titre de *Pandore*. Il y a de jolies choses, & elle promet du talent dans un âge aussi foible. Il étoit à craindre que la police ne lui fît beaucoup d'accrocs, comme cela vient d'arriver.

4 *Mars* 1763. *Arlequin Valet de deux Maîtres*, comédie Italienne en cinq actes, de M. Goldoni. On ne peut guere rendre compte de pareilles pieces, écrites en langue étrangere & dont le héros est Arlequin, qui varie ses rôles & les rend à sa fantaisie. On ne conçoit guere pourquoi les Italiens ont pensionné de deux mille écus un auteur qui ne leur est pas d'une plus grande utilité. On espéroit que le Sr. Goldoni monteroit sur la planche : apparemment que sa qualité d'avocat ne lui a pas permis cette incartade, ou qu'il ne présume pas assez de ses talents.

5 *Mars* 1763. M. de Saint-Foix, dans une lettre fort ingénieuse, écrite à un prétendu peintre qu'il suppose faire le portrait de Mlle. Dangeville, couvre sous cette enveloppe délicate l'éloge le plus fin de cette inimitable actrice. Elle ne pouvoit être mieux louée que par le chantre des Graces,

5 *Mars* 1763. Il y a deux lettres de M. de Voltaire à l'abbé de Voisenon, remarquables par l'objet qu'il y traite. Ce grand homme voulant l'être exclusivement, y dégrade de la façon la plus basse & la plus injurieuse Corneille & Crébillon. Ces deux pieces avouées & signées de lui, justifient le libelle qu'on lui attribuoit à juste titre contre le dernier, sous le titre d'*Eloge*.

6 *Mars* 1763. Il passe pour constant que le Sr. Marin, censeur de la police, a été 24 heures à la Bastille pour avoir passé les vers d'une piece faite par M. Dorat. On a senti combien il étoit mal-adroit de le punir dans un pareil moment ; que ce seroit afficher l'allusion qu'on vouloit éviter ; en conséquence, avant que la chose ait éclaté, on a élargi ce censeur. La suite justifiera ce bruit, s'il est vrai ; dans quelques mois il sera obligé d'abdiquer la censure.

7 *Mars* 1763. On a joué à la cour *le Devin de Village*. Quelques acteurs de la comédie Italienne y ont chanté avec Geliotte, entr'autres Caillaud, qui a le bonheur de plaire au roi. S. M. a les plus grandes bontés pour lui.

Mlle. Le Mierre, aujourd'hui Mad Larrivée, ayant voulu chanter à ce divertissement, a trouvé sa voix en défaut. On attribue cet événement à un accident survenu dans le voyage ; elle est grosse d'ailleurs.

7 *Mars* 1763. L'Encyclopédie s'imprime actuellement, & l'on espere voir finir ce monument immortel de l'esprit humain.

8 *Mars* 1763. La santé de Mlle. Clairon baisse considérablement ; on craint fort de la perdre ; elle laisseroit le théatre François dans un grand

délabrement : elle va partir inceſſamment pour aller conſulter Tronchin à Geneve.

8 *Mars* 1763. On voit au Palais un tableau trouvé chez les jéſuites de Billon en Auvergne, qui attire la foule des curieux & des amateurs. Il eſt très-grand & contient plus de 100 figures : il repréſente un vaiſſeau fort vaſte, dans lequel ſont toutes ſortes de perſonnages, ſur-tout beaucoup de moines & les différents généraux, d'ordres. L'inſcription eſt *Typus religionis*. Un jéſuite eſt au gouvernail, qu'on reconnoît être St. Ignace. Un autre à l'avant du vaiſſeau, paroît obſerver la route. Le bâtiment cingle vers le port du ſalut, & laiſſe derriere lui le monde, déſigné ſous tous les attributs qui en indiquent les pompes, les vanités & les ſcandales. Différentes barques & chaloupes, où ſont des cardinaux, des rois, des empereurs, cherchent à aborder le grand vaiſſeau. On paroît leur tendre des amarres pour les recevoir ; mais on en écarte de certaines qui ſont indiquées contenir des hérétiques : on les tue à coups de fleche, & il paroît que *Henri* IV, dont on reconnoît la tête, eſt renverſé d'un trait. On ne peut dire par quelle main il eſt décoché, & l'on commente beaucoup ſur cette effigie. On prétend que ce n'eſt qu'une copie, & que l'original eſt à Rome. En général, c'eſt un barbouillage, une peinture d'hôtellerie. Les gens ſenſés regardent toute cette allégorie comme une capucinade fort en vogue du temps de la ligue.

Il y a depuis quelques jours des défenſes ſéveres de faire voir le tableau ; on l'a tranſporté au noviciat.

9 Mars 1763. Lettre de M. de Voltaire à M. d'Alembert.

Ferney, ce 11 Février 1763.

Mon cher & illustre confrere, il semble que si quelques pédants ont attaqué en France la philosophie, ils ne s'en sont pas bien trouvés, & qu'elle a fait une alliance avec les puissances du Nord. Cette belle lettre de l'impératrice des Russies vous venge bien. Cela ressemble à la lettre que Philippe écrivit à Aristote le jour de la naissance d'Alexandre.

Je me souviens que dans mon enfance je n'aurois pas imaginé qu'on écriroit de pareilles lettres de Moscou à un académicien de Paris. Je suis du temps de la création, & voilà quatre femmes de suite qui ont perfectionné en Russie ce qu'un grand homme y avoit commencé. Votre galanterie Françoise doit quelques compliments au sexe féminin sur cette singularité, dont l'histoire ne fournit aucun exemple. La belle lettre que celle de Catherine! Ni Ste. Catherine de Sienne, ni Ste. Catherine de Boulogne, ni Ste. Catherine d'Alexandrie, n'en auroient jamais écrit de pareilles: si les princesses se mettent à cultiver leur esprit, la loi salique n'aura pas beau jeu. Ne remarquez-vous pas que les grands hommes, les grands exemples, & les grandes leçons nous viennent du nord? Les Newton, les Loke, les Gustave, les Pierre le Grand & gens de cette espece, ne furent point élevés à Rome dans le college de la Propagande.

J'ai parcouru ces jours passés une grosse apologie des jésuites pleine d'*Aos* & de *Pathos* : on y a fait le dénombrement des grands génies qui illustrent notre siecle ; ils sont tous jésuites : c'est, dit l'auteur, un *Chapelain*, un *Bandury*, un *Buffier*, un *Desbillon*, un *Castel*, un *Laborde*, un *Berruyer*, un *Pezenas*, un *Garnier*, un *Simonet*, un *Rooth*, & enfin ce *Berthier*, ajoute-t-on, qui a été si long-temps l'oracle des gens de lettres.

Je suis assez comme M. Chicaneau ; je ne connois pas tous ces gens-là, excepté feu Berthier, que j'ai cru mort sur le chemin de Versailles. Mais enfin je suis ravi que la France ait encore tant de grands hommes.

On dit aussi que l'on compte parmi les sublimes génies un M. *le Roi*, prédicateur de St. Eustache, qui prêche contre les philosophes avec l'éloquence du R. P. Garasse, jésuite qui a écrit, il y a plus de cent ans, contre les esprits forts, en style bouffon & burlesque. A vous parler sérieusement, je trouve que si quelque chose fait honneur à notre siecle, ce sont les trois *factums* de Mrs. Mariette, Baumont & Loiseau, en faveur de la famille infortunée des *Calas*. Employer ainsi son temps, sa peine, son éloquence, son crédit, &, loin de recevoir aucun salaire, procurer des secours à des opprimés, c'est là ce qui est véritablement grand, & ce qui ressemble plus au temps des Cicérons & des Hortensius, qu'à celui de Buth, de Huth, & de frere Berthier. Je m'embarrasse fort peu du jugement qu'on rendra, car, Dieu merci, l'Europe a déja jugé, & je ne connois de tribunal infaillible, que celui des honnêtes gens de différents pays, qui pensent de même, & composent, sans le savoir, un corps qui ne peut errer, parce qu'ils n'ont point l'esprit de corps.

Je ne sais ce que c'est que le petit libelle dont vous me parlez, où l'on me dit des injures à propos d'un *Examen de quelques pieces de Crébillon*. Je ne connois ni cet examen ni ces injures ; j'aurois trop à faire s'il falloit lire tous ces rogatons. *Pierre le Grand* & le *Grand Corneille* m'occupent assez. J'en suis malheureusement à *Pertharite*, & je marie la niece pour me consoler. Nous mettons dans le contrat qu'elle est cousine-germaine de *Chimene*, & qu'elle ne reconnoît pour ses parents ni *Grimoald* ni *Vinulphe*. Elle pourra bien avoir fait un enfant avant que l'édition soit achevée.

Beaucoup de grands seigneurs ont souscrit très-généreusement : les graveurs disent que leurs noms ne sont pas des lettres de change.

J'envoie à l'académie l'*Héraclius* Espagnol, que j'ai traduit de Calderon, & qui est imprimé avec l'*Héraclius* François. Vous jugerez qu'il y a de temps en temps dans Calderon de très-brillantes étincelles de génie.

Vous recevrez aussi bientôt une certaine *Histoire Générale*. Le genre humain y est peint cette fois-ci des trois quarts ; il ne l'étoit que de profil aux autres éditions : quoique je sois bien vieux, j'apprends tous les jours à le connoître. Adieu, mon très-cher maître philosophe ; je suis obligé de dicter, je deviens aveugle comme La Mothe : quand l'abbé Trublet le saura, il trouvera mes vers meilleurs.

10 *Mars* 1763. Le Journal Encyclopédique est suspendu. Le Sr. Rousseau de Toulouse est ici

pour plaider fa caufe. Le duc de Bouillon ayant eu avis que ledit Rouffeau vouloit quitter Bouillon, où ce Journal s'imprime, pour paffer à Manheim, chez l'électeur Palatin, où il eft appellé, a fait faifir tous les papiers de cet auteur, & l'a mis hors d'état d'exécuter fon projet. Il demande à refter, & à ravoir la liberté de continuer.

Il eft auffi queftion d'un *Journal de Jurifprudence*, à la tête duquel il vouloit fe mettre, & dont on a déja vu le *profpectus*.

11 *Mars* 1763. Favart a eu ordre du gouvernement, c'eft-à-dire, des ducs de Choifeul & de Praflin, de compofer une piece de théatre pour la paix, qui fera jouée lors de la diftribution des denrées, & du feu de paille qui doit être fait inceffamment. On veut que cette comédie foit jouée aux François.

12 *Mars* 1763. Caillaud eft dans la plus haute faveur auprès du roi. Ce monarque goûte fes talents & fon efprit : il eft admis aux petits appartements pour divertir S. M.

L'opéra n'eft point content de voir la comédie Italienne admife à jouer ce qui la concerne devant le roi. M. Villette & autres ont repréfenté *le Devin de Village*, dans lequel le feul Geliotte figuroit pour le premier fpectacle.

13 *Mars* 1763. Le divertiffement & la comédie pour la paix qui devoient être joués aujourd'hui, font renvoyés à demain. La piece qui devoit être intitulée *l'Antipathie vaincue*, eft nommée *l'Anglois à Bordeaux*. L'ambaffadeur d'Angleterre a demandé ce changement. Au refte le Sr. Favart l'a portée chez tous les miniftres étrangers, pour favoir s'ils n'y trouvoient rien qui pût les bleffer

Ils en ont été très-contents. Pour les flatter davantage, on a ordonné de jouer *Brutus*, tragédie de M. de Voltaire, où l'on fait qu'il y a un éloge magnifique de la dignité des fonctions d'un ambassadeur.

14 Mars 1763. L'Anglois à Bordeaux a été reçu avec beaucoup d'applaudissements. On y a trouvé de l'esprit infiniment, mais de l'esprit à la Voisenon, délicat, maniéré, précieux, revenant souvent sur la même pensée, qu'il décompose & reproduit sous toutes sortes de faces. Cette piece, en un acte, ne peut figurer vis-à-vis du *François à Londres*. Celle-ci est infiniment supérieure. Traçons-en l'esquisse en deux mots. Un milord est prisonnier d'un François, qui a une sœur folle à l'excès; il en devient amoureux: son frere l'est de la fille de l'Anglois; il cherche tous les moyens de vaincre l'antipathie de celui-ci contre notre nation; & comme il refuse tous ses services, il intéresse le valet de son prisonnier à lui faire tenir une lettre de change de deux mille guinées de la part d'un de ses amis de Londres. Cet ami arrive pour épouser la fille du milord, qui lui étoit promise: il ne la trouve pas bien favorablement disposée; il se doute qu'elle a formé quelque inclination. Son pere survient, remercie son ami de sa lettre de change. Celui-ci n'y comprend rien. On éclaircit le fait: la générosité du François, mise dans tout son jour, pénétre l'un de reconnoissance, l'autre d'admiration. Ce dernier se trouve à son tour lui avoir les obligations les plus grandes, puisqu'il lui doit la vie; on découvre qu'il aime la fille de l'Anglois, que celle-ci a du retour pour lui. Le nouvel arrivé la cede génereusement, & donne tout son bien à ces amants. On reçoit dans l'instant les nouvelles de la paix : de-là un divertissement fort plat. On fait danser toutes sortes de nations, jusqu'à des negres ; puis on chante des couplets misérables.

Dans le courant de la piece on avoit amené un *vive le roi !* Quelques voix dans le parterre ont fait chorus : il n'a pas été général à beaucoup près.

Mlle. Dangeville, qui se disposoit à se retirer, a contribué dans cette piece, par ordre du gouvernement, qui la prend fort à cœur.

15 Mars 1763. Benaker au sage & savant Abukibek. Tel est le titre de la XVe. Lettre des *Lettres Cabalistiques* qu'on vient de réimprimer seule. Elle porte sur la destruction de la société, qu'elle paroît prophétiser de la maniere la plus judicieuse & la plus sensible. Elle en détaille les motifs & les tire des mêmes raisons qu'ont fait valoir les différents parlements. Elle est fort singuliere par les cironstances. L'éditeur n'a pas manqué d'observer que ces lettres étoient du marquis d'Argens, frere du président d'Eguilles, actuellement décrété de prise de corps pour avoir soutenu, *per fas & nefas*, cette formidable société.

16 *Mars* 1763. M. l'abbé de Radonvilliers, ex-jésuite, sous-précepteur des enfants de France, a été élu avant-hier de l'académie Françoise.

16 *Mars.* On annonce aussi la retraite de Mlle. Gauffin. Cette perte du théâtre François ne fera pas autant de sensation que celle de Mlle Dangeville.

17 *Mars* 1762. La seconde représentation de *l'Anglois à Bordeaux*, donnée hier, a eu le plus grand succès. On avoit demandé l'auteur dès la premiere représentation. Mlle Hus s'étoit avancée sur le théatre pour dire qu'il n'y étoit pas ; mais le public ne lui donnant pas le temps de s'expliquer, toutes les fois qu'elle ouvroit la bouche, elle s'étoit retirée. Bellecour lui avoit succédé, & ayant eu plus de patience, avoit fait entendre cette excuse au parterre : *qu'il le nomme donc*, s'étoit-on écrié. L'acteur a répondu que c'étoit. M. Favart. Aujourd'hui les clameurs ont recommencé. Le pauvre diable a été traîné par deux comédiens sur le théatre, & y a reçu, malgré lui, la bordée des applaudissements du public.

18 *Mars* 1763. On annonce d'avance un opéra de la composition de M. de la Borde le musicien, qui doit être joué à Choisy le 6 juin.

18 *Mars* 1763. Les différents spectacles ont demandé à jouer encore une semaine, comme la comédie Italienne. Il paroît qu'ils ne réussiront pas. L'opéra, qui devoit donner *Armide* pour la capitation, ne jouera d'extraordinaire que demain samedi la même piece.

19 *Mars* 1763. Les François ont fait leur clôture aujourd'hui par *Tancrede*. C'étoit Mlle. Dubois qui faisoit le rôle de Mlle. Clairon : elle a eu beaucoup de partisans, & a été singuliérement applaudie. On ne peut cependant se dissimuler que c'est un rôle au-dessus de ses forces : elle n'a pas assez d'ame pour le jouer en beaucoup d'endroits, encore moins assez de dignité. Quoique bien bâtie, elle a des bras ignobles & trop grands pour avoir un beau geste : au reste, ce

qui décide la question, c'est la tendresse affectueuse avec laquelle Mlle. Clairon l'a complimentée & embrassée ; on en peut conclure qu'elle l'a jugée hors d'état de pouvoir l'atteindre ; la jalousie n'auroit pu y tenir, Mlle Dubois ayant déja l'irrémissible défaut d'être jolie.

20 *Mars* 1763. Enfin les Italiens ont gagné leur procès : ils s'étoient d'abord adressés à M. l'archevêque, qui leur avoit interdit de jouer. Comme ce n'est point de son district, la police leur permet de passer outre. Ils se trouvent substitués au privilege de l'opéra comique, à condition qu'ils ne joueront que des pieces de ce spectacle.

Le profit des représentations de cette semaine se répartit sur le champ entre les différents acteurs, en n'en déduisant que les frais.

21 *Mars* 1763. Il se trouve à Paris un arriere-petit-fils de Racine par les femmes : comme il ne reste aucun mâle, que le dernier mort & son fils avoient très-peu joui de leurs entrées, droit héréditaire dans une famille aussi illustre pour le théatre, que personne ne recueilloit cette espece de succession littéraire, ce jeune homme a cru pouvoir se présenter & attendre cette grace du respect & de la reconnoissance des comédiens pour leur bienfaiteur. Leur procédé noble en faveur de son cousin, de la petite-fille de Corneille, de Crébillon, &c. lui étoient garants de leur générosité. Les histrions ont démenti en un instant toute la bonne opinion qu'avoient conçu d'eux les gens qui ne connoissent pas les ressorts du cœur humain. Comme cette grace a été demandée sourdement, qu'ils n'ont pas espéré qu'elle fît un grand éclat, que

se

le faste & l'ostentation sont ce qui les détermine plus ou moins aux bonnes actions, ils ont refusé tout net les entrées à l'arriere-petit-fils de Racine ; en ce que cette grace porteroit un grand tort à leurs intérêts, ont-ils dit, étant déja trop multipliée. Leur ame vile & sordide s'est montrée à découvert en cette occasion.

22 *Mars* 1763. On annonce déja pour la rentrée une actrice miraculeuse, Mlle. de Villeneuve, petite-fille de la femme-de-chambre de Mlle. Gaussin. Cela fait une affaire d'état. Elle étoit engagée pour aller à Manheim chez l'électeur Palatin ; elle avoit reçu cent pistoles. Heureusement qu'on a fait part à l'abbé de Voisenon de cette perte prochaine ; il l'a voulu voir, l'a fait déclamer, lui a trouvé les talents les plus décidés ; il est parti sur le champ pour Versailles, en a parlé à M. le duc de Praslin, à M. le duc de Choiseul, à madame la marquise ; on est convenu qu'il l'ameneroit chez cette derniere, qu'on la feroit jouer devant le roi, en voilant sa majesté, pour que la jeune personne n'en fût pas éblouie. Cela s'est exécuté avec le plus grand succès. On a rendu les cent pistoles qu'elle avoit touchées, & l'on s'attend incessamment à voir cette merveille.

23 *Mars* 1763. Le *Socrate* de Sauvigny, après bien des contradictions, doit se jouer à la rentrée. On avoit d'abord exigé qu'il supprimât une tirade contre Aristophane, comme désignant trop particuliérement le sieur Palissot. La marquise de de Villeroy avoit assuré l'auteur qu'il ne seroit point représenté sans cela. Après bien des pourparlers, il a rayé à regret le morceau où ce méchant étoit particuliérement caractérisé.

24 *Mars* 1763. *L'Anglois à Bordeaux* a été joué à la cour. Le roi, la reine & la famille royale ont voulu voir l'auteur : en conséquence Favart s'y est rendu. Il a été accueilli avec beaucoup de bonté. Au moment où on l'a conduit chez la marquise, elle lisoit un conte de Marmontel, *la Bergere des Alpes* : cette grande dame a exigé qu'il en fît une piece ; ce qui sera exécuté.

L'abbé de Voisenon recueille indirectement tous les éloges donnés à l'autre : il s'en défend avec la plus grande modestie ; mais l'esprit de la piece est trop marqué à son type pour le méconnoître.

25 *Mars* 1763. On commence à répandre les bons mots des enfants de France ; on en cite deux entr'autres qui décelent leur maniere de penser.

Le duc de Berry, en parlant, avoit lâché le mot *il pleuva*. « Ah ! quel barbarisme, [s'écria le comte de Provence] mon frere ; cela n'est pas beau, un prince doit savoir sa langue.— Et vous, mon frere [reprit l'aîné] vous devriez retenir la vôtre. »

Le duc de Chartres étant allé faire sa cour aux enfants de France, il appelloit toujours M. le duc de Berry, *Monsieur* : « mais, [dit ce jeune prince] monsieur le duc de Chartres, vous me traitez bien cavaliérement ; ne devriez-vous pas me donner du *Monseigneur*?— Non, [reprit vivement M. le comte de Provence] non, mon frere, il vaudroit mieux qu'il dît *mon cousin*. »

26 *Mars* 1763. M. l'abbé de Radonvilliers a été reçu aujourd'hui. Rien de plus plat que son discours & de plus platement débité. Il a voulu le réciter de mémoire : c'étoit une suite d'éloges lourds & mal-adroits. Il n'y a que le pauvre

Marivaux dont il a restreint les louanges, attendu le genre pernicieux & condamnable dans lequel il a écrit. C'est quelque chose d'assez plaisant, que cet orateur fameux par ses romans & par ses comédies, se soit trouvé dans le cas d'être panégyrisé par un prêtre d'une part, & par un cardinal de l'autre; car c'est le cardinal de Luynes qui avoit été directeur. Il faut remarquer que cet auteur avoit été reçu par un archevêque, M. Languet, qui, au lieu de lui donner le tribut d'encens usité en pareil cas, l'avoit vivement tancé sur l'usage dangereux de ses talents. Le candidat ayant péroré, le directeur ayant répondu, messieurs s'étant regardés avec quelque confusion, ils ont levé le siege, n'ayant rien de plus à dire. C'est peut-être la premiere fois que la salle n'a retenti d'aucuns battements de mains. La séance a duré environ une demi-heure.

27 *Mars* 1763. Hier s'est fait la clôture des Italiens avec la plus grande affluence. Il y avoit du monde jusque dans le ceintre, où l'on louoit les places 6 livres 12 sous. Ils ont fait 4,600 livres, recette inouïe jusqu'alors.

Le compliment s'est passé en dialogues, en vers & en chants : cela formoit un petit drame qui a duré long-temps & très-fade pour les spectateurs, par la répétition fréquente des mêmes éloges, des mêmes remerciements & des mêmes suppliques.

28 *Mars* 1763. Il court dans le monde des vers faits par les officiers Irlandois des régiments que M. le marquis de Bréhant, maréchal-de-camp, étoit chargé de réformer à Valenciennes, comme

inspecteur. La singularité les fait mettre ici ; ils lui ont été présentés le jour de St. Patrice.

> Patrice que nous révérons
> Comme notre premier apôtre,
> Ainsi que vous, Bréhant, naquit chez les Bretons :
> Le ciel vous a choisi pour être nos patrons,
> Vous dans ce monde, & lui dans l'autre.

28 *Mars* 1763. M. de Marmontel a eu l'honneur de présenter au roi sa POÉTIQUE, *en trois volumes in-8°*. Cet ouvrage, que l'auteur annonce modestement ne pouvoir être fait que ce temps-ci & par lui, n'est qu'une paraphrase de la *Poétique d'Horace* & de celle de *Boileau*. Nous en parlerons plus amplement quand nous aurons recueilli les divers avis des connoisseurs.

29 *Mars* 1763. *Esprit, singularités & bons mots du pere Castel*. Tel est le titre d'un ouvrage assez peu important, où l'on cite les différents apophtegmes où l'on paraphrase les différents sentiments de ce jésuite sur toutes les matieres. Le clavessin oculaire occupe une grande partie du volume : c'étoit en effet la plus importante singularité du personnage, fou d'ailleurs.

29 *Mars*. Il nous est tombé entre les mains une gazette manuscrite que le sieur Freron envoie en Piémont, & pour laquelle on lui donne cinquante louis. C'est beaucoup dire que d'assurer qu'elle lui coûte encore moins à faire que ses feuilles, & qu'elle leur est inférieure. C'est une rapsodie de tous les rogatons, contes populaires, historiettes, nouvelles de Paris, digérée à la hâte & mal écrite. On assure qu'il l'envoie en différents états étrangers.

30 *Mars* 1763. M. le duc de Bouillon a paru se laisser toucher par les suppliques & soumissions du sieur Rousseau de Toulouse; il doit retourner dans sa principauté pour y continuer son journal, dont S. A. avoit mis en possession l'abbé Méhegan. Il est obligé de faire deux mille francs de pension à ce dernier, & 100 pistoles à l'abbé Coyer. Il en coûte toujours quelque chose pour déplaire aux princes.

31 *Mars* 1763. M. Dorat, en philosophe, s'est joint au public pour trouver sa piece mauvaise; il a fait à cette occasion une Epître gentille. La voici: elle s'adresse à un ami.

 Au milieu des plus grands revers,
 Tu dis que le sage plaisante,
 Et qu'il verroit sans épouvante
 La ruine de l'univers.
 J'en fais mon compliment au sage:
 Cette héroïque fermeté
 Est bien digne de notre hommage,
 Je la respecte en vérité;
 Mais jamais ce triste courage
 Par moi ne peut être imité.
 J'ai toute la foiblesse humaine:
 Mon ame esclave de mes sens
 Ouvre toujours les deux battants
 Au plaisir, ainsi qu'à la peine.
 Ami, tu me vois consterné
 D'avoir au grand jour de la scene
 Risqué mon drame infortuné;

Oui, ma douleur est fans feconde:
Et cependant, on le fait bien,
La chûte d'un drame n'est rien
Auprès de la chûte du monde.
Je puis, dis-tu, me confoler
Entre les bras d'une maîtresse.
Exilé des bords du Permesse,
C'est à Paphos qu'il faut voler.
Ce ciel n'est point exempt d'orages.
Désormais à l'abri des vents,
Je veux contempler les naufrages,
Et des auteurs & des amants.
Irois-je, plein d'une humeur noire,
De Vénus attrister la cour?
C'est bien assez, tu peux m'en croire,
D'être maltraité pour la gloire,
Sans l'être encore par l'amour.
Mais quoi! ton amitié me reste,
C'est ma reffource & mon foutien;
Pilade dans le fein d'Oreste
Ne doit plus fe plaindre de rien,
La gloire est une enchanteresse
Qui ne remplit jamais un cœur;
L'amour n'est qu'un instant d'ivresse,
L'amitié feule est un bonheur.

1 *Avril* 1763. M. Cazot, commissaire de la marine, a voulu faire un poëme en profe dans le goût de l'Ariofte, intitulé *olivier*. Il roule

sur l'ancienne chevalerie, il est aussi extravagant que l'*Orlando*; mais est-il compensé par les beautés de toute espece dont est rempli le poëme Italien. On croit y voir de l'allégorie.

2 *Avril* 1763. La gazette de France annonce pour le 13 avril prochain l'ouverture d'une nouvelle bibliotheque qui appartient à la ville. C'étoit ci-devant celle de M. Moreau, procureur du roi, de la ville, qui en étoit le possesseur: il lui en a fait présent. Elle est placée à l'hôtel de Lamoignon, rue Pavée. M. *Bonami*, de l'académie des inscriptions & belles-lettres, en est nommé bibliothécaire.

3 *Avril* 1763. Un malheur ne va jamais sans l'autre : M. Dorat ayant essuyé une disgrace au Parnasse, elle a été suivie d'une autre à Cythere. Mlle Dubois l'a congédié aussi séchement que le public. Ce poëte aimable s'est consolé de ce nouveau malheur par une Epître aussi agréable que la premiere ; elle s'adresse encore à un ami.

De quel poids on est soulagé
Lorsque l'on perd une maîtresse !
Enfin, ami, le charme cesse,
Je suis heureux, j'ai mon congé.
Ris avec moi de ma disgrace,
Les regrets ne menent à rien.
Laïs ne laisse aucune trace
Dans un cœur formé sur le tien.
Tout m'amuse & rien ne me lie.
Il faut pourtant en convenir,
Laïs est jeune, elle est jolie :

C'est pour cela que je l'oublie.
On risque à s'en ressouvenir.
Que je hais ce front où respire
L'intéressante volupté,
Cet art de tromper, de séduire,
Si semblable à la vérité,
Et sa folie & sa gaieté
Et les graces de son sourire.
Que je dédaigne, que je hais
Cette flottante chevelure
Qui sert de voile à ses attraits,
Ou bien qui leur sert de parure.
Ce sein qu'amour fait embellir,
Qui s'enfle, s'éleve, ou s'abaisse
Au moindre souffle du desir,
Où la rose semble fleurir
Sous la bouche qui la caresse.
Ses caprices qui font des loix,
Ce feu dont son œil étincelle,
Et les sons touchants de sa voix
Qui jure une ardeur éternelle
A cinquante amants à la fois!
Je la déteste, je l'abhorre.
Mais c'est trop m'en entretenir,
Car à force de la haïr,
Je pourrois bien l'aimer encore.

4 *Avril* 1763. Mlle. Gauffin, qui n'avoit

demandé sa retraite que pour se faire valoir, l'ayant obtenue sans difficulté, a fait quelques démarches pour rentrer, sous prétexte du vuide qui alloit se trouver à la comédie : elle a fait valoir sa bonne volonté, son affection pour ses camarades, son zele pour le public. M. le duc de Duras lui a déclaré que ce qui étoit fait, étoit fait, qu'on se passeroit bien d'elle.

Le jeune Molé, quoiqu'il ne soit reçu à la comédie que depuis un an, a obtenu une part entiere, c'est une faveur signalée qu'on dit accordée à ses talents.

5 *Avril* 1763. On doit donner après pâque *les Préjugés* ou *le Négociant*, comédie en cinq actes, qui sera jouée au profit du sieur Préville. La piece est anonyme.

M. de Monlouvier, gendarme de la garde, vient de présenter aux comédiens une piece de caractere en cinq actes, intitulée *la Méfiant*. Cet aréopage n'a pas encore décidé de son sort.

Avril 1763. Entre 11 heures & midi le feu s'est déclaré dans la salle de l'opéra, & a communiqué avec beaucoup de violence à la partie qui la lie au Palais-Royal. En très-peu de temps l'incendie a été terrible : avant que les secours aient pu être apportés, toute la salle & l'aile de la premiere cour ont été embrasées Il n'est plus question d'opéra. Le feu a pris par la faute des ouvriers, & s'est perpétué par leur négligence à appeler du secours; il avoit pris dès huit heures du matin : ils ont voulu l'éteindre seuls, & n'y ont pu réussir. Les portiers qui ne doivent jamais quitter, étoient absents.

Si le fait est vrai, c'est la ville qui doit en répondre & réparer tout le mal qui en a résulté,

7 *Avril* 1763. M. Rousseau de Geneve travaille actuellement à un mémoire pour la fille du premier président de la chambre des comptes de Dôle, qui, à la veille d'être forcée à un mariage qui lui répugnoit, a introduit secrétement dans sa chambre son amant, & a rendu ses pere & mere témoins, malgré eux, de son mariage physique. Ce fait extraordinaire fournit beaucoup à l'éloquence libre & mâle de l'orateur. Le magistrat poursuit criminellement le jeune homme, officier, comme séducteur, ravisseur, voleur même, car il avoit de fausses clefs, &c.

8 *Avril* 1763. Le feu est éteint, ou du moins ne brûle plus que dans les fonds de l'opéra ; mais toutes les machines sont consumées. Il y a eu près de 2,000 hommes employés à cet incendie.

On spécule différemment sur le sort de ce spectable ; les uns le placent au Carouzel, d'autres au Louvre, d'autres au même lieu, en le changeant de position ; on ne sait encore ni où il jouera en attendant, ni quand on représentera.

9 *Avril* 1763. Le roi a fait écrire aux directeurs de l'opéra que tous ceux qui sont attachés à ce spectacle, continueront à être appointés comme ci-devant ; que les pensions seront exactement payées à l'ordinaire, avec ordre de se tenir toujours en état de jouer. On assure qu'on prendra le théatre Italien trois jours de la semaine, jusqu'à ce qu'on ait rétabli une salle ; celle des Thuilleries ne pourroit servir sans qu'on y fît une grande dépense.

10 *Avril* 1763. Mlle. Dubois, de la comédie Françoise, a paru aujourd'hui au concert spi-

rituel. On ne lui présumoit pas assez de talents pour courir plusieurs carrieres à la fois. Quoiqu'il en soit, elle a chanté un *Usque quo*. Elle a été extrêmement claquée & passablement applaudie. Les connoisseurs lui ont trouvé de la voix, quoiqu'un peu voilée, mais point d'art ni d'expression.

11 *Avril* 1763. *La Renommée Littéraire*, offusquant les divers libellistes qui courent la même carriere, ces petits auteurs se sont remués, & ont engagé le *Journal des Savants* à faire arrêter cet enfant bâtard. Il faut savoir que tous les autres doivent un tribut de cent écus à ce pere des journaux. MM. le Brun n'avoient point payé, en conséquence on a fait saisie & arrêt entre les mains des imprimeurs.

12 *Avril* 1763. M. le duc d'Orléans a été hier à Versailles demander au roi que l'opéra restât au Palais-Royal, offrant tout ce qui pourroit contribuer à l'agrément & à la sûreté de la salle. S. M. y a consenti. Ainsi ce spectacle ne changera point d'emplacement. On doit acheter toutes les maisons, depuis le cul-de-sac jusques à la rue des Bons-Enfants. L'amphithéatre sera adossé au Palais-Royal, & le théatre répondra à la porte du cloître St. Honoré. Quatre issues faciliteront les débouchés des quatre côtés ; deux par le Palais-Royal, la troisieme par la rue des Bons-Enfants, & la quatrieme par la rue St. Honoré.

M. le duc d'Orléans, outre les aisances qu'il doit procurer, donnera pour ses loges 100,000 écus.

13 *Avril* 1763. L'Académie des inscriptions

& belles-lettres a tenu aujourd'hui sa séance publique d'après pâque.

Le prix distribué, M. le Beau, secretaire perpétuel, a fait lecture de l'éloge de M. Racine, fils du grand Racine.

M. Gibert a lu ensuite la premiere partie de la préface de M. Ste. Palaye, sur le *Glossaire François*. Cette préface présente des vues fort étendues & fort utiles pour la littérature ; elle a paru faire beaucoup de plaisir aux auditeurs.

M. l'abbé Barthelemi a lu une dissertation *sur le Rapport des Langues Egyptienne, Phénicienne & Grecque*. Il a fait voir par les similitudes des différents mots employés dans ces diverses langues, pour exprimer les mêmes choses à quelques terminaisons près, qu'elles s'étoient formées les unes des autres. Les femmes mêmes ont été enchantées de cette lecture.

M. le Beau a lu, pour M. le comte de Caylus, *l'explication de deux passages de Diodore de Sicile, contenant la description du bûcher d'Ephestion, favori d'Alexandre, & celle du Char qui transporta le corps d'Alexandre à Alexandrie*. M. le comte de Caylus avoit pris soin de faire graver une suite de quatre estampes, qui représentent, d'après une inscription, ces deux monuments dans toutes leurs proportions. Ces estampes, au nombre de cent cinquante, ont été distribuées dans l'assemblée.

La séance a été terminée par la lecture d'un mémoire composé par M. le Beau, le professeur d'éloquence au college des Graslins, sur *les anciens Romans des Grecs*.

Cinq heures & demie ayant sonné, MM. ont

levé la féance comme des écoliers, & n'ont point laiflé achever M. le Beau.

14 *Avril* 1763. L'académie royale des fciences a tenu aujourd'hui fon aflemblée publique d'après pâque.

L'annonce du prix de cette année qui regardoit la *navigation* & en particulier *l'arrimage des vaiffeaux*, eft le premier article par où l'on a ouvert la féance. L'académie n'ayant pas trouvé de piece parmi celles qui lui ont été envoyées fur ce fujet, qui remplit fuffifamment fes vues, propofe encore le même fujet pour 1765.

M. de Fouchy, fecretaire de l'académie, a lu enfuite un détail raifonné fur les defcriptions des arts & métiers, qu'elle donne au public, comme le moyen le plus capable de les perfectionner.

Quatre mémoires de divers académiciens ont fuivi cette lecture.

Le premier, par M. Hellot, fur les matieres d'or & d'argent qui entrent dans le commerce, pour différents ouvrages de bijouterie & dans les monnoies, qu'il a favamment traité, & en chymifte.

M. Caffini a décrit dans le fecond tout ce qu'il a fait & obfervé en Allemagne par rapport à la prolongation de la perpendiculaire au méridien de Paris, depuis cette ville à celle de Vienne en Autriche, fur la longueur d'environ 300 lieues, avec des détails curieux, tant phyfiques & d'hiftoire naturelle, qu'aftronomiques. Il eft dommage que le tout foit affaifonné d'éloges fort faftidieux de tous les princes d'Allemagne chez lefquels il a paffé, avec des retours d'amour-propre toujours risibles pour les auditeurs.

M. de Vaucanson a représenté le modele & la description d'une grive propre à transporter les fardeaux les plus pesants, par exemple de douze milliers, d'un bord d'une riviere ou du rivage d'un port dans un navire, ou du fond d'un navire au port.

Le quatrieme & dernier mémoire, par M. Malouin, a été *l'histoire abrégée de l'art de faire du pain*, depuis les Egyptiens, les Grecs & les Romains, jusqu'aux Gaulois & aux François de nos jours. C'est un détail très-curieux, où l'on voit qu'encore dans le siecle passé on disputoit sur la salubrité du pain levé ou non levé, & qu'il falloit un arrêt du parlement pour autoriser les boulangers en faveur du pain levé. Le fameux Gui Patin étoit pour le parti contraire.

Avril 1763. On vante le procédé honnête des comédiens François à l'occasion de l'incendie de l'opéra : ils ont député aux directeurs pour offrir leur théatre trois fois la semaine *gratis*. Il n'en a pas été de même des Italiens, & l'on est fort surpris dans le monde de l'indulgence du roi à leur égard dans cette circonstance.

16 *Avril* 1763. L'opéra n'ayant pu s'arranger avec la comédie Italienne, qui demandoit des dédommagements considérables, il a été décidé qu'en attendant que la salle projetée fût bâtie, il joueroit dans celle des Tuileries, appellée la *Salle des Machines*. En conséquence on va travailler à en diminuer l'étendue, qui étoit un des principaux obstacles à la voix. On ne pren-

dra uniquement que le théatre, plus long que toute la salle incendiée. On croit que ces travaux dureront environ trois mois, pendant lesquels on sera privé d'opéra. Le roi fera cette dépense.

17 *Avril* 1763. On voit à la comédie Françoise un acteur nouveau dans *les daves*; il se nomme *Auger*: on en dit beaucoup de bien, on lui trouve de la noblesse, car il en faut par-tout, de l'intelligence & un masque très-bon : c'est un genre différent de Préville.

18 *Avril* 1763. *Entretiens de Phocion sur le rapport de la Morale avec la Politique*, traduction de M. l'abbé Mably. On prétend que ce livre est une image très-sensible des événements de nos jours. Il fait du bruit : il est plein de principes sages, diffus en beaucoup d'endroits, d'un style simple, analogue aux vues saines & judicieuses de l'auteur. Il attribue cet ouvrage à Nicolès. On le présume factice. C'est un voile ingénieux que M. Mably emprunte pour dire des vérités salutaires.

19 *Avril* 1763. On a donné aujourd'hui la premiere représentation du *Bienfait rendu* ou *du Marchand*, comédie en vers & en cinq actes. C'est une satire amere & lourde de la noblesse, & sur-tout des grands seigneurs. Un négociant de Bordeaux a obligé en différentes fois un homme de condition, son ami, au point que celui-ci se trouve endetté de 100,000 écus. Ne pouvant en être payé, le marchand qui a un peu de vanité dans la tête, imagine de faire épouser la fille de ce seigneur à son neveu, & d'éteindre une dette qui seroit une source de procès. L'autre ne demande pas mieux que

de s'acquitter ainsi ; mais sa femme, son fils & sa fille, répugnent à une alliance dont ils ne connoissent pas le motif. Pour les mettre à la raison, il faut le déclarer ; ils y donnent les mains pour lors. Le jeune homme amoureux d'une autre personne voudroit fort se dégager : combats de différents côtés entre la vanité de ces nobles, l'amour du neveu & l'arrogance du créancier, qui menace toujours de redemander son argent, si le mariage n'a pas lieu. La piece se déroue au moyen d'une ruse du jeune homme, qui fait prêter incognito la somme au seigneur pour qu'il soit maître de rembourser : il en profite avec la plus grande joie ; son orgueil se trouve à son aise. Il n'y a que l'oncle qui enrage ; il fait des difficultés sur les papiers qu'on lui présente, il montre des soupçons : on est obligé de faire parler le notaire ; il déclare que c'est de son neveu qu'ils viennent. Cet arrangement n'entre point dans les vues du marchand, & M. le comte ne s'en tire que par le refus absolu que fait la jeune personne dont étoit amoureux le neveu, de l'épouser, que son oncle n'ait remis pleinement la dette au seigneur à qui elle a des obligations personnelles. Notre brutal se fait tirer l'oreille, & ne cede qu'aux instances du pere de la fille, auquel il a lui-même de très-grandes obligations. Ces procédés généreux operent la conviction du noble : il finit par avouer que c'est dans de pareils sentimens que gît la grandeur véritable.

La piece a une duplicité d'intrigue : les caracteres en sont mal frappés, rentrant plusieurs les uns dans les autres ; le seul qui soit soutenu à un certain point, est celui de l'oncle. Préville le joue fupérieurement. Elle eft en général mal écrite, avec dureté ; & les meilleures tirades, car il y en a, ont une teinte trop forte d'une amertume baffe & ignoble.

20 *Avril* 1763. Hier on vint annoncer la piece pour la feconde repréfentation : quelques voix demanderent l'auteur. Le Sr. Bellecour répondit : *Meffieurs, nous ne le connoiffons point.*

Plufieurs perfonnes l'attribuent à Paliffot. On croit y reconnoître fa froideur dans l'intrigue, fa touche dure & forte dans le ftyle : d'autres veulent qu'elle foit de M. Helvetius ; d'autres de M. Saurin. On la donne plus fûrement à un M. Dampierre, financier.

21 *Avril.* Comme les réparations & l'arrangement qu'on fe propofe de faire au théatre des machines, pour le mettre en état de former une falle d'opéra, dureront plufieurs mois, l'académie royale de mufique va donner des concerts François aux Tuileries, dans le lieu où s'exécutoit le concert fpirituel ; on y chantera des morceaux détachés des fcenes d'opéra. Le premier concert eft indiqué au vendredi 29. On auroit dû prendre ce parti plutôt ; comme les acteurs & tous les gens attachés à l'opéra font payés à l'ordinaire, il n'en coûte aucune dépenfe que celle des bougies.

22 *Avril.* Les comédiens Italiens ont donné aujourd'hui la premiere repréfentation d'*Appelle & Campufpe*, comédie en deux actes, mêlée d'ariettes.

Alexandre ayant entre fes mains une efclave nommée *Campufpe*, la plus belle perfonne de fon fiecle, voulut en faire tirer le portrait par Appelle. Celui-ci revoit en elle fon ancienne maîtresse : le pinceau lui tombe des mains. Reconnoissance énergique! Le roi survient & les trouve très-coupables envers lui. Son ressentiment éclate. Les deux amants lui avouent que c'est une passion rallumée. La générosité succede à l'indignation; Alexandre la remet entre les mains d'Appelle, & y renonce.

Ce sujet très-beau & susceptible d'une touche noble, généreuse & pathétique, est absolument dégradé entre les mains du Sr. Poinsinet. Tout y est estropié, & elle a essuyé une chûte complete. En vain l'auteur avoit tâché de capter la bienveillance du public par un compliment préalable, aussi plat que le reste & aussi ridicule.

La musique est du Sr. Gibert, auteur de celle du *grand Sultan* dans les *Sultanes*. Elle est foible dans cette piece, & n'a pu sauver tout l'ennui de ce méchant drame.

23 *Avril* 1763. De temps en temps on réveille le public sur l'édition annoncée de Corneille; on assure qu'elle paroîtra décidément au mois de juin, du moins en partie. Bien des gens prétendent que M. de Voltaire a moins voulu donner une dot à Mlle. Corneille, que faire un libelle diffamatoire contre son aïeul : il a déja jeté des pierres d'attente de son système en plusieurs occasions.

24 *Avril* 1762. Il nous tombe sous la main, une *vie Angloise de madame la marquise de Pompadour*. Elle est ancienne, puisque les deux premieres parties finissent en 1738. En général, elle paroît pleine d'anecdotes fausses & rendues par un étranger peu au fait de nos usages. Il y a des réflexions judicieuses, quelquefois

trop ameres, pour ne rien dire de plus : mais c'eſt un Anglois qui écrit.

25 *Avril* 1763. La *Poétique* de M. de Marmontel, que ſes partiſans avoient annoncée avec tant de faſte, ne prend pas univerſellement. Ils ſont obligés de convenir eux-mêmes qu'elle eſt inintelligible en quelques endroits. Il s'allonge ſur les choſes qui le méritent le moins, & rend minutieux les objets les plus importants par trop de diſcuſſion. On y remarque une affectation de déprimer Boileau, & de louer quelques modernes académiciens, ſur-tout M. Watelet. L'auteur dans ſes deſcriptions voudroit y mettre une harmonie travaillée, qui doit être l'effet d'un goût inſenſible, plutôt que d'une recherche pénible. On y trouve par-tout ſa maniere; & les choſes les plus ſuſceptibles du pathétique manquent leur effet ſous le pinceau d'un pareil peintre.

26 *Avril* 1763. Les demoiſelles Verriere, les Aſpaſies du ſiecle, ſe diſtinguent par des ſpectacles agréables qu'elles donnent chez elles; elles y jouent avec le plus grand ſuccès; elles ont deux théatres fort ornés & très-fameux pour des particuliers, à la ville & à la campagne. M. Colardeau, jeune poëte, a conſacré ſes talents en l'honneur de ces deux divinités. On y joue entr'autres nouveautés de cet auteur, *la Courtiſanne amoureuſe*, drame en deux actes en vers mêlé d'ariettes, qu'il a fait en faveur de l'aînée, vivement épriſe de cet auteur.

27 *Avril* 1763. C'eſt un M. Jolivet, médecin, qui eſt à la tête de la continuation du journal de Trévoux; il ſe ſoutient dans l'état très-médiocre où il l'a mis; il en rejette la faute

sur ses acolytes. De quelque part qu'elle vienne, cet ouvrage tombe & ne peut long-temps subsister, si quelque main habile ne lui rend sa dignité & son mérite.

28 *Avril* 1763. M. Pesselier, auteur de quelques comédies pour les deux théatres, & d'autres ouvrages en vers & en prose, vient de mourir : il ne travaille plus depuis long-temps.

29 *Avril* 1763. L'académie royale de musique a donné aujourd'hui son premier concert à la salle du concert spirituel. L'affluence étoit immense. On l'a trouvé bien choisi. Les voix sont les mêmes qu'à l'opéra. Mesdemoiselles Arnoux, le Mierre & Dubois ; MM. Gelin, Larrivée & Magnet y chantent. Il y a apparence que ce spectacle prendra, sur-tout s'il est donné de loin en loin.

30 *Avril* 1763. M. le Mierre entreprend l'*Idoménée*, déja traité par Crébillon. Il choisit une autre route : il met en action ce que le premier n'avoit mis qu'en récit, &, dès le second acte, il offre un tableau terrible de la rencontre du pere & du fils, après l'horrible vœu du héros Grec.

1 *Mai* 1763. Après bien des recherches & combinaisons, il est décidé que la piece du *Bienfait rendu* ou *du Marchand*, est d'un M. de la Salle de Dampierre, intéressé dans les vivres, & directeur de la régie des cartes. Ce drame, tout imparfait qu'il soit, a eu un demi-succès. On devoit le donner hier pour la derniere fois ; mais comme les représentations sont au profit de Préville, on les fera aller tant qu'on pourra : c'est son rôle seul qui soutient cette piece ; tout le reste lui est sacrifié.

M. l'Empereur, jouaillier, y est dépeint très au naturel, & le public l'a reconnu avec plaisir dans un portrait qu'en fait le négociant

1 *Mai*. Quoique le *Saül* de M. de Voltaire ne soit pas imprimé, les manuscrits s'en multiplient.

Ce drame est dans le goût, pour la forme constitutive, du *François Second* du président Hénault : il embrasse une partie de la vie de Saül & tout le regne de David. Les actions ridicules ou cruelles de ces princes y sont rapprochées sous le jour le plus pittoresque. Si le but de l'auteur a été de prouver que le dernier sur-tout, si fort selon le cœur de Dieu, le prophete-roi, le saint prophete, étoit cependant coupable de toutes sortes d'abominations, il y a réussi. Au reste, nul coloris étranger ; ce sont le style & les figures de l'écriture-sainte.

3 *Mai* 1763. Mlle. de Maisonneuve, petite-fille de la femme-de-chambre de Mlle. Gaussin, celle dont on a déja parlé, & dont l'abbé de Voisenon a décelé les talents, vient de débuter ; elle a de la naïveté, de l'intelligence & promet beaucoup ; elle a été très-bien accueillie aujourd'hui ; elle a joué dans la *Gouvernante* & dans *Zénéide*. Dans la premiere piece, comme elle est tête-à-tête avec son amant, on vient l'avertir de se retirer : en fuyant, elle est tombée dans la coulisse, & a laissé voir son derriere. Madame Bellecour, dite *Gogo*, soubrette, est venue très-modestement lui remettre ses juppes. Le tout s'est passé au contentement du public, qui a fort fêté le cul de l'actrice, & la modeste *Gogo*. La jeune personne n'a point été déconcertée, elle est rentrée peu après sur le théatre.

4 Mai 1763. L'*Oby impie* de M. de Voltaire, qu'on avoit annoncée depuis long-temps comme devant être jouée à la comédie Françoise, paroît imprimée en pays étranger : il y a des notes où il attaque l'*Athalie* de Racine, & sur-tout le rôle du grand-prêtre. Nous en parlerons plus au long quand nous l'aurons lue.

5 Mai 1763. Le projet de la salle de l'opéra n'est point arrêté : on a représenté l'inconvénient qui résulteroit du bruit des carrosses, si l'on l'établissoit dans la forme nouvelle : d'ailleurs les dépenses font peur, & tout est suspendu. Ce qu'il y a de fâcheux, c'est que celle qu'on construit aux Tuilleries ne sera pas prête aussi-tôt qu'on l'espéroit.

6 Mai 1763. Nous avons assisté aujourd'hui à la comédie chez Mlles. Verriere, dans leur salle de Paris : elle est très-jolie, grande pour une salle particuliere, d'une belle hauteur & fort ornée. On y compte sept loges en baldaquin, galamment dessinées & bien étoffées. Il y a aussi des loges grillées pour les femmes qui ne veulent pas être vues.

On a donné *la Surprise d'amour*, de Marivaux, en trois actes ; & *la Courtisanne amoureuse*, de M. Colardeau.

Dans la premiere piece, Madame de la Mare, la cadette des deux sœurs, faisoit le rôle de la *Marquise* : l'autre, celui de *Soubrette* ; M. le baron de *van Svvieten*, celui du *Chevalier* ; M. Colardeau représentoit le *Comte* ; & M. d'Epinai, *Hortensius* : le *Valet* étoit le président de Salaberri. Le tout a été passablement joué en général ; mais les deux sœurs ont excellé, sur-tout la comtesse; elles seroient applaudies sur la scene françoise.

La musique de la seconde pièce est de M. Dupin de Franceuil. La comédie est froide, & l'auteur n'a pas tiré tout le parti possible du sujet. La courtisanne est trop langoureuse, & fait des avances peu décentes sur le théatre, quoiqu'elles soient naturelles dans le conte. Il y a des détails agréables. La piece est écrite élégamment & avec facilité. On y reconnoît une plume chaste, qui ne se permet pas la plus légere plaisanterie, quelques susceptibles qu'en fussent le sujet & le lieu. La musique est bonne, bien nourrie : on reproche à l'auteur des longueurs & beaucoup de réminiscences. L'aînée Verriere faisoit le rôle de la *Courtisanne*; sa sœur, la *Soubrette*; Mlle. Villette, une *Marchande de modes*; le Jeune, l'*Amoureux*; & la Ruette, le *Valet*. Ce spectacle fort amusant étoit soutenu d'un orchestre bon & nombreux : en un mot, rien n'y manque; il y avoit fort bonne compagnie.

7 *Mai* 1763. M. Barthe vient d'essayer légérement ses forces dans un drame d'un acte, intitulé *l'Amateur*. Il a été présenté aux comédiens, qui l'ont agréé.

7 *Mai*. On vend sourdement une lettre singuliere, d'un auteur toujours singulier : elle est intitulée: *Lettre de J. J. Rousseau à Christophe de Beaumont*. Cet auteur y discute le mandement de M. l'archevêque, & défend son *Emile* avec sa force & sa chaleur ordinaire.

8 *Mai* 1763. La nouvelle actrice continue à réussir au grand regret de beaucoup d'honnêtes gens auxquels elle appartient, comme les Trin-

quants, les Meulans : il sera difficile d'arrêter cette vocation très-décidée, & soutenue d'ailleurs par les brillantes espérances que lui donne son nouvel état.

9 Mai 1763. Les comédiens François ont donné aujourd'hui la premiere représentation de *la Mort de Socrate*, tragédie en trois actes & en vers, dont on a déja parlé. Ce sujet très-froid par lui-même, se réduit à une accusation, à un jugement & à un supplice ; il a fallu se sauver par des morceaux de détail, où l'auteur a réussi. Sa versification paroît nerveuse : il y a des choses fortement pleines, & le rôle de Socrate est très-beau. Celui de la femme est trop ressemblant pour le théatre, les autres ne sont pas assez développés, & sur-tout la conversion d'un de ses accusateurs s'opere trop brusquement. Cette tragédie n'a été reçue ni avec enthousiasme, ni avec dégoût : elle aura quelques représentations; & si cela ne va pas plus loin, c'est le défaut du sujet, & non de l'auteur.

10 Mai 1763. Le sieur Palissot s'est fait recueillir en trois volumes : on voit à la tête son portrait. Le livre a pour épigraphe : *Principibus placuisse viris non ultima laus est*. Tout annonce dans ce recueil l'insolence & la sotte vanité de l'auteur. Ce n'est qu'un réchauffé de ses différents opuscules. La piece des *Philosophes* avec tous ses agréments, occupe un volume entier : il y a une note désignée contre l'auteur du *Socrate*, qu'on donne aujourd'hui ; il prétend qu'il vouloit l'attaquer dans cette piece sous le nom d'Aristophane, & il tire avantage de se voir ainsi identifié avec le comique Grec.

11 *Mai* 1763. Le *Socrate* a mieux réussi aujourd'hui. L'auteur, fort docile aux censures du public, a réformé sa piece en quantité d'endroits, & sur-tout dans le second acte qui étoit très-foible. Il a motivé davantage le repentir d'un des accusateurs de ce grand homme; il a supprimé des longueurs à la mort: enfin la piece a été plus unanimement applaudie.

12 *Mai* 1763. L'impératrice des Russies veut absolument puiser dans nos philosophes un instituteur du prince son fils. Au refus de monsieur d'Alembert, on prétend que son choix doit tomber sur M. de Marmontel, ou sur M. Saurin. Ces deux personnages ne seront vraisemblablement peu aussi difficiles que M. d'Alembert.

13 *Mai* 1763. *Plan d'éducation nationale par M. de la Chalotais.* Ce magistrat infatigable, après avoir fait voir la nécessité de profiter de la crise actuelle pour réformer les études très-mauvaises aujourd'hui, vient de déposer au parlement de Bretagne un ouvrage sur cette matiere: il est dans les mêmes principes que l'auteur de *l'Education Publique*. Ils différent dans les moyens à employer: sans doute que les yeux se dessilleront enfin, & qu'on opérera un changement si nécessaire. On ne sauroit qu'applaudir sur-tout, à la guerre constante & raisonnée que M. de la Chalotais ne cesse d'exercer contre la gent monacale.

14 *Mai* 1763. M. Coste va faire paroître incessamment un ouvrage sur la *poétique* de M. de Marmontel, contre laquelle il y a beaucoup à dire.

15 *Mai* 1763. Milord Maréchal, gouverneur de Neuchâtel, qui avoit accueil si généreusement Rousseau sous la protection du roi de Prusse,

Tome I. K

étant rentré en grace & dans ses biens par l'intervention de ce monarque, part incessamment pour l'Ecosse : le moderne Diogene l'y accompagne.

16 *Mai* 1763. M. Colardeau essaie de traduire *le Tasse*, sans entendre l'original. Ses amis lui ont conseillé de laisser son ouvrage, & de ne point concourir avec M. Watelet, qui a entrepris la même tâche. En conséquence le jeune auteur est allé chez l'académicien lui faire hommage de sa modestie, & lui déclarer qu'il ne vouloit point aller sur ses brisées. M. Watelet n'a point voulu qu'il s'arrêtât pour lui ; au contraire, il l'a exhorté à poursuivre son dessein, à lui lire même ce qu'il avoit fait de son ouvrage. Colardeau y a consenti : le millionnaire a trouvé que ce n'étoit point l'original, a paru redouter peu cette concurrence, a pressé en conséquence M. Colardeau de continuer. « c'est au public, a-t-il dit, à nous juger, à décider qui l'emportera. » Belle & louable émulation.

17 *Mai* 1763. Le second volume de *l'Histoire de Pierre le Grand*, par M. de Voltaire, paroît & termine la vie de ce grand empereur. On n'en est pas plus content que de l'autre. On trouve cet ouvrage extrêmement croqué : on y voit briller de temps en temps les étincelles du génie de l'historien de *Charles XII* : mais ce n'est que par intervalles. D'ailleurs, il est comme les prédicateurs, le saint du jour est toujours le plus grand chez lui : il avoit dans sa premiere histoire fait servir le czar de contraste à la gloire de Charles XII ; aujourd'hui Charles XII sert de marche-pied au czar.

18 *Mai* 1762. La *lettre de J. J. Rousseau*,

citoyen de Genève, *à Christophe de Beaumont*, *archevêque de Paris*, commence à transpirer. Nous venons de la lire: même simplicité, même force de logique, même énergie dans le style que dans ses autres ouvrages. L'auteur donne à entendre qu'on rioit beaucoup de sa façon de penser noble & généreuse, si l'on lui laissoit la liberté de détailler deux anecdotes qui ont donné lieu à la persécution qu'il essuie. Il prétend en gros que c'est pour avoir refusé de prêter sa plume aux jansénistes contre les jésuites; que M. l'archevêque a servi, dans cette occasion, sans le savoir, l'animosité de leurs adversaires communs. Il est surpris que n'ayant point fait de mal à M. de Beaumont; ayant, au contraire, toujours exalté sa fermeté, quoique mal employée, il en soit ainsi récompensé; il devoit s'attendre à un traitement plus doux; & il réfute ensuite le mandement de M. l'archevêque, en prouvant (dit-il) que par-tout où M. de Beaumont a attaqué son livre, il a mal raisonné; que par-tout où il a attaqué sa personne, il l'a calomnié: il finit par assurer monseigneur de son très-profond respect.

19 *Mai* 1763. L'opéra est à la veille de perdre une danseuse vive, gaie & réjouissante: c'est Mlle. Allard. Un malheureux accident survenu chez elle au duc de Mazarin, la met dans le cas de quitter Paris & de demander sa retraite. Ce seigneur passionnément amoureux d'elle, l'entretenoit depuis fort long-temps; on a prétendu que cette danseuse, suivant l'usage, étoit peu fidelle; qu'un rival s'est trouvé chez elle, & que le malheureux duc a essuyé un traitement peu digne d'un homme de sa qualité: j'

la tête cassée. Voilà le sûr : du reste des propos sans fin, des lamentations, des jérémiades de la part de l'héroïne, des invectives, des horreurs de la part de ses camarades femelles, & une fermentation générale dans le public.

10 *Mai* 1763. Les concerts des Tuilleries se soutiennent ; les mauvais plaisants ont dit que c'étoit *de l'onguent pour la brûlure.* L'affluence est toujours la même. Mlle. Chevalier a chanté aujourd'hui pour la premiere fois, & son volume de voix pleine & vaste a fait un grand effet dans l'acte de *Dardanus*, intitulé *la Magie*. Mademoiselle le Mierre s'entend toujours avec plaisir, Mlle. Arnoux joue plus qu'elle ne chante : sa voix anéantie n'a pas assez de force pour le lieu ; mais elle répare cela par une ame prodigieuse, une expression de geste & d'yeux qu'elle ne peut contenir. Mlle. Dubois est mieux qu'au théatre ; son organe sonore, flexible & vigoureux, y produit une sensation bien autre qu'à l'opéra. On ne s'apperçoit point de son air triste & de son œil de travers, comme sur la scene. Les voix des hommes sont à peu près au même point que sur le théatre. Quant à l'orchestre, il est infiniment supérieur & exécute à ravir.

21 *Mai* 1763. Les presses gémissent sans interruption pour le compte de M. de Voltaire. Les Cramer donnent une *nouvelle Histoire générale* de cet auteur, très-augmentée, puisqu'elle est en 8 volumes. Quand l'âge n'auroit rien ôté à cet auteur du brillant du style & de l'agrément des réflexions, il n'est pas possible qu'il ait la profondeur & sur-tout l'exactitude sur laquelle

est fondée la véracité, premiere qualité d'un historien.

22 *Mai* 1763. L'opéra est menacé d'un très-grand délabrement. Larrivée & sa femme, (mademoiselle le Mierre) ont demandé leur retraite aux directeurs, & cessent de chanter au bout de six mois, si cela ne se raccommode pas. Ce couple d'histrions a pris des airs vis-à-vis de Rebel & de Francœur ; ils ont trouvé mauvais qu'on eût renvoyé des chœurs un de leurs protégés ; ils ont parlé haut, même impertinemment. Ceux-ci s'en sont plaints au ministre : M. de St. Florentin les a vertement réprimandés ; il a traité, dit Larrivée, sa femme comme une servante. En conséquence ces époux se sont piqués au jeu & menacent le public d'une disgrace. Mlle. le Mierre s'est déja retirée du concert du prince de Conti, qui lui donnoit mille écus, parce que S. A. S. n'avoit point envoyé prier à souper son mari, un jour qu'on l'avoit demandée.

24 *Mai* 1763. Il faut se rappeller ce qui s'est passé à Geneve touchant l'*Emile* de J. J. Rousseau. Voici la lettre que ce moderne Diogene a écrite au premier syndic, pour abdiquer le titre & la qualité qu'il a toujours affecté de prendre, de citoyen de cette république.

« Revenu du long étonnement où m'a jeté de la part du magnifique conseil le procédé que j'en devois le moins attendre, je prends enfin le parti que l'honneur & la raison me prescrivent, quelque cher qu'il en coûte à mon cœur.

» Je vous déclare donc, Monsieur, & je vous prie de déclarer au magnifique conseil, que j'abdique à perpétuité mon droit de bourgeoisie & de cité de la ville & république de Geneve :

ayant rempli de mon mieux les devoirs attachés à ce titre, sans jouir d'aucuns de ses avantages, je ne crois point être en reste avec l'état en le quittant. J'ai tâché d'honorer le nom de Genevois : j'ai tendrement aimé mes compatriotes ; je n'ai rien oublié pour me faire aimer d'eux. On ne sauroit plus mal réussir. Je veux leur complaire jusques dans leur haine : le dernier sacrifice qui me reste à faire, est celui d'un nom qui me fut cher. Mais, Monsieur, ma patrie en me devenant étrangere, ne peut me devenir indifférente : je lui reste attaché par un tendre souvenir, & je n'oublie d'elle que ses outrages. Puisse-t-elle prospérer toujours & voir augmenter sa gloire ! puisse-t-elle abonder en citoyens meilleurs & sur-tout plus heureux que moi !

» Recevez, Monsieur, je vous supplie, les assurances de mon profond respect. »

15 *Mai* 1763. M. de Chabanon n'est point encore consolé de sa disgrace littéraire ; il en est atteint de vapeurs sombres : il est allé ces jours-ci voir M. Colardeau, son intime ami, de qui nous tenons l'anecdote ; il a paru dans l'état le plus affreux du désespoir ; il lui a lu une *Epître sur les gens de lettres*, qui se ressent du noir qu'il broie depuis long-temps : son confrere y a trouvé de bonnes choses, & a remis par-là un peu de baume dans le sang de l'auteur.

26 *Mai* 1762. La lettre de J. J. Rousseau au premier syndic de Geneve, ayant été donnée au magnifique conseil, il y a eu plusieurs voix pour sévir contre l'auteur ; mais la pluralité a été de faire transcrire la lettre sur les registres,

& d'octroyer la demande à l'auteur. Ainsi le voilà cosmopolite.

27 *Mai* 1763. La pièce du chevalier Rochon de Chabannes, qui avoit pour titre *le Protecteur*, va être jouée incessamment ; mais on a fait changer le titre en celui de *la Manie des Arts*, ou la *Matinée à la mode*. On a craint de blesser trop vivement quelques seigneurs, dont l'amour-propre auroit été offensé : M. de Lauraguais surtout s'y pourra trouver très-bien peint. Il y a un subalterne de valet ou d'intendant, qui rime assez au sieur Corbie, & ce personnage-là pourroit être dangereux.

28 *Mai* 1763. Il paroît des vers sur la statue équestre du roi, de M. Germain ; ils avoient été soigneusement faits avec d'autres pour madame la marquise, & envoyés ensemble à l'héroïne. Ceux-ci devoient servir de passe-port aux premiers. M. Germain n'eut point de réponse : le désir d'imprimer l'aiguillonnoit : il en parle au censeur de la police, qui en réfère à M. de Sartines. Ce magistrat ne veut rien prendre sur lui ; il va trouver madame de Pompadour pour prendre ses ordres. Elle lui dit qu'on peut imprimer ceux sur la statue : qu'elle remercie fort l'auteur de ceux qui la concernent ; mais qu'elle desire qu'ils ne soient pas publiés. En conséquence ils sont restés dans le porte-feuille de M. Germain : ils étoient infiniment supérieurs aux autres, ampoulés, gigantesques, & n'ayant qu'un vain faste de mots.

29 *Mai* 1763. Nous venons de lire l'*Olympie* de M. de Voltaire, tragédie très-médiocre, d'un grand appareil de spectacle. *Olympie* est une fille d'Alexandre & de Statira. Elle ignore

K 4

sa naissance : elle a été élevée par Demetrius, fils d'Antipater, un des successeurs d'Alexandre. Il veut l'épouser, mais avant il veut expier les iniquités dont il se sent coupable, entr'autres la mort d'Alexandre, de Statira, &c. La cérémonie se passe dans le temple d'Ephese..... Celle qui doit présenter Olympie, est Statira, retirée là & inconnue ; elle découvre qu'Olympie est sa fille ; elle lui apprend qu'elle est sur le point de donner sa main au meurtrier de son pere & au sien.... elle recule d'horreur ; elle est d'autant plus malheureuse qu'elle l'aime. Antigone veut profiter de cette découverte pour l'obtenir ; elle ne se veut donner ni à l'un ni à l'autre. Les deux généraux se proposent un duel, ils en sont empêchés : on en vient à une bataille. Demetrius paroissant le vainqueur, Statira se tue. On prépare un bûcher pour brûler son corps : Olympie s'y jette : Demetrius meurt : Antigone est au désespoir, &c. On ne trouve pas même dans cette rapsodie le brillant de la versification de M. de Voltaire.

Un certain Colini qui la donne au public, apprend qu'elle a été jouée chez son maître, l'électeur Palatin, & qu'elle y a fait un grand effet. Il se donne pour avoir été attaché autrefois à M. de Voltaire ; en reconnoissance il fait imprimer cette tragédie.

30 *Mai* 1763. L'acteur nouveau continue à donner au public les plus grandes espérances. Il a été reçu aux grands appointements. Sa jeunesse, sa figure, agréable & très-fine, sa légéreté, sa souplesse, en augmentent journellement le succès.

31 *Mai* 1763. *Richesse de l'état.* C'est une

feuille in-4°. qui se distribue *gratis*. Elle est un tableau très-succinct des moyens de répartir sur les sujets du roi une imposition personnelle, qui absorberoit toutes celles dont les diverses marchandises sont chargées, augmenteroit de beaucoup les revenus de la couronne, mettroit le gouvernement à portée de satisfaire à ses engagements, & laisseroit au commerce une liberté essentielle à son cours. Tel est le plan qu'offre cet imprimé, qui semble réunir tous ces avantages, & dans une forme si simple qu'on ne peut assez s'étonner si le ministere ne l'adopte pas.

Au reste, il est tiré de tous les auteurs patriotiques qui ont travaillé sur cette matiere, de M. de Boulainvilliers, de M. de Vauban, de M. de Mirabeau, &c. C'est l'extrait de ces divers ouvrages réduit en 8 pages.

L'auteur de cette feuille est M. Roussel, conseiller au parlement.

1 Juin 1763. On a donné aujourd'hui la premiere représentation de *la Manie des Arts* ou de *la Matinée à la mode*, comédie en un acte & en prose, que nous avons déja annoncée. C'est une piece en scenes à tiroir, sans intrignes & sans dénouement. C'est un homme de condition qui a la fureur de savoir tout, de faire tout, & de protéger tout. Il a sous ses ordres des subalternes de différents arts, disposés à ployer sous ses caprices. Il s'ensuit des scenes fort ridicules & d'un bon comique. Après plusieurs allées & venues de cette espece, on vient annoncer qu'on a servi, & les acteurs s'en vont. Cette fin n'a pas été du goût de tout le monde, & a essuyé beaucoup de critiques. Comme cette comédie avoit été applaudie jusques-là, elle a pourtant

passé. L'auteur prétend qu'un acteur a supprimé de son chef un monologue qui devoit clorre la piece beaucoup mieux : c'est à la seconde représentation qu'on en jugera.

2 *Juin* 1763. On débite un bon mot de Mlle. Arnoux, très-fin & très-joli, mais dont nous doutons qu'elle ait les gants. Ces jours derniers Mlle. Vestris, Italienne de naissance, & dont les goûts divers sont très-connus, se récrioit sur la nouvelle fécondité de Mlle. Rey ; elle ne concevoit pas comment cette fille s'y laissoit prendre si facilement : *vous en parlez bien à votre aise*, répond l'actrice enjouée, *une souris qui n'a qu'un trou est bientôt prise.*

2 *Juin.* Le projet de la nouvelle salle d'opéra est enfin arrêté ; elle sera construite dans le goût de l'ancienne & au même emplacement, à quelque différence près pour la commodité des entrées & des issues. C'est à Marly qu'on a définitivement réglé cette importante opération, qui ne commencera pas si-tôt.

Quant à la salle qu'on construit sur le théatre des Tuilleries, elle ne sera prête que pour le mois d'octobre.

3 *Juin* 1763. Il paroît depuis quelques jours aux François une nouvelle actrice dans les rôles de soubrette : c'est Mlle. Luzzi, fort annoncée depuis quelque temps, & que Préville formoit avec le plus grand soin. Elle n'a point trompé l'espérance publique : elle a de la taille, de l'aisance, plus de finesse que de naturel. Il faut voir comment elle se soutiendra.

4 *Juin* 1763. Le dénouement de *la Manie des Arts* n'a pas été plus heureux aujourd'hui. On apporte au marquis, le héros de la piece, une

lettre; elle est de l'auteur qui lui demande un dénouement. Il est enchanté de cette consultation; il la lit tout haut. C'est bien difficile dit le valet, le dénouement d'une matinée est le dîner, & l'on a servi. Cette plaisanterie critique & indirecte de la surprise du public à la premiere représentation, est mal-adroite. Par cette raison, il faut que M. Rochon cherche encore de nouveau : il se plaint que le sieur Molé a estropié aussi ce même monologue, qu'il avoit totalement passé sous silence à la premiere représentation.

5 *Juin*. 1763. On continue à s'entretenir de la lettre de J. J. Rousseau : en rendant justice à la force du raisonnement, à l'énergie du style de l'auteur, on ne le trouve pas ici plus exempt de contradiction que dans ses autres ouvrages. En discutant exactement celui-ci, on y sent des paralogismes, qui induisent à juger qu'il n'est pas intimement convaincu de tout ce qu'il dit pour conserver son système de singularité : il veut allier à sa façon de penser, la plus libre & la plus indépendante, une sorte de religion incompatible : il se dit chrétien, & il ne croit pas au péché originel : il rit de nos dogmes & de nos mysteres, il les appelle un *vrai galimathias*; il n'adopte que notre morale : mais les déistes, les athées même en font autant. On entrevoit que la fermeté du ci-devant citoyen de Geneve se dément en quelque chose; tout courageux qu'il veut paroître, il n'a osé donner sa profession de foi, purement socratique. Il est plus hardi & plus sincere dans son *Contrat Social*. On doit s'en tenir à cet ouvrage, pour apprécier ses vrais sentiments.

6 Juin 1763. On a trouvé ces jours-ci un placard affreux à la nouvelle ſtatue de *Louis XV*: elle portoit cette inſcription latine, *Statua Statua.* On a arrêté du monde & févi contre quelques gens qu'on ſoupçonnoit.

7 Juin 1763. *Caquet bon bec* ou *la Poule à ma tante, poëme en ſept chants, par M. de Jonquieres, pere.* Quoique Freron accordre quelques éloges à cet ouvrage, on peut le regarder comme au-deſſous du médiocre.

9 Juin 1763. On ſe doutoit avec raiſon que le ſieur Larrivée & ſa femme mettroient de l'eau dans leur vin ; ils avoient débité qu'on leur offroit trente mille francs dans une cour étrangere. Quoi qu'il en ſoit, il paroît que leur morgue ſe rabaiſſe & qu'ils nous reſteront.

10 Juin 1763. *Lettre de M. Paliſſot, à MM. les comédiens François ordinaires du roi.*

Je vous préſente, Meſſieurs, un recueil de mes ouvrages : ceux que j'ai compoſés pour le théatre vous appartiennent : les autres ſont un gage de la reconnoiſſance que je dois à vos talents. Je ne m'abuſe point ſur la valeur du préſent que je vous fais, mais je ſuis bien aiſe de donner le premier un exemple qui peut contribuer à réaliſer un projet que j'ai fait depuis long-temps pour l'honneur de votre théatre.

Il me ſemble, Meſſieurs, qu'il vous manque une bibliotheque dramatique, & que vous êtes d'autant plus intéreſſés à vous en procurer une, qu'elle contiendroit en quelque ſorte les archives de votre propre gloire. En effet, le théatre ne vous doit-il pas le divin Moliere, & beaucoup d'autres auteurs juſtement célébrés ? Je ne connois aucune ſociété littéraire qui puiſſe ſe prévaloir d'avoir enrichi la scene d'un aussi grand nombre de productions distinguées.

Le projet auroit aussi son utilité, même pour les gens de lettres, qui pourroient puiser dans cette bibliotheque des ressources qui ne sont pas toujours à leur portée. Les frais n'en seroient pas très-dispendieux ; car enfin cette collection n'est point immense, & tous les auteurs modernes se disputeroient l'honneur de contribuer à cet établissement par un tribut de leurs ouvrages. C'est l'exemple que j'ai voulu donner, & qui vous prouvera du moins combien je suis sensible à la gloire des arts, & particuliérement à la vôtre.

J'ai l'honneur d'être, &c.

Réponse de MM. les comédiens François, à M. Palissot.

MONSIEUR,

Nous avons reçu avec plaisir le recueil de vos ouvrages que vous nous avez envoyé lundi dernier. C'est une attention dont nous vous remercions tous. Vous avez raison de penser que la comédie Françoise devroit avoir une bibliotheque. Il est vrai qu'il est bien extraordinaire que les ouvrages dramatiques soient entre les mains de tout le monde, & que nous n'en ayons pas la plus exacte collection.

Nous avons eu depuis long-temps la même idée, mais toujours sans effet. Votre honnêteté, à laquelle nous sommes sensibles, va presser l'exécution d'un projet avantageux, & qui peut faire honneur à notre société. Nous vous renouvellons encore nos remerciements, & nous avons l'honneur d'être, &c. Le lundi 10 mai 1763.

Nota. Cette lettre est signée par les acteurs & actrices de la comédie.

On laisse réfléchir le lecteur sur le ridicule de la lettre & de la réponse.

11 *Juin* 1763. On doit donner après-demain *Manco, premier Inca du Pérou*, tragédie en cinq actes. C'est une piece, dit-on, où l'homme sauvage est perpétuellement en opposition avec l'homme civil. C'est le systême de Rousseau mis en action Ce sujet très-beau ne peut guere être le coup d'essai d'un nouveau candidat. Il est à craindre qu'il ne soit manqué. L'auteur est M. le Blanc, peu connu quant à présent.

12 *Juin* 1763. *La richesse de l'état*, qui ne s'étoit distribuée jusqu'à présent que sourdement & *gratis*, se vend publiquement aujourd'hui. On prétend que le contrôleur-général a suivi ce conseil pour faire tomber cette feuille, & mettre fin à la fermentation qu'elle occasione. Les financiers sont furieux contre ce projet : il paroît être, en général, le vœu de la nation.

13 *Juin* 1763. Les comédiens françois ont joué aujourd'hui, pour la premiere fois, le *Manco*, dont on a parlé. C'est une tragédie des plus mal faites. Il y a le rôle d'un sauvage qui pourroit être très-beau ; il débite en vers tout ce que nous avons lu épars sur les rois, sur la liberté, sur les droits de l'homme, dans l'*Inégalité des conditions*, dans *Emile*, dans le *Contrat Social*. Le tissu ne répond pas aux sublimes idées que suggere un tel personnage. On découvre aisément que l'auteur a fait un

drame pour enchâsser les scenes où il traite ces grandes questions, & non les scenes pour le drame. Au moyen de cela elles ne sont point fondues avec le reste de la piece ; point d'assemblage régulier ; des discordances, des coutures qui paroissent de tous côtés : quatre intérêts. Tel est le monstre dramatique dont nous parlons. Un roi qu'on donne comme bon, & qui, pour rendre ses peuples heureux, a voulu se mettre à leur tête ; qui par le même zele pour le bonheur des sauvages *Zantis*, les a vaincus, enchaînés, &c. & veut les entretenir malgré eux sous sa domination. Un sauvage, plein d'idées sublimes, qui, au moment où il reçoit la liberté de ce prince généreux, conspire contre lui. Un grand prêtre désigné, après la mort de *Manco*, pour souverain, & qui veut l'assassiner en reconnoissance. Enfin un sauvage prétendu, ou du moins se croyant tel, qui a tout le fade, tout le langoureux de nos galants de la ville, qui, élevé, chéri, instruit pour la guerre par le chef des sauvages, manque tout-à-coup à ce qu'il doit à ce second pere, en faveur d'un monarque étranger, qui a vaincu, détruit, enchaîné sa nation. Tels sont les personnages. En un mot, intérêt d'un roi qui cherche son fils, enlevé dès le berceau ; intérêt d'une nation qui veut conserver sa liberté contre l'oppression d'un vainqueur ; intérêt d'amour entre un sauvage prétendu & une princesse élevée à la cour ; intérêt en faveur d'un bon roi, qu'un prêtre, désigné son successeur par lui-même, veut assassiner.

Cette tragédie, généralement proscrite, étoit sur le point d'expirer de sa belle mort, quand un seul malheureux vers, applaudi d'abord pour son ridicule, ensuite exalté par les sots, a relevé ce drame écrasé, en a fait la fortune : *Voilà l'homme civil, & voilà l'homme sauvage*, dit un sauvage qui vient d'arracher un poignard qu'un grand-prêtre levoit contre le fils du roi. Tel a été le ressort qui a remonté cette piece détestable.

Un courier est allé sur le champ annoncer à la cour le succès de cette tragédie, désignée pour être jouée à Choisy.

14 *Juin* 1763. On a donné hier à Choisy un opéra nouveau en trois actes, ayant pour titre *Ismene & Ismenias*, paroles de M. Laujeon, musique de M. de la Borde. On ne dit du bien ni du poëte ni du musicien. Les ballets sont la partie de ce spectacle qui a été la plus exaltée. Géliotte a chanté, ainsi qu'un petit enfant de sept ans, qui a plu beaucoup au roi : & S. M. a redemandé cet opéra pour jeudi, en faveur de ce dernier.

14 *Juin*. Il passe pour constant que quatre auteurs ont mis la main à la tragédie du *Manco*. On les nomme tous.

Il n'est plus étonnant qu'il y ait quatre intérêts, chacun y a mis le sien.

15 *Juin* 1763. *Manco* a été joué à la cour aujourd'hui avec des changements, entr'autres une suppression de quatre à cinq cents vers. Comme cette piece contient des choses très-fortes contre la royauté, l'auteur a cru devoir adoucir cela par le quatrain suivant, adressé au roi :

J'ai peint un roi juste, clément :
Digne par ses vertus d'une gloire immortelle :
Pouvois-je faire autrement ?
J'avois mon maître pour modele !

Le rôle de *Manco* a plu beaucoup au roi.

17 *Juin* 1763. L'ouvrage de M. Roussel est arrêté d'avant-hier. Les courtisans qui savent empoisonner tout, ont fait valoir son ouvrage pour aduler le roi, & justifier les impôts énormes dont le peuple est chargé : « Voilà, Sire, » (ont-ils dit) un tableau par lequel la nation, » de son propre aveu, de son consentement » libre, offre à V. M. sept cent & tant de mil- » lions : V. M. n'en perçoit actuellement que » trois cents ; de combien donc s'en faut-il » encore que ce peuple, qui crie si fort, ne paie » à V. M. tout ce qu'il pourroit faire ? » Ce sophisme a paru victorieux : en sorte que le parlement a cru devoir soustraire un ouvrage dont on tire des conséquences si effrayantes : on a parlé même de mettre l'auteur à la Bastille.

18 *Juin* 1763. Le *Journal Etranger* ne pouvant plus se soutenir, les auteurs ont cherché un meilleur moyen de gagner de l'argent : ils ont inventé une *Gazette Littéraire*, qui embrasse l'immensité du globe. Ils n'avoient point assez de secours pour donner un volume par mois ; ils offrent maintenant une feuille par semaine, & en outre un supplément aussi fort que les quatre feuilles, pour suffire à leur vaste projet. Ce n'est qu'un droit de la Gazette de France, qu'ils veulent faire valoir, contenu dans son pri-

vilege. Le zele, le défintéressement, la critique juste & plus portée à l'éloge qu'à la satire, présideront à ce laborieux ouvrage. Il se fera sous les auspices du ministre des affaires étrangeres, & MM. Arnaud & Suard suivront cette importante nomenclature; en un mot, ils ne visent à rien moins qu'à faire tomber tous les journaux, à les absorber dans leur tourbillon: ils ne font grace qu'au *Journal des Savants* & au *Mercure*. La premiere feuille commencera à paroître le premier mercredi de juillet, & ainsi de suite.

19 *Juin* 1763. *Doutes modestes sur la richesse de l'état, ou lettre écrite à l'auteur de ce système par un de ses confreres.* Tel est le titre d'un écrit in-4°. de 8 pages, petite impression, qui a pour date le 13 juin 1763. Il regne dans le tout un fonds de plaisanterie, d'ironie, toujours mal placée dans un ouvrage qui traite de matieres graves, & d'objets intéressant aussi essentiellement le bonheur des peuples. Les grands arguments de l'auteur sont, 1°. l'unité d'un impôt qui n'établit aucune distinction entre la noblesse, le clergé & le peuple; 2°. le montant excessif de ce même impôt, qu'on regarde comme très-commode & très-avantageux, lorsqu'il est porté à plus du double de ceux qu'on leve actuellement, même les frais de régie compris; 3°. la folle répartition qu'on en fait, de façon qu'il paroîtroit que le royaume seroit composé de plus de gens riches que de gens mal-aisés; ce qui renverseroit tout l'ordre suivi jusqu'à présent pour imposer les charges de l'état.

20 *Juin* 1763. On a fait aujourd'hui la céré-

monie de l'inauguration, qui a consisté à découvrir la statue équestre de *Louis XV*, & tout l'accompagnement de ce monument. Les quatre figures ne sont encore qu'en plâtre doré. Ce sont quatre vertus : la *Force*, la *Paix*, la *Prudence*, la *Justice*, en forme de caryatides, qui soutiennent l'entablement du piedestal. Deux bas-reliefs, l'un représentant le roi dans un char, couronné par la victoire, & conduit par la renommée à des peuples qui se prosternent : dans l'autre, le roi assis sur un trophée donne la paix à ses peuples. Une renommée la publie avec une trompette de la main gauche; elle tient une palme de la main droite. On voit dans le fond un homme & un cheval mort. On critique fort cette inauguration des quatre vertus. Est-il dans la nature qu'on emploie de ces figures pour supporter un grouppe équestre? D'ailleurs leurs attitude molle & délicate rend mal la vigueur dont il auroit fallu les animer. Les bas-reliefs sont simples. On voit, d'un autre côté, cette inscription : *Ludovico XV, optimo principi, qui ad Scaldim, Mosam, Rhenum Victor, pacem armis, pace & suorum & Europæ felicitatem quæsivit.* Et de l'autre celle-ci : *Hoc pietatis publicæ monumentum Præfectus & Ædiles decreverunt anno 1748, posuerunt anno 1763.* On critique la criniere du cheval, trop lourde, son encolure forcée : on trouve sa croupe bien. On admire la figure, quoique peu ressemblante; on prétend qu'il faut l'envisager de profil.

Du reste, des pasquinades sans fin. On dit à propos des quatre sœurs qui présentent leur derriere : *baise mon cul, la paix sera faite*, &c.

11 *Juin* 1763. Les comédiens François ont donné aujourd'hui la comédie *gratis* : ils ont joué le *Galant Mercure* & les *Trois Cousines*. Mlle. Clairon & Mlle. Dubois se sont présentées sur le théatre entre les deux pieces, & ont fait voler de l'argent vers le peuple, en lui criant : *vive le roi !*

Vive le Roi & Mlle. Clairon ! Vive le Roi & Mlle. Dubois ! a répondu cette pauvre populace enchantée. On trouve l'action des deux reines comiques de la derniere insolence.

22 *Juin* 1763. Le feu d'artifice qu'on a tiré aujourd'hui, & qui devoit avoir le plus grand succès, a manqué absolument. Cela contribue à faire regretter encore davantage le projet du sieur *Dimin*. Cet homme de génie avoit un modele qu'on a pu voir, par lequel il représentoit d'abord le temple de la Discorde avec tous ses attributs : ce qui donne lieu à tout l'artifice possible, à un feu d'enfer, à des volcans immenses. La déesse s'embrasoit elle-même, consumoit son palais ; & sur ses débris s'élevoit celui de la paix, de la plus grande magnificence, avec un feu doux & majestueux, suivi d'une illumination étincelante. Cette idée très-poétique, qu'on a débité avoir été suggérée par le poëme de l'abbé de Voisenon, avoit été enfanté avant ; & c'est par hasard que l'orateur & l'architecte se sont rencontrés dans leur plan : ce qui les démontre tous deux hommes de génie & d'une imagination brillante.

23 *Juin* 1763. Il est question de rejouer *l'Anglois à Bordeaux*, pour couronner toutes les fêtes & mettre le dernier sceau à la joie publique. Mlle. Dangeville, quoique retirée du théatre,

doit reparoître en cette occasion, & concourir en ce qui la concerne à la satisfaction générale. Le sieur Vestris s'est plaint que l'académie de danse fût la seule négligée en cette occasion : il a demandé à déployer ses talents ; en conséquence il a composé le ballet annoncé dans la comédie dont on vient de parler ; il doit s'exécuter avec l'élite de l'opéra.

24 *Juin* 1763. L'inoculation, sur laquelle on a tant écrit, est à la veille d'être proscrite. Le 8 de ce moi le parlement a rendu un arrêt provisoire qui, sans suivre à la lettre les conclusions des gens du roi, ordonne les précautions les plus séveres pour employer cette pratique. Il est question d'avoir l'avis des facultés de médecine & de théologie, avant de statuer définitivement. On regarde cette marche, comme tendant d'une façon sûre, quoique plus éloignée, à la destruction du systême des inoculateurs. On prétend que des médecins ont excité le parlement en cette occasion ; ainsi il n'est aucun doute que leur avis sera très-contraire à l'introduction de la nouvelle méthode. Quant à la faculté de théologie, il suffit que ce soit une nouveauté pour être réputée condamnable : « Où êtes-vous, illustre » la Condamine, pour opposer votre bouclier » à une conjuration générale ? » Ce grand défenseur de l'inoculation est malheureusement en Angleterre.

25 *Juin* 1763. M. de Bougainville, ancien secretaire perpétuel de l'académie des belles-lettres & de l'académie françoise, est mort asthmatique. Cette perte peu importante sera facilement réparée : *Colas vivoit, Colas est mort.*

26 *Juin* 1763. Le divertissement composé par le

sieur Vestris, qui doit être exécuté demain à la comédie Françoise, est amené naturellement à la suite de l'*Anglois à Bordeaux*. On lui a laissé la faculté de choisir dans le ballet du roi les sujets qui lui conviendroient le mieux. On s'imagine bien que l'orchestre sera changé & fortifié par celui de l'académie royale de musique. La fureur est extrême pour ce genre de spectacle transposé de scene. Toutes les loges sont retenues pour trois fois.

27 *Juin* 1763. Le spectacle François s'est ouvert aujourd'hui par un compliment au sujet de mademoiselle Dangeville, aussi superflu que ridicule: c'est le sieur Molé qui l'a débité. Cette actrice a reparu dans *l'Anglois à Bordeaux*, avec des applaudissements intarissables. Cette piece n'est pourtant pas à beaucoup près son triomphe, son rôle est fort peu de chose.

Le ballet a tant représenté de choses qu'on n'y a rien compris. Il s'ouvre par un vol à vuide: Minerve est censée descendre & préluder par un chant très-médiocre. Mlle. Dubois a exécuté ce rôle, on ne peut pas plus mal. Au fond du théâtre paroît une tour; Apollon frappe, elle tombe, & l'on voit la statue équestre du roi. Puis viennent des danseurs de toute espece & de toute nation, qui s'entremêlent, s'embrassent & s'accordent de la meilleure foi du monde. Le tout est terminé par un pas de onze. Le sieur Vestris fait Apollon. On a fort applaudi à l'exécution. Quant au dessin, il ne part pas à beaucoup près d'un homme de génie.

28 *Juin* 1763. On assure que l'abbé de Prades, qui avoit été disgracié par le roi de Prusse, & détenu prisonnier depuis plusieurs années à Mag-

debourg, est rentré en grace, & que même il aura l'administration de l'évêché de Breslau. On mande que la lettre, que ce monarque lui a écrite, commence par ces mots : *quoique votre conduite avec moi ne soit pas nette, je veux vous rappeller, & vous permettre de revenir auprès de moi, &c.*

28 *Juin* 1763. Le sieur de Grandval ayant soupé ces jours-ci avec Mlle. Dangeville, lui a adressé les vers suivants au nom d'un jardinier :

Je voudrois bien ici vous traiter entre nous
De la même façon que je traite mes choux ;
Le public, j'en suis sûr, me feroit bonne mine,
Pour lui plaire voici comment je m'y prendrois :
Au théatre François je vous arroserois
Tant de fois, qu'à la fin vous prendriez racine.

29 *Juin. Couplets adressés à Madame Favart.*

Air : *quand la bergere vient des champs.*

Quand je dirai que vos attraits
De l'Amour ne sont que les traits,
Que vous êtes ce même Amour,
   C'est chansonnette
   Qu'on vous répete
   Cent fois le jour.

Irai-je, fade Taconet (1),
Pour vous assortir un bouquet,

___

(1) Souffleur de l'opéra comique, auteur de l'almanach chantant, où il chante M. & Mad. Favart.

Desirer d'être Zéphyr?
   C'est vain langage,
   Sot persiflage,
   N'est point desir.

Quand sur la lyre de Guerin (1)
Promenant une foible main
J'essaie à former quelques sons,
   Soudain je pense
   Que l'imprudence
   Fit des chansons. —

Comment donc faire en pareil cas?
Il faut songer à vos appas.
D'eux seuls je veux suivre la loi.
   Je vois Justine (2):
   Muse badine,
   Inspirez-moi.

Je vais dire tout simplement
Qu'on est poëte en vous voyant,
Qu'on est amant auprès de vous:
   Suis-je le vôtre?
   Dieux! l'un & l'autre
   Sont votre époux.

---

(1) M. Guerin, auteur ingénieux & facile de différents couplets insérés dans quelques pieces de M. & Mad. Favart.
(2) Mad. Favart se nomme Justine.

29 *Juin*

29 *Juin* 1763. On a fait une tragédie de l'aventure de Malagrida. On y rappelle la malheureuse catastrophe de Portugal : elle forme le sujet de l'intrigue. Ce drame assez mal ourdi, a le mérite d'une versification assez bien faite. On n'en dit point l'auteur. Il est en trois actes.

30 *Juin* 1763. *Système d'impositions & de liquidations des Dettes de l'Etat, par M. le chevalier de Forbin, officier de la marine.* Ce livre, qui tend à réduire tous les impôts à un seul, sur le pain & la viande, paroît d'abord absurde & injuste. On trouve à la lecture que c'est l'ouvrage d'un homme profond, & qui a travaillé d'après les grands principes de la législation : au moins l'auteur rend-il son plan assez plausible, pour avoir besoin d'une réfutation très-savante. Ce livre est plein d'une philosophie judicieuse & raisonnée.

30 *Juin.* On prétend que M. l'évêque d'Orléans [jésuite] se met sur les rangs pour succéder à la place de l'académie Françoise, vacante par la mort de M. de Bougainville.

1 *Juillet* 1763. La *Gazette Littéraire* de l'Europe, qui devoit commencer le premier mercredi du mois, est suspendue. Le *Journal des Savants* s'oppose formellement à cette nouveauté. L'intérêt est le mobile du procès pendant au conseil. Cet ouvrage périodique rend peu par lui-même; mais comme père des journaux, il a le droit de percevoir une rétribution de tous les journaux subalternes qui veulent s'élever : ils ne peuvent paroître que sous ses auspices. La *Gazette Littéraire* a pour objet d'anéantir cette foule de scribles. En conséquence plus de tributs au *Journal des Savants* ; le peu qu'il fait par lui-même

pourroit tout au plus le soutenir : M. le duc de Choiseul protege celui-ci ; le duc de Praslin est pour la *Gazette* : *sub judice lis est.*

2 *Juillet* 1763. Les Italiens doivent donner lundi les *Fêtes de la paix*, divertissement du sieur Favart, dont la musique sera de Philidor. La scene doit se passer dans la place ou plaine de *Louis XV*, toujours avec la statue.

2 *Juillet*. *Entendons-nous*, ou *Rêve d'un vieux Notaire*. Cette facétie est d'un homme qui paroît prendre la balance entre l'auteur de *la Richesse de l'Etat* & ses adversaires : il en conclut qu'il n'y a rien de plus sage ni de plus salutaire dans la crise actuelle que les édits. En ne convenant point de sa conclusion, en laissant à part ses raisonnements très-frêles & peu forts de logique, on ne peut disconvenir que cet ouvrage ne soit écrit avec une légéreté, une finesse, une gaieté dignes des plus grands maîtres en pareil genre. On n'en nomme pas encore l'auteur.

3 *Juillet* 1763. M. de la Condamine ayant été filouté à Londres dans son auberge, a fait de cette misere un événement important, par un *Appel de la Nation Angloise*, qu'il a jugé à propos de faire inférer dans les gazettes. Rien de plus fol que cette piece : l'auteur y met cette nation au-dessous des Sauvages & des Barbares, chez lesquels il a voyagé. Il est à craindre qu'il ne lui en reste un ridicule ineffaçable.

4 *Juillet* 1763. Les *Fêtes de la paix* données aujourd'hui aux Italiens, sont détestables. C'est un drame à scenes à tiroir. Le théatre s'ouvre par deux haies de soldats, repoussant la foule qui voudroit déborder dans la place : survient le roi

d'armes & ses hérauts. Le premier publie la paix en chantant : il finit par ordonner à la garde de laisser entrer tout le monde ; il est naturel, dit-il, que les enfants approchent de leur pere. Il s'en va, les soldats se retirent, la place reste vuide. Si l'on ne connoissoit le zele de l'auteur, on regarderoit cette absurdité comme une épigramme très-déplacée & même punissable. Arrive successivement un maître de pension avec ses éleves, qui crache du latin : puis une grisette, qui tient un abbé sous le bras : de-là une satyre sur les oreilles du petit collet, &c. C'est une galerie continuelle des personnages de tous états, disant des chansons fort plates & fort ennuyeuses. On ne peut, en un mot, rien voir de plus misérable : nulle saillie, nulle gaieté. On ne fera point à Favart le tort d'imputer cette piece-ci à l'abbé de Voisenon.

5 *Juillet* 1763. Depuis *la Richesse de l'Etat*, on feroit une bibliotheque, très-légere il est vrai, mais fort nombreuse, des écrits sans fin auxquels ce rêve patriotique donne lieu chaque jour. Le gouvernement, en laissant paroître indistinctement tout ce qu'écrivent sur cette matiere les habiles & les ignorants, les bons citoyens & les mauvais, les plaisants & les raisonneurs, a pour but, sans doute, que tout se perde indistinctement dans ce déluge immense, & que ses ouvrages seuls puissent surnager.

6 *Juillet* 1763. M. de Crébillon continue à donner des romans sous toutes sortes de forme : il vient d'en produire un en maniere de dialogues, intitulé *les Hasards du coin du feu*. Ce sont des aventures plus que communes, sous un titre neuf, des pensées très-ordurieres & déguisées

fous des propos rompus, entortillés, du jargon, en un mot, & des impertinences Voilà le livre décomposé.

7 *Juillet* 1763. Malgré la proscription générale, *les Fêtes de la Paix* ont reparu aujourd'hui. Favart a fait entendre qu'il n'avoit donné que son brouillon : c'est à présent la piece au net. Depuis quelque temps les auteurs ont abusé de l'indulgence du public, au point de paroître ainsi en robe de chambre à ses yeux, pour essayer s'il voudra bien le souffrir, sauf à faire leur toilette ensuite. Quoi qu'il en soit, au moyen de beaucoup de rétranchements & de quelques inversions, cette piece est ressuscitée, & la Thalie du sieur Favart se tient aujourd'hui sur ses deux brodequins. Bien des gens présument qu'elle a été relevée par l'abbé de Voisenon. Quoi qu'il ait affecté de nier constamment qu'il ait eu aucune part à *l'Anglois à Bordeaux*, ses amis de cœur ont découvert qu'il avoit pourtant été piqué de l'impudence de quelques journalistes à soutenir qu'elle étoit en entier de Favart ; il l'a malicieusement voulu laisser marcher seul cette fois-ci ; l'horrible culbute qu'il a faite, a vengé l'abbé assez dignement : il a bien voulu lui prêter son appui pour rendre ce drame un peu supportable ; il est trop vicieux radicalement.

8 *Juillet* 1763. Le sieur Favart a obtenu de la cour 1,000 liv. de pension pour avoir fait la piece de *l'Anglois à Bordeaux*. C'est encore l'abbé de Voisenon, qui a sollicité cette faveur pour son protégé. Son activité en cette occasion, bien opposée à son caractere d'indolence, confirme de plus en plus le bruit accrédité parmi les gens

de lettres, qu'il est le vrai coloriste de cette piece.

9 *Juillet* 1763. *Zelis au bain... poëme en quatre chants.* Cette bagatelle, qu'on attribue à un jeune homme de vingt ans, n'est précieuse ni par le fond, ni par l'invention du sujet : mais elle est délicatement écrite ; elle est d'un coloris frais, d'un pinceau tendre, facile & gracieux : elle est de M. le marquis de Pezay.

10 *Juillet* 1763. Les Anglois ont fait imprimer une *Réponse à l'Appel de M. de la Condamine*, où son incartade est traitée ainsi qu'elle le mérite. Tout le monde a regardé cette démarche de ce François comme une extravagance.

11 *Juillet* 1763. M. le comte de Lauraguais, connu par différentes folies en plusieurs genres, & sur-tout par la manie d'être auteur, a pris l'inoculation sous sa protection. En conséquence il a fait un mémoire où il traite l'arrêt du parlement des qualifications les plus indécentes, sans parler de ses écarts sur la religion, & de quantité de plaisanteries qu'il dirige contre les différents corps qui doivent connoître de cette matiere. Le 2 de ce mois il a essayé de lire ce mémoire à l'assemblée de l'académie des sciences, dont il est membre : ses confreres n'ont pu tolérer les indécences dont il est plein ; ils l'ont arrêté au bout de quelques phrases, & lui ont témoigné leur répugnance à entendre la suite : ils en ont fait même un refus absolu. M. de Lauraguais, mécontent de ne pouvoir donner à son ouvrage la publicité qu'il desire, en a envoyé des copies aux ministres & à différentes personnes de la cour ; ce qui pourroit lui être funeste. Ce même mémoire a été relu le 6. Ce n'est plus qu'une dissertation toute simple en faveur de l'inocula-

tion; & l'académie n'a point hésité à la faire signer par son secretaire. C'est dans cet état qu'i est imprimé.

13 *Juillet* 1763. J. J. Rousseau, qui devoit suivre milord Maréchal en Ecosse, n'y passera point; il reste dans les environs de Neuchâtel, à Môtiers, où il est depuis sa sortie de France.

13 *Juillet*. On voit dans le *Mercure* de juillet la traduction d'une partie du second chant de la *Pharsale*, par M. de Marmontel : elle est précédée d'une lettre qui fait, suivant l'usage, l'éloge du héros & du panégyriste, c'est-à-dire, de l'auteur & du traducteur. Nous trouvons cette traduction en prose maniérée, embarrassée & lourde. Nous doutons qu'elle donne beaucoup de goût pour l'original.

14 *Juillet* 1763. Le procès que le *Journal des Savants* a intenté aux auteurs du projet de la *Gazette Littéraire*, a excité une grande fermentation à la cour : M. le duc de Praslin, comme ministre de affaires étrangeres, protege la derniere ; l'ancien a pour lui M. le duc de Choiseul. Les deux ministres prennent la chose fort à cœur, & la cour se divise. M. l'abbé de Voisenon, qui sent combien cette mésintelligence peut faire de tort aux lettres, est parti pour Compiegne : le crédit qu'il a auprès de ces deux ducs, lui fait espérer de pouvoir les rapprocher.

15 *Juillet* 1763. Tout le monde sait que M. de la Poupeliniere visoit à la célébrité d'auteur ; on connoissoit de lui des comédies, des romans, des chansons, &c. ; mais on a découvert depuis quelques jours un ouvrage de sa façon, qui, quoiqu'imprimé, n'avoit point paru ; c'est un livre

intitulé : *les Mœurs du siècle, en dialogues*. Il est dans le goût du *Portier des Chartreux*. Ce vieux paillard s'est délecté à faire cette œuvre licentieuse. Il n'y en a que trois exemplaires existants. Ils étoient sous les scellés. Un d'eux est orné d'estampes en très-grand nombre : elles sont relatives au sujet, faites exprès & gravées & avec le plus grand soin. Il en est qui ont beaucoup de figures, toutes très-finies. Enfin on estime cet ouvrage, tant pour sa rareté que pour le nombre & la perfection des tableaux, plus de vingt mille écus.

Lorsqu'on fit cette découverte, Mlle. de Vandi, une des héritieres, fit un cri effroyable, & dit qu'il falloit jeter au feu cette production diabolique. Le commissaire lui représenta qu'elle ne pouvoit disposer seule de cet ouvrage, qu'il falloit le concours des autres héritiers; qu'il estimoit convenable de le remettre sous les scellés jusqu'à ce qu'on eût pris un parti : ce qui fut fait. Ce commissaire a rendu compte de cet événement à M. le lieutenant-général de police, qui l'a renvoyé à M. de St. Florentin. Le ministre a expédié un ordre du roi, qui lui enjoint de s'emparer de cet ouvrage pour S. M.; ce qui a été fait.

16 *Juillet* 1763. M. le comte de Lauraguais a été arrêté hier, & conduit ce matin, par ordre du roi, à la citadelle de Metz.

Ce seigneur a lu le 6 de ce mois un mémoire sur l'inoculation à l'assemblée de l'académie des sciences, dont il est membre pour la méchanique. Dans cet ouvrage il improuve l'arrêt du parlement sur cette matiere, & défend l'inoculation, qu'il soumet à ses calculs. Il ne s'est pas borné à cette lecture, il a envoyé ce mémoire à M. de St. Florentin, avec une lettre pour l'engager à le mettre sous les yeux du roi. Tout cela n'eût été rien, s'il n'eût affecté de répandre cet ouvrage avec deux lettres différentes, à M. le comte de Bissy & à M. le comte de Noailles. Cet éclat scandaleux a obligé le roi de punir le comte de Lauraguais de la licence avec laquelle il a parlé dans ses lettres particulieres de la faculté de théologie, du parlement, & de quelques personnes de la cour.

17 Juillet 1763. On vante beaucoup une *Lettre Pastorale* de M. l'archevêque de Lyon : elle est adressée au clergé séculier & régulier, & à tous les fideles de son diocese : elle est datée de Paris le 30 juin dernier. Elle roule sur des discussions survenues entre les différents corps de la ville relativement aux RR. PP. de l'oratoire. Ces Messieurs ont remplacé les jésuites dans les fonctions de l'éducation publique.

Cette lettre est écrite avec noblesse & onction ; elle est dans un style vraiment pastoral, digne, en un mot, des premiers siecles de l'église. M. l'archevêque y rend un compte modeste de sa conduite dans toute cette affaire ; il y témoigne combien il est pénétré de n'avoir pas eu le suffrage de ses ouailles, dont il jalouse l'estime, la confiance & l'amitié. Ce phénomene épiscopal contraste merveilleusement avec la morgue & le despotisme qui regnent dans la plupart des ouvrages de nosseigneurs modernes du clergé.

18 Juillet 1763. Les lettres de M. de Lauraguais servent à l'instruction de son procès littéraire : on les rapportera à mesure qu'elles se présenteront, sans prétendre les citer comme des morceaux précieux par le goût, l'esprit, ou le style qui y regnent.

Lettre de M. le comte de Lauraguais à M. le comte de St. Florentin, en lui envoyant son mémoire sur l'inoculation, pour être mis sous les yeux du roi.

J'ai cru devoir, monsieur le Comte, vous engager à donner au roi un mémoire que j'ai fait sur l'inoculation : vous avez protégé tant de voyages entrepris par les académiciens du roi, pour déterminer la figure de la terre, qu'il m'a paru, j'ose le dire, impossible que vous ne prissiez pas un intérêt bien vif à ce qui intéresse l'existence des habitants, la conservation du roi particuliérement, & celle de ses sujets.

Par quelle fatalité notre nation a-t-elle toujours combattu contre des vérités dont les autres jouissent déja ? C'est une chose bien extraordinaire & bien douloureuse à contempler que le moment où la perfection des beaux arts éleve un monument au roi, que celui où les magistrats sont assez éclairés pour rejeter les refus des sacrements, soit en même temps celui où les magistrats consultent les ignorants docteurs sur la probabilité physique de l'inoculation, changée par l'expérience dans le moyen de conserver les créatures de Dieu, après leur avoir imposé silence en théologie ? Le requisitoire est digne de la barbarie du siecle de Louis le jeune ; mais comme Louis XIV créa l'académie pour conserver au moins les lumieres acquises, & que ses membres doivent lutter contre les œuvres nouvelles, j'ai cru devoir faire le mémoire que je vous prie de présenter au roi ; & n'ai pas cru que les tracasseries qu'il me fera, les cris qu'il exciteta, les ridicules dont on voudra me couvrir, dussent m'arrêter. Je connois tous les quinze-vingts du monde ; mais parce que leur routine leur a fait connoître des sentiers, je ne crois pas que ce soit un bonheur d'avoir les yeux au bout d'un bâton, & j'aime mieux contempler le jour de la place où je reste immobile, que de marcher dans une nuit éternelle. Enfin, Monsieur, quoique je ne sois pas médecin, & que j'aie écrit sur l'inoculation, quoique je ne demande point de pension, & que je desirasse que mes confreres touchassent celles qu'ils ont méritées ; malgré que mon mémoire soit fort ennuyeux, si vous protégez l'inoculation contre les préjugés & les fripons, vous serez certainement l'homme qui méritera davantage d'inspirer les sentiments avec lesquels j'ai l'honneur d'être très-parfaitement, &c.

19 *Juillet* 1763. On a imprimé depuis quelques jours une lettre de J. J. Rousseau de Geneve, qui contient sa renonciation à la société civile, & ses adieux aux hommes. C'est une déclamation des plus vives contre l'espece humaine, qu'il taxe de tous les vices, & qu'il abandonne à ses mœurs corrompues. Libre par la proscription qu'on a faite de sa personne, il se regarde comme sans maître & sans patrie ; il y déclare qu'il préfere les forêts aux villes infectées d'hommes cruels, barbares, méchants par principes, inhumains par éducation, injustes par des loix qu'ont dicté la tyrannie. On seroit presque tenté de croire que cette lettre n'est point de Rousseau, tant elle est extraordinaire ;

que c'eſt une plaiſanterie de quelqu'un qui a voulu l'imiter : mais le ſtyle ſoutenu qui y regne, toujours mâle, toujours nerveux, ne laiſſe preſqu'aucun doute que l'ouvrage ne ſoit de ce moderne Diogene.

20 *Juillet* 1763. *Lettre de M. le comte de Lauraguais à M. le comte de Biſſy, en lui envoyant copie de la lettre écrite à M. le comte de St. Florentin.*

Voilà, monſieur le Comte, la copie de la lettre que vous m'avez demandée, & que je crois moins indigne du ſujet qu'elle traite, depuis que vous l'avez applaudie. Vous me demandez auſſi mon mémoire : il faudra bien qu'il paroiſſe, car j'avoue qu'il peut me juſtifier de beaucoup d'imputations qu'on répand ſourdement. Je voudrois bien qu'il fît moins de bruit & plus d'effet. Je ſuis reſté dans le ſilence, tant que les choſes ſont reſtées dans le cercle où la force de l'opinion les meut : mais M. Omer de Fleury m'a forcé de parler.

L'acàdémie a trouvé mauvais, c'eſt-à-dire, M. du Hamel du Monceau & M. le Camus ont trouvé mauvais que j'appellaſſe le Fleury au requiſitoire *Omer de Fleury* ; mais ils ont été aſſez contents des raiſons qui m'ont forcé à l'appeller ainſi : j'ai cité l'hiſtoire des quatre fils d'Aymon, l'uſage où nous étions de ne point appeller notre ſecretaire ſimplement M. de Fouchy, ou Grand Jean, mais Grand Jean de Fouchy, comme il ſigne lui-même ; qu'enfin MM. de Fleury étoient trois freres, qu'en leur ſuppoſant à tous trois autant d'eſprit & de talents, il valoit mieux les déſigner par leur nom diſtinctif que de leur donner des ſobriquets, ainſi que le monde avoit consacré ceux de *Choiseul le Merle*, & de *Mailly la Bête*. D'ailleurs je leur ai dit qu'ayant écrit comme sœur du Pot, s'ils me cherchoient querelle, il faudroit qu'ils me citassent dvant les freres de la Charité : ils ont paru satisfait, & cela me donne l'espérance de ne pas choquer messieurs. Cependant, malgré la conviction où je suis que je démontrerai avec la derniere évidence que le requisitoire est digne de toute censure, je viens d'avoir une idée qui me désole, & si vous pensez, comme moi, je suis au désespoir. N'imaginez-vous pas que M. Omer de Fleury, ainsi que le parlement, ont dit : il faut bien essayer à quoi la faculté de théologie peut être bonne : nous la faisons déja taire en théologie, voyons si l'on peut l'écouter en physique ; & si elle radote sur l'inoculation, ainsi que sur les sacrements, nous lui défendrons d'ouvrir à jamais la bouche que pour la consécration ; ce qui ne tire point à conséquence. S'ils ont pensé cela, je me pendrois d'en avoir suspendu l'effet par mes raisonnements. Bon jour, monsieur le Comte.

21 *Juillet* 1763. *Lettre de M. le comte de Lauraguais à M. le comte de Noailles, le 8 juillet* 1763.

J'eus le bonheur, comme vous savez, Monsieur, de vous rencontrer hier : vous alliez monter dans votre carrosse ; je crus être caché dans la foule des pauvres qui l'entouroient ; mais vos yeux me distinguerent, parce que votre main aime à soulager leur misere. Vous me reconnûtes après trois ans, vous vîtes la joie se répandre sur mon visage, vous la fîtes passer dans mon cœur en m'embrassant. Vous joignîtes à vos bontés pour moi des reproches obligeants; & si vous vous moquâtes de moi en me disant que vous saviez que je ne venois point chez vous, parce que j'étois sûr que vous viendriez chez moi si je le voulois, je n'ai pu m'en fâcher; je restai dans la confusion. Elle eût été bien plus grande, si j'avois deviné que je pusse être aujourd'hui dans le cas de recourir à vous.

Voilà mon histoire, & vous l'apprendrez à peu près par les trois copies de lettres que j'ai l'honneur de vous envoyer. Lisez d'abord celle à M. de St. Florentin, ensuite celle à M. de Bissy, enfin la seconde que j'ai écrite encore à M. de St. Florentin; vous verrez les motifs & les raisons qui m'ont déterminé à la démarche que j'ai faite. Souffrez, puisque j'eus l'honneur de vous voir hier, & que le pécheur toucha l'habit du juste, qu'il vous parle morale. Nos fautes excitent votre charité chrétienne, & dans le monde pervers les fureurs humaines. A peine ma lettre au comte de Bissy a-t-elle été écrite, qu'on m'en parla : enfin j'appris hier qu'on crie au blasphême : je craignis d'avoir offensé quelqu'un, puisque je voyois qu'on parloit de venger Dieu; je relus ma lettre, je cherchois au moins quelques indiscrétions. Faites-moi donc découvrir mes fautes, monsieur le Comte, car je n'y ai rien trouvé de blâmable. Vouloir que mon mémoire fît du bien, au lieu d'éclat, vous paroît sûrement honnête. C'est ce sentiment qui vous faisoit dérober à l'armée tous les moments que vous ne deviez pas à son exemple, pour donner au roi les plus secrets avis du plus fidele de ses sujets. Mes raisons pour appeller le Fleury au requisitoire *Omer de Fleury*, sont excellentes. Me puniroit-on pour n'avoir pas dit la meilleure de toutes, c'est que c'est son nom ? Le monde est donc bien juste, puisqu'il est si sévere. Dire à l'académie qu'on écrit comme une garde-malade, ne peut offenser que les médecins qui raisonneroient comme cela. J'ai dit que je démontrerois que le requisitoire est digne de toute censure, & je l'ai déja fait. Mais tandis qu'on me menaçoit de M. Omer de Fleury, je me suis senti indigné contre lui; il m'attaqueroit lui, quand je devrois demander sa tête au parlement, c'est-à-dire aux chambres assemblées, pour avoir engagé la grand'chambre à la proscription de nos races futures, pendant qu'il faut que toutes les chambres soient assemblées pour juger un simple gentilhomme; j'ai dit, je ne le crains pas; mais je vous demande que faut-il faire ?

Enfin, quant aux vues que je ne fais que prêter évidemment à M. Omer de Fleury, & à la grand'chambre, c'est que j'avoue qu'il me parut toujours très-desirable que les ministres des autels s'y consacrassent paisiblement. Me puniroit-on parce que je suppose qu'un bon prêtre pourroit dire la messe sans que cela tire à conséquence ? Se réserve-t-on encore le droit de me persécuter en chasuble ?

Quoi qu'il en soit, je ne sais comment on a trouvé tout cela, mais on m'a dit que la reine crioit contre moi. Je me jette à vos pieds, & bénis vos grandeurs, parce que j'admire l'usage que vous en faites: parlez à madame la comtesse de Noailles, daignez me parler, & je vous entendrai comme elle; car hier j'ai senti que vos baisers feroient revivre un mort ; vous êtes fait pour tous les miracles.

22 Juillet 1763. Il se répand des *Remontrances du parlement de Rouen* du 16 juillet 1763, au sujet des édits & de la déclaration enrégistrée au lit de justice dernier. Elles sont de l'éloquence la plus mâle, la plus onctueuse & la plus vraie. Ce morceau, joint à celles de Paris, antérieures & postérieures à ce même lit de justice, paroissent avoir réuni tout ce que le zele patriotique dirigé par le respect & la soumission dû au souverain, peuvent enfanter de plus beau, de plus solide & de plus touchant.

23 Juillet 1763. Les Italiens ont donné aujourd'hui la premiere représentation des *Deux Chasseurs & la Laitiere*, fables dialoguées & mêlées d'ariettes. La musique est de Duni, les paroles d'Anseaume.

On regardoit cette nouveauté comme si peu de chose qu'on ne l'avoit point affichée : elle a pris avec succès, à la faveur de la musique qui fait tout passer à cet heureux théatre. Comme il n'avoit point de département fixe, il est devenu l'égout des autres, il n'est point d'absurdité qui ne puisse y être admise.

24 Juillet 1763. On a découvert parmi les livres de la bibliotheque du college de Louis le Grand, un manuscrit in-folio, noté & paraphé par M. d'Argenson, lieutenant-général de police, contenant un détail d'une conspiration formée par les jésuites & l'archevêque de Paris, du Harlay, contre les jours de Louis XIV. Cette conspiration avoit été découverte par l'abbé *Blache*, & voici ce qu'on en sait.

Cet abbé Blache étoit de Grenoble, avoit d'abord entré dans les ordres, vint à Paris, aumônier des religieuses de la Ville-l'Evêque.

Quand il eut découvert la conspiration en question, il consulta trois jésuites pour savoir ce qu'il devoit faire. On sait le nom de deux, le P. *Dupuis* & le P. *Guilleret*. Leur réponse fut qu'il falloit laisser agir la providence, & qu'il n'étoit point obligé à révélation. Peu satisfait de cette décision, il consulta séparément le prieur de l'abbaye de St Germain-des-Prez, & celui des Blancs-Manteaux; ils furent du sentiment contraire. En conséquence il fit parvenir à M. le Tellier, lors chancelier, un mémoire détaillé, contenant tout ce qu'il savoit de la conspiration prétendue. Il pria le chancelier de ne pas lui faire de réponse directement, pour ne point l'exposer à la vengeance secrete des auteurs du complot, mais pour sa tranquillité & pour certitude que sa lettre & ses instructions avoient été remises, il pria le chancelier de faire mettre une lettre rouge initiale à la gazette de France, le 31 décembre 1683. Ce qui a été exécuté. Cette lettre majuscule G est grise dans toutes les autres gazettes.

Cette année le *Cabinet des Parfums* fut détruit. Le détail portoit, que c'étoit-là, & par le moyen des odeurs, qu'on devoit faire périr Louis XIV.

On motive cette conspiration par ce qui s'étoit passé en 1680. Le clergé venoit de publier les quatre fameux articles auxquels le roi avoit donné toute l'authenticité, en les faisant enrégistrer dans toutes ses cours, & obligeant tous les professeurs de théologie de les enseigner. Cet acte de vigueur brouilla la cour de France avec le régime, & la paix ne fut faite que par la révocation de l'édit de Nantes, que madame de Maintenon, à la sollicitation des jésuites, obtint de la foiblesse de Louis XIV.

Quoi qu'il en soit, en 1704 l'abbé Blache fut arrêté en vertu d'une lettre de cachet & mis à la Bastille, où il est mort. Le jour de son emprisonnement le lieutenant-général de police, commissaire en cette partie, dressa un procès-verbal, contenant inventaire des papiers de l'abbé Blache. Ces papiers furent rangés par cote & paraphés par M. d'Argenson ; & c'est parmi ces papiers que s'est trouvé le manuscrit en question. Il a été déposé au greffe le 14 juillet, par MM. les commissaires du parlement, chargés de ce qui concerne le college de Louis le Grand & autres maisons des jésuites à Paris.

25 Juillet 1763. Additions à l'Essai sur l'histoire générale & les mœurs des nations, depuis Charlemagne jusqu'à nos jours. Telle est la suite de *l'Histoire Universelle* de M. de Voltaire. C'est un croquis très-informe de tout ce qui s'est passé jusqu'à la paix derniere ; il veut tout embrasser, n'approfondit rien, & traite tous les événements de la maniere la plus vague, la moins circonstanciée & souvent la plus erronnée.

26 Juillet. On a trouvé au college de Louis le Grand une médaille frappée du temps de la ligue [1590] représentant le cardinal de Bourbon, élu roi sous le nom de Charles X, par les factieux, à la tête desquels étoient les jésuites. On a trouvé aussi le coin qui a servi à frapper les médailles de ce temps-là : cette derniere piece est sur-tout très-curieuse.

27 Juillet 1763. Samedi 23 a été joué pour la douzieme & derniere fois *l'Anglois à Bordeaux*, non par satiété, mais pour que les acteurs n'oublient pas les autres pieces. On a terminé également la pantomime, exécutée par le ballet du roi.

28 Juillet 1763. Pour compléter la collection des lettres de M. de Lauraguais, il faudroit en avoir encore deux de ce seigneur à M. de St. Florentin. On en a assez vu pour connoître son genre d'esprit & s'instruire à fond du procès. Il suffit d'ajouter que dans la troisieme à ce ministre, écrite après la réception de la lettre de cachet, il marque qu'il a reçu les ordres du roi avec toute la soumission d'un sujet ; que si cependant il lui est permis de faire ses très-humbles représentations, il observera qu'il eût desiré que les ordres de S. M. lui eussent été signifiés dans une forme plus légale.

29 Juillet 1763. Le parlement a rendu un arrêt le 22 de ce mois, au sujet de la bibliotheque léguée par M. le président du Harlay au college des jésuites, à la charge de la rendre publique [ce qu'ils n'ont pas fait]. Il ordonne que, vu la difficulté, l'impossibilité même, de distraire des autres livres ceux-là qui n'ont aucune marque de distinction, on s'en rapportera au verbal de la remise qui en fut faite aux jésuites, suivant lequel cette bibliotheque est évaluée à 25,000 livres. En conséquence, on commencera par prélever cette somme sur la vente. Elle doit être employée à fonder deux bourses, dont M. le prince de Tingry, héritier de la maison de Harlay, aura la nomination.

31 *Juillet* 1763. Le Sr. de Bure, fils, a commencé de nous donner un catalogue de livres rares en tout genre. Le premier volume roule sur la théologie. Ce projet est louable : il peut être très-utile aux littérateurs, & sur-tout aux bibliographes. L'essai qui paroît, n'est pas à son point de perfection à beaucoup près. Il faudroit à de très-vastes connoissances de la librairie, joindre une finesse de tact, un goût exquis, incompatibles avec la présente érudition.

31 *Juillet*. Mlle. Dumesnil a joué dans *Médée*, ces jours-ci, avec tant d'enthousiasme de la part du public, que Mlle. Clairon s'en est alarmée. Elle ne devoit reprendre qu'à Fontainebleau, elle n'a pu voir sans jalousie le triomphe de sa rivale ; elle se dispose à paroître incessamment.

2 *Août* 1763. Rousseau écrit à un de ses amis qu'il y a une grande fermentation à Genève sur son compte : les citoyens ne sont point contents de la conduite du magnifique conseil, & peut-être fera-t-on forcé de réinrégrer ce membre dans tous ses droits, privileges, &c. Il faudroit voir comment cet illustre misanthrope se comportera dans cette occasion : c'est ici la pierre de touche de sa modestie ; il est à craindre qu'il ne dévoile un orgueil dont on le croit paîtri.

3 *Août* 1763. Extrait d'un sermon prêché à Ste. Marguerite, fauxbourg St. Antoine, le mercredi 20 juillet, par M. l'abbé Labbat, prêtre habitué de St. Eustache.

Nemo vos decipiat per philosophiam & inanem fallaciam. . . . .

. . . . Dans les regnes précédents, les princes marquoient leur religion en protégeant les ministres de l'église..... Les magistrats persécutent l'innocence & oppriment la religion..... Les esprits se soutiennent par une modération forcée & une politique momentanée...... Tôt ou tard la révolution éclatera dans un royaume où le sceptre & l'encensoir s'entre-choquent sans cesse... La crise est violente, & la révolution ne peut être que trop prochaine.

Le prêtre, auteur du sermon, a été décreté de prise de corps par le Châtelet.

4 *Août* 1763. On attribue à M. de Voltaire la fable suivante sur l'expulsion des jésuites :

Les renards & les loups un jour étoient en guerre :
Les moutons respiroient ; les bergers imprudents,
Chasserent par arrêt les renards de nos champs :
Les loups vont désoler la terre.
Les bergers, soit dit entre nous,
Ne pourroient-ils pas bien s'entendre avec les loups ?

5 *Août* 1763. On ne peut s'empêcher de rire en voyant le complot général des journalistes pour faire accroire au public que l'*Anglois à Bordeaux* est du Sr. Favart. Freron, dans la 19e. feuille, rompt une lance en faveur de ce parodiste. Plus ces messieurs s'acharnent & se réunissent à soutenir ce paradoxe, plus le public connoisseur reconnoît une impulsion secrete & puissante qui les a forcés à parler ainsi contre leur propre sentiment.

6 *Août*. On donne manuscrits quelques mor-

ceaux détachés du mémoire de M. le comte de Lauraguais, avec cette addition. On l'a dans toute son originalité:

Omer de Fleury dit, &c. Messieurs, comme je suis chargé par état de vous proposer des theses de médecine, & qu'il s'agit de dissiper des nuages qui affoiblissent la sécurité, & de souhaiter une solution à des craintes, votre sagesse qui préside à vos démarches, assurera un nouveau poids à ce que votre autorité pourra régler sur le fait de l'inoculation, qui se présente naturellement sous deux aspects.....

Page 3. Et comme dans la petite vérole ordinaire, on s'en remet ordinairement à la prudence des malades & des médecins, vous sentez bien que dans l'inoculation, où la tête est beaucoup plus libre, il ne faut s'en remettre à la prudence de personne.

Page 4. Mais comme ce qui peut intéresser la religion, ne regarde en aucune maniere le bien public, & que le bien public ne regarde pas la religion, il faut consulter la Sorbonne, qui par état est chargée de décider quand un chrétien doit être saigné & purgé; & la faculté de médecine, chargée par état de savoir si l'inoculation est permise par le droit canon.

Ainsi, Messieurs, vous qui êtes les meilleurs médecins & les meilleurs théologiens de l'Europe, vous devez rendre un arrêt sur la petite vérole, ainsi que vous en avez rendu un sur les *catégories* d'Aristote, sur la *circulation du sang*, sur l'*émétique* & sur le *quinquina*.

On sait que vous vous entendez par état à toutes ces choses, comme en finances. Puisque l'inoculation, Messieurs, réussit dans toutes les nations voisines qui l'ont essayée ; puisqu'elle a sauvé la vie à des nations qui raisonnent, il est juste que vous proscriviez cette pratique, attendu qu'elle n'est pas enrégistrée ; & pour y parvenir vous emploierez la décision de la Sorbonne, qui vous dira que Saint Augustin n'a pas connu l'inoculation ; & la faculté de Paris, qui est toujours de l'avis des médecins étrangers.

Sur-tout, Messieurs, ne donnez point un temps fixe aux salutaires & sacrées facultés pour décider, parce que l'inoculation de la petite vérole sera toujours proscrite en attendant.

A l'égard de la sœur aînée de la petite, MM. des enquêtes sont exhortés à examiner scrupuleusement les pillules de Keyser, tant pour le bien public, que pour le bien particulier des jeunes messieurs qui en ont besoin par état.

La Sorbonne ayant donné son décret sur cette matiere théologique, nous espérons que vous ordonnerez la peine de mort [que les facultés de médecine & de théologie on ordonnée quelquefois dans de moindres cas] contre les enfants de nos princes inoculés sans votre permission, & autre quiconque révoquera en doute votre sagesse & votre impartialité reconnue.

7 *Août* 1763. Le célebre Cochin a gravé le fameux tableau trouvé à Billon en Auvergne, & dont on a déja parlé. Cette estampe se vend publiquement : elle rend parfaitement l'original, & en donne une beaucoup plus grande idée qu'il ne mérite. La composition en est immense, & d'une allégorie soutenue. On y critique entre autres le passage : *non colluctatio nobis adver-*

sus carnem & sanguinem, sed adversus reges & principes. Il auroit fallu ajouter *tenebrarum*, mot qui pourroit avoir été omis exprès.

Le compte rendu le 15 juillet 1763, par le président Rolland, de ce tableau, en donne une explication fort détaillée : il ne fait pas difficulté d'insinuer qu'on est tenté de prendre pour la tête de Henri IV, celle qui est détachée & renversée dans le bateau, ayant pour inscription *Heretici insultantes*.

10 *Août 1763. Lettre de M. le comte de Lauraguais à M. de St. Florentin, à la réception de la lettre de cachet du 15 juillet 1763.*

Je viens, Monsieur, de recevoir les ordres du roi ; je les ai reçu avec tout le respect que tout sujet doit à son maître, mais aussi avec le courage qui me rend peut-être digne d'être le sujet du meilleur des rois. Vous pouvez juger, Monsieur, dans ce moment, de mon existence toute entiere : croyez que je n'ai pas risqué le repos de ma vie pour faire rire les sots, crier les caillettes, scandaliser les honnêtes gens du monde & désespérer les prêtres : j'espérois conserver à la France près de 50,000 hommes, qui meurent tous les ans de la petite vérole : j'espérois empêcher leur proscription probable, en faisant frémir le parlement du requisitoire qui préparoit cette affreuse proscription. Songez donc, Monsieur, & je vous le dis avec attendrissement, qu'il meurt à Paris tous les ans 10,000 hommes, que cette ville est à peu près la vingtieme partie du royaume, que les morts se montent à 400,000 hommes, que sur huit morts il y en a au moins un qui meurt de la petite vérole ; il y en a donc 50,000 qui sont enlevés par cette maladie ;

& que l'avantage de l'inoculation étant de 300 contre 1, elle conferveroit 59,834 perfonnes à l'état.

Je n'ai pas commis le crime, Monfieur, de me croire criminel, pour avoir employé tous les moyens qui pourroient rendre ce requifitoire odieux & méprifable. Je ne redoutois pas même d'être cité au parlement. S'il m'avoit condamné, en me plaignant de l'abus des loix, j'euffe adoré leur juftice : je n'ai que la douleur de lui être dérobé, c'eft le feul fentiment qui mêle quelqu'amertume à l'obéïffance que je dois au roi.

J'ai raffuré le pauvre homme que vous m'avez envoyé : il me croyoit apparemment coupable ; d'ailleurs comme il avoit peut-être fes affaires & moi les miennes, & qu'enfin je n'aime pas les compliments, pour le tranquillifer je lui ai dit que j'allois vous écrire, & lui ai donné ma parole que nous partirions cette nuit enfemble.

10 *Août 1761. Lettre d'un philofophe à un autre philofophe de fes amis.* Je m'afflige avec tout autre, monfieur le Comte, de ce qui vous arrive ; mais j'en ris avec vous. La prifon ne vous inquiete pas. Votre ame eft toujours égale & tranquille, à Metz comme à Paris. Le public malin n'en croit rien : il fe moque de vous, & prétend que vos lettres à M. de St. Florentin, à M. de Biffy & à M. de Noailles, font de la mauvaife plaifanterie, fans goût, fans ftyle, & que vous n'écrivez pas mieux en vers qu'en profe ; ce font-là fes propres termes.

Si vous étiez, monfieur le Comte, de ces gens bouffis d'orgueil qui prétendent que tout ce qu'ils font foit bien, je me garderois bien

d'avoir

d'avoir tant de franchife; mais je vous connois, vous êtes philofophe, la critique du public vous touche peu; je fais que vous voulez bien écrire: on le voit affez. Cela fuffit. On vous reproche fur-tout de courir après l'efprit, fans pouvoir l'attraper : ce n'eft donc pas votre faute; voilà ce qui vous juftifie.

Aujourd'hui on ne juge des chofes que par les apparences; on ne veut pas fe donner la peine d'approfondir les motifs qui font agir. L'homme eft comme cela, qu'y faire? Vous ne lui ôteriez pas de la tête que vous voulez faire parler de vous, à quelque prix que ce foit : on dit tout haut à qui veut l'entendre que vos deffeins *in petto* étoient que M. le procureur-général vous dénonçât au parlement, pour être jugé les chambres affemblées, afin que la chofe fît plus d'éclat, & que tout le monde parlât de vous comme d'un martyr.

Voyez, M. le Comte, comme on vous prête de la mifere, de la petiteffe : qu'on connoît mal le fage! c'eft bien de ces fadaifes dont il s'occupe, il aime le grand, le fublime.

Le public ingrat ignore les peines que vous vous êtes données pour trouver de la porcelaine qui allât fur le feu; combien de chofes auffi importantes n'avez-vous pas tentées qui n'ont pas mieux réuffi? Ce n'eft pas que vous ayez épargné l'argent, affurément ; mais le temps de ces découvertes n'étoit pas venus : la poftérité reconnoîtra vos fervices: l'homme de mérite n'eft jamais jugé ce qu'il vaut de fon vivant. C'eft ce qui fait, M. le Comte, qu'on vous tourne en ridicule, qu'on fe moque de vos talents & de votre efprit : on vous blâme auffi d'avoir quitté le service : quand vous serez mort on ne parlera plus de tout cela, & vos cendres reposeront en paix.

Cette lettre est de M. le duc de Pequigny à M. le comte de Lauraguais.

11 *Août* 1763. *L'Apologie des jésuites convaincue d'attentat contre les loix divines & humaines; trois parties.* Cet ouvrage, attribué à M. de Montclar, procureur-général du parlement de Provence, résume de nouveau tout ce qu'on a dit de plus spécieux en faveur des jésuites, renverse, détruit, pulvérise tout l'échafaudage de leurs défenseurs; il finit par attaquer spécialement *l'Apologie des Jésuites de Nancy*, & ne laisse rien à desirer sur l'éclaircissement de cette matiere. Le livre est écrit d'une façon nerveuse, concise & atterrante.

14 *Août* 1763. On débite imprimé un portrait de M. de Voltaire de deux cents vers environ : il paroît que c'est quelqu'un, qui, sous le voile de l'éloge, a prétendu tourner en ridicule ce grand homme, quoique Freron paroisse le donner comme d'un louangeur de bonne foi. Voici le début :

> Je chante un mortel exigu,
> Et dont le frêle individu
> N'a presque point de consistance;
> Mais s'il n'a ni hanche ni cu,
> S'il est aussi sec qu'un pendu
> Le ciel le fit en récompense
> D'esprit abondamment pourvu.

Après avoir détaillé les qualités de cet homme universel, l'auteur finit ainsi ;

Quand on jouit de l'avantage
De réunir tant de tréfors,
Il eft permis, pour fon ufage,
De n'avoir qu'un petit vifage,
Point de mollet & peu de corps.

On attribue cet écrit à M. de la Viéville.

16 Août 1763. Les écrits fur *la Richeffe de l'Etat*, pour ou contre, ne tariffent pas. On diftingue dans le grand nombre de ces brochures *la Balance égale*, ou *la jufte Impofition des droits du roi*. L'auteur y préfente un plan d'adminiftration très-féduifant, & qui femble approcher du vrai point tant defiré. Il improuve le projet qui a donné lieu à tous les autres, en démontre les défauts, & y fupplée par le fien, tous les autres tendant à la deftruction des finances.

16 Août. Coup d'œil d'un Citoyen, ouvrage en trois parties, du Sr. Forbonnais, qui a fait, il y a déja du temps, le livre intitulé *Confidérations fur les finances*, livre très-eftimé en pareilles matieres. On prétend que M. le contrôleur-général a pris de l'ombrage contre cet auteur fyftématique, fur-tout à l'occafion des liaifons qu'il a depuis quelque temps avec M. le duc de Choifeul; il a recherché le péché originel de fes liaifons avec M. de Silhouette : enfin ce citoyen zélé, fans être abfolument exilé, a été confeillé de s'expulfer & d'aller dans fes tertes.

17 Août 1763. Le *Saül* de M. de Voltaire, malgré la défenfe & la févérité de la police, eft imprimé. On y trouve peu de changements. Les avis font fort partagés : les uns trouvent cet ouvrage déteftable, & dans le fond & dans la forme ; ils en reprouvent le style emphatique & simple tour-à-tour; les autres se regardent comme un chef-d'œuvre d'impiété ; mais en même temps comme un ouvrage pittoresque & philosophique.

18 *Août* 1763. On parle de donner l'hôtel de Conti à la comédie Françoise, & de faire de la vieille salle un magasin d'éleves. Ce seroit une école d'académie de déclamation. Ce projet, suggéré par Mlle. Clairon, reprend faveur. Cette grande actrice gémit toujours de se voir sous les censures de l'église ; elle renouvelle ses efforts pour secouer ces indignes anathêmes : par le titre d'*Académie de Déclamation*, elle éluderoit ces peines canoniques.

20 *Août* 1763. La faculté de médecine ne voulant rien faire avec précipitation, ramasse avec soin tous les faits relatifs à la matiere dont le parlement l'a chargée. Elle a écrit dans les cours étrangeres, pour avoir de toutes parts les notions les plus sûres & les plus multipliées sur l'inoculation ; *Interea patitur Justus* ; c'est-à-dire, que cette utile pratique reste proscrite ; ce que M. le comte de Lauraguais avoit prévu, & ce dont il se plaignoit si fort.

20 *Août*. M. de la Harpe, connu par différentes héroïdes, dont Freron a enrichi ses feuilles, entre dans la lice dramatique. La premiere tragédie que doivent donner les François, est son *Warwik*. Mlle. Clairon ne doit pas jouer dans cette piece.

24 *Août* 1763. Il paroît une magnifique édition des *poésies sacrées* de *M. le Franc de Pompignan*, ornée de toutes les graces typographiques & de la magnificence du burin de M. Cochin,

Cet auteur, tant miſtifié, tant baffoué par M. de Voltaire, a cependant un mérite ſpécifique ; il y a dans ſes odes des ſtrophes dignes de Rouſſeau : ſes diſcours tirés des livres ſapientiaux ſont pleins d'une philoſophie ſublime, enrichie d'une poéſie vive, nerveuſe & pittoreſque.

25 Août 1763. Aujourd'hui M. l'abbé Rouſſeau a prononcé devant MM. de l'académie Françoiſe le panégyrique de St. Louis. Le pere Elyſée, auſſi fameux prédicateur, a fait le même panégyrique devant MM. des académies des ſciences & des inſcriptions.

Cette après-midi on a adjugé le prix d'éloquence à M. Thomas, cet athlete invincible, couronné tant de fois qu'on ne peut nombrer ſes victoires. Le ſujet étoit, l'*éloge de Sully*. Meſſieurs Saurin, Duclos & Watelet, ſe ſont relevés ſucceſſivement pour achever la lecture de ce long ouvrage. On a été ſurpris du ton dogmatique & libre qui y regne. Pluſieurs endroits ſont une ſatire amere de l'adminiſtration actuelle ; mais le moyen de louer un tel miniſtre, ſans critiquer ceux qui ne lui reſſemblent pas ! La ſéance a fini ſéchement, M. d'Alembert, qui eſt en poſſeſſio. d'egayer l'académie par quelque caricature du jour, étant encore auprès du roi de Pruſſe.

26 Août 1763. Hier s'eſt fait l'ouverture du ſallon avec toute l'affluence poſſible. On ſait qu'on y expoſe les différents ouvrages que les peintres, ſculpteurs & graveurs de l'académie veulent y envoyer. La collection de cette année continue à donner une idée de l'école Françoiſe, la ſeule aujourd'hui de l'Europe. Il ſemble que le public se soit porté plus volontiers en foule vers le tableau de M. Vanloo, représentant les *trois Graces enchaînées de fleurs par l'Amour*. Le coloris en est des plus brillants, il est nourri de peinture. On a trouvé les figures un peu flamandes, on les eût desiré plus sveltes. La *Chasteté de Joseph*, par M. Deshayes, attire beaucoup d'attention. Les *Marines* de M. Vernet, *les quatre parties du Jour*, & en général tous ses tableaux sont recherchés des amateurs. *La piété filiale* de M. Greuze se considere avec la plus grande admiration. Enfin *le Promethée* en marbre de monsieur Adam, *le Pygmalion* de M. Falconnet, emportent les suffrages en cette partie.

27 *Août* 1763. On a placé hier au sallon le portrait du roi en tapisserie, d'après le tableau original de M. Louis Michel Vanloo, exposé en 1761. Cet ouvrage est de la plus grande magnificence pour l'exécution. Il faut être prévenu pour ne pas s'y méprendre. S. M. y est en pied avec tous les attributs de la royauté. Les ombres, les nuances, les teintes, les dégradations y sont de la précision la plus correcte. On diroit que l'on a d'abord tissu le cannevas de la forme la plus fine & la plus serrée, & qu'on l'a peint ensuite. C'est de M. Audray.

28 *Août* 1763. *Requête de la veuve Calas au roi*, en vers. Ce morceau, plein de poésie & de pathétique, est de très-bonne main; on n'en dit pas l'auteur.

29 *Août* 1763. On répand dans le public une estampe, gravée il y a plusieurs années, mais qui étoit restée dans le plus grand secret; elle

a été faite d'après la *Colonne Médicis*. Elle représente l'extérieur de cet ouvrage, & la coupe intérieure est perpendiculaire. Dans un coin du tableau on voit l'ignorance en bonnet d'âne, qui amene à sa suite des pionniers & autres ouvriers, prêts à démolir. Au pied de la colonne se trouvent des sauvages, qui se disposent à la défendre. Ils supportent les armes de M. de Bignon, alors prévôt des marchands. On sait que ce fut M. de Bachaumont qui s'opposa pour lors à cette barbarie, ayant acheté le monument. Cette gravure, conséquemment très-injurieuse au prévôt des marchands, avoit été supprimée : elle reparoît depuis peu, à l'occasion des travaux qu'on fait dans l'hôtel de Soissons.

30 Août 1763. Le discours de M. Thomas continue à faire grand bruit. On assure qu'on en avoit supprimé déja plusieurs phrases avant la lecture. On trouve qu'on n'a pas tout retranché ; on cite la devise qu'il avoit donnée : *ô utinam !* On n'a pas voulu la laisser imprimer.

31 Août 1762. Catéchisme de l'honnête homme, ou dialogue entre un Caloyer & un honnête homme, traduit du grec vulgaire par J. J. R. D. G.

Tel est le titre d'une très - petite brochure fort rare. Il paroît qu'on veut la mettre sur le compte de Rousseau : bien des gens la donnent à M. de Voltaire. Les personnes un peu instruites ne l'imputent ni à l'un ni à l'autre. On prétend que cet ouvrage n'est que le précis mis en dialogue d'un plus ancien, connu de tous les gens de lettres, attribué à St. Evremond, quoi qu'il y ait bien de l'apparence qu'il n'en soit pas. On a lieu de le soupçonner du roi de Prusse, ou peut-être de la Métrie, mort à la cour de ce prince. Quoi qu'il en soit de la génération de cet écrit peu répandu, mais fort recherché, il est du nombre de ceux qui n'auroient jamais dû voir le jour : malheureusement il est imprimé & conséquemment indélébile.

1 *Septembre* 1763. La littérature essuie des modes, ainsi que tout le reste : depuis quelque temps les génies se sont tendus vers la finance & la politique : les calamités de l'état ont fait naître des écrits vigoureux, presque dignes des beaux jours des républiques d'Athenes & de Rome. On y voit la liberté palpitante rendre les derniers soupirs avec la plus grande énergie. On sent bien que nous voulons parler des belles remontrances que nos divers parlements ne cessent de faire en ces temps orageux : celles de Bordeaux ne sont point inférieures à celles de Paris & de Rouen, elles enchérissent même, & n'approchent point encore, à ce qu'on assure, de celles de Grenoble.

2 *Septembre* 1763. L'ouvrage de M. Thomas fait un bruit du diable à la cour : les fermiers-généraux sur-tout s'en plaignent. Malgré les retranchements qu'on assure y avoir été faits par l'académie, on y trouve encore des choses trop fortes pour des temps où l'adulation & la mollesse ont énervé toute la vigueur des ames. On est surpris qu'un homme attaché à un ministre ait parlé avec tant d'amertume de l'administration moderne. Ce langage feroit honneur au maître, s'il l'avoit entendu.

3 *Septembre* 1763. On crie plusieurs arrêts du conseil, qui suppriment les beaux écrits dont

on a parlé. Il semble qu'on veuille interdire aux parlements la liberté de faire imprimer ces grands morceaux d'éloquence, propres à transmettre dans les mains particulieres les sentiments mâles & généreux des vrais patriotes. Celui contre Bordeaux est adroit, en ce qu'il donne cet écrit, & les autres comme propres à décourager les peuples ; & c'est sur ce motif qu'il est fait une défense générale aux imprimeurs de France de dévoiler ainsi les secrets de la cour & des parlements, sans son approbation. Cet écrit, comme littéraire, est attribué au Sr. *Moreau*, appellé l'avocat des finances.

4 Septembre 1763. Depuis quelques jours, Mlle. Dumesnil & Mlle. Clairon ont joué en présence l'une de l'autre dans *Héraclius* & dans *Rodogune*. La premiere l'a sans contredit emporté, & le public, quelqu'idolâtre qu'il soit de la derniere, ne s'est point mépris sur la différence qu'il faut mettre entre ces deux rivales.

5 Septembre 1763. On annonce la *Mariamne* de M. de Voltaire comme refondue en grande partie ; il y a un rôle tout nouveau.

5 Septembre 1763. M. l'abbé Yvon, ce fameux proscrit comme complice & auteur de la these de l'abbé de Prades, revenu depuis quelque temps en ce pays, avoit annoncé qu'il falloit un ouvrage capable de surprendre. Il paroît cet ouvrage, & il étonne en effet, non par la maniere dont il est traité, mais par son but extraordinaire dans un pareil homme ! c'est une *réponse à la lettre de J. J. Rousseau à Cristophe de Beaumont, archevêque de Paris*. On est tout-à-fait émerveillé de voir un apôtre de l'athéisme tourner casaque, & servir de bouclier à M. de Beaumont.

Il ne paroît encore que la premiere partie de cet ouvrage; il doit contenir quinze lettres; elle renferme une préface fort longue, suivant l'usage de ce verbeux métaphysicien, & la premiere lettre; c'est-à-dire que, pour réfuter une brochure très-mince, ce champion volumineux se dispose à donner au public une suite de trois ou quatre volumes *in*-12. Quant au style, personne n'osera le mettre en parallele avec la plume brûlante de Rousseau.

6 Septembre 1763. L'académie des sciences distribue le programme d'un sujet proposé par un citoyen zélé, *sur la meilleure maniere d'éclairer une grande ville, en embrassant autant qu'il sera possible la sûreté, la durée & l'économie*. On y développe plusieurs points à considérer, qui rendent cette question plus compliquée qu'elle ne paroît au premier coup d'œil. Les ouvrage doivent être envoyés avant le premier janvier 1765.

Le prix est une somme de cent pistoles, qui a été déposée par le citoyen zélé. On sait que c'est M. de Sartines, aujourd'hui lieutenant-général de police dans cette capitale.

7 Septembre 1763. On a repris aujourd'hui *Marianne* avec les changements qui ont paru nécessaires, disoit l'affiche. Le concours n'a pas été nombreux, comme il l'est aux pieces de M. de Voltaire, & tout cet appareil n'a point fait, ainsi qu'on l'espéroit, la sensation d'une piece nouvelle. Les innovations se réduisent au rôle de *Varus*, auquel on en a substitué un autre. Il se trouve dans la même position, & dit à peu près les mêmes choses & les mêmes vers. Beaucoup de spectateurs ont regretté de grandes beautés de détail supprimées dans les changements faits à cette tragédie.

8 *Septembre 1763.* La *Gazette Littéraire* n'a point encore paru, elle est toujours suspendue par l'opposition formée en vertu du privilege du *Journal des Savants.* L'affaire portée au conseil devoit être jugée à Compiegne, mais elle n'a pu l'être, les parties intéressées ayant demandé du temps pour produire réciproquement leurs titres.

9 *Septembre 1762. Les Remontrances de Grenoble* annoncées comme un chef-d'œuvre de liberté & d'énergie, sont ici de la plus grande rareté & ne se vendent point. Nous venons de les lire, elles soutiennent la réputation qu'elles ont, &, comme on l'a dit, les Cicéron, les Démosthene, les grands orateurs des anciennes républiques, se trouveront revivre dans un si bel ouvrage.

10 *Septembre 1763.* La salle de l'opéra n'est point encore prête; on prétend que ce sera pour le retour de Fontainebleau, c'est-à-dire, pour la fin de novembre. On est indigné que dans une capitale on travaille aussi lentement à satisfaire les plaisirs du public.

11 *Septembre 1763.* M. de Voltaire avertit dans toutes les gazettes, dans tous les ouvrages périodiques, que son édition de Corneille est prête; qu'il ne tiendra point à lui qu'elle ne paroisse; mais que les gravures ne sont point finies, que ce sera pour l'année prochaine. Il est étonnant que depuis que le public est dupe des souscriptions, il y donne encore.

M. de Voltaire profite de l'occasion pour faire une nouvelle protestation contre tout ce qui paroît sous son nom. Il déclare que les Cramer seuls ont droit d'imprimer ses ouvrages, & qu'il n'avoue que ce qui sort de leur imprimerie.

12 *Septembre* 1763. Le Sr. Moreau continue à se décrier, en prêtant sa plume d'une façon vile & méprisable. On lui met sur le corps différentes *lettres du chancelier aux cours souveraines*, entr'autres celles aux parlements de Bordeaux & de Grenoble. Ces pieces, comme littéraires, [& c'est le seul point de vue sous lequel nous les envisageons] sont pleines d'un amas de phrases boursouflées & puériles : on y remarque même un ton de persiflage indécent dans la bouche du grave magistrat qu'on fait parler. Le tout est assaisonné d'une amertume qui sent l'auteur accoutumé à écrire des satires, & non le personnage suprême qui tempere, qui calme les esprits trop exaltés.

13 *Septembre* 1763. *Profession de Foi philosophique.* C'est le titre d'un brochure légere, où l'on cherche à tourner en ridicule les ouvrages de M. Rousseau. Il est fort aisé de le faire, rien ne prêtant plus à la parodie que le sublime, soit en style, soit en action, soit en morale. On ne peut se dispenser de rendre justice à l'esprit & à la bonne plaisanterie de l'auteur. On n'en dit pas le nom ; mais c'est un des meilleurs ouvrages faits contre l'immortel Rousseau ; il est plein des égards & des considérations qu'on doit au grand homme.

14 *Septembre* 1763. M. Saurin vient de produire ce qui suit :

AU ROI.

Pour ton inscription, LOUIS, on s'évertue.
Qu'est-il besoin d'esprit? Notre cœur t'a nommé;
Qu'on mette en lettres d'or au bas de ta Statue:

LOUIS LE BIEN-AIMÉ.

15 *Septembre* 1763. Il a débuté ces jours-ci aux Italiens une actrice d'un ordre supérieur : elle est faite pour remplacer Mde. Favart, & elle la surpasse déja. Elle n'a pas un organe bien étendu, mais de la gentillesse dans la voix; elle se distingue par une grande aisance sur le théatre, par une intelligence très-rare dans une débutante. Elle est reçue, mais ne doit commencer à jouer qu'à pâque. Elle va s'exercer en province, d'ici à ce temps-la. Elle se nomme Mlle. *Beaupré*.

18 *Septembre 1763. Les quatre Saisons*, ou *les Georgiques Françoises, par M. le cardinal de Bernis*. C'est le pendant des *quatre Parties du Jour* : même délicatesse, mêmes graces, même imagination riante & facile; trop de profusion encore d'images, des richesses poétique, mais peu de philosophie; en un mot la muse de M. de Bernis n'est pas moins agréable sous sa calotte rouge qu'en petit rabat. Cet ouvrage a l'air d'un larcin d'ami, par les fautes typographiques de l'imprimé. On critique également le titre des *Georgiques Françoises*, qu'on attribue à l'éditeur.

19 *Septembre* 1763. On doit donner incessamment *Blanche & Guiscard*, tragédie imitée librement de l'Anglois, par M. Saurin, de l'acadé-

mie Françoife. Ce fujet eft tiré de *Cilblas* [1e. vol. chap. 4. intitulé *le Mariage de vengeance*]. Monfieur Saurin avoit déja lu le premier acte à une affemblée publique de l'académie, & il n'avoit point été goûté. Le dénouement femble fur-tout devoir donner beaucoup de tablature. Un mari fait mettre l'épée à la main au roi ; il tombe ; & fa femme s'approchant pour lui donner du fecours, il la poignarde, la jugeant infidelle. Cet inftrument long, dont il faut que le moribond fe ferve avec graces & vigueur, a beaucoup intrigué : on verra comment fera exécuté le coup de théatre. Les comédiens, grands partifans du coftume, ont été au cabinet des eftampes pour l'habillement des Siciliens de ce temps-là. Il s'eft trouvé peu pittorefque & peu théatral ; il a fallu y fuppléer, en fe rapprochant davantage des temps modernes.

M. le chevalier de la Morliere publie qu'il avoit déja traité ce même fujet : le public doit être fâché de ne pas voir du tragique de fa façon.

20 Septembre 1763. Il court dans le monde une lettre manufcrite à M. J. J. Rouffeau. On l'attribue à une dame, qui joint aux graces de la figure & de la jeuneffe, celles de l'efprit & de la belle littérature. Elle rétorque ingénieufement contre cet écrivain quelques expreffions, quelques façons de penfer de cet auteur, qui, ifolées, paroiffent fort ridicules ou fort impertinentes. Cette plaifanterie trop longue ne peut être placée ici.

21 Septembre 1763. Le pere Cerutti, jéfuite, âgé de vingt-quatre ans, le fameux auteur de leur *Apologie*, eft à Paris en abbé. Il part pour

Avignon; il travaille à une continuation de son ouvrage. Ses premieres visites ont été chez MM. d'Alembert & Duclos; ce qui a fait dire plaisamment à ce dernier, qu'on n'avoit rien à craindre de ce jésuite, que cette double visite valoit une abjuration.

23 *Septembre* 1763. **Clovis, poëme.** C'est le même plan de Desmarets, allongé de plusieurs chants; il est en vers de six syllabes. On sent qu'il est traité d'une façon moins grave. L'*Orlando furioso* paroît avoir été le modele de l'auteur, modele qu'il n'a pas attrapé à beaucoup près. Il a parodié Desmarets, comme Voltaire a parodié Chapelain : il n'est pas plus heureux dans cette imitation. Il y a pourtant de la facilité & du pittoresque dans sa versification.

24 *Septembre* 1763. M. de Lauraguais ayant écrit à M. de Voltaire pour lui faire part de son séjour à la citadelle de Metz, cet auteur a pris la chose en plaisantant. Il paroît ignorer dans sa réponse les motifs de la détention de ce seigneur; il le suppose en ce poste comme honoré de la confiance du roi; il le félicite & ne doute pas que S. M. n'ait reconnu ses talents, en les récompensant aussi honorablement. C'est un persiflage aussi indécent que facile à faire.

25 *Septembre* 1763. M. de Sauvigny nous a lu la tirade contre Palissot, qui devoit être insérée dans le *Socrate*. Ce morceau contre le moderne aristophane, est nerveux, & peint à merveille ce scélérat. Il est fâcheux que la police ait couvert de son égide ce vil personnage.

26 *Septembre* 1762. Les comédiens-François ont donné aujourd'hui la premiere représentation

de *Blanche & Guiscard*, tragédie de M. Saurin, imitée librement de l'Anglois, est-il dit sur l'affiche. Ce drame est vicieux dans ses caracteres & dans sa contexture; il paroît d'abord prêter beaucoup par sa catastrophe sanglante & par la violence des passions où se trouvent les acteurs; mais l'instabilité de caracteres, petits & grands, dans la même action, les rend impropres à la scene. On peut voir le sujet dans Gilblas, qui a été littéralement imité. Il se passe une reconnoissance dès le premier acte, ce qui est contre toutes les lettres dramatiques.

Le coup d'épée que le connétable donne à sa femme, quoique couché sur le plancher, est merveilleusement exécuté. Bellecour le pousse avec toute la grace possible. Mlle. Clairon n'a pas joué avec le même succès qu'à l'ordinaire. Elle fait *Blanche*. L'auteur a supprimé le rôle de *Constance*, plus théatral, & qui auroit pu faire un grand effet.

27 *Septembre* 1763. M. de Bullionde, capitaine des carabiniers, chevalier de St. Louis, est mort depuis quelque temps; il n'avoit que ving-deux ans. Son essai dans la littérature, la *Pétrissée*, quoique des plus médiocres, mérite qu'on jette quelques fleurs sur son tombeau.

29 *Septembre* 1763. On assure que Fontainebleau sera très-brillant pour les fêtes, que le *palais de diamants* est changé, & doit être infiniment plus beau.

L'*Idoménée*, de M. le Mierre, doit être joué à la cour pour la premiere fois, & ne paroîtra point à Paris avant; on l'annonce d'avance comme un drame de la plus grande beauté pour les situations : si la piece réussit, il est d'étiquette qu'on fasse à l'auteur une gratification de deux mille écus.

30 *Septembre* 1763. Il est beaucoup question de l'édition de Tacite, à laquelle on travaille sous les auspices de l'abbé Brothier, ci-devant jésuite. Ce savant très-estimé en cette partie, a restitué les passages tronqués de l'historien latin. On assure que c'est de la plus grande beauté, & dans le vrai goût de l'original. Les Anglois sur-tout en font grand cas, & attendent avec impatience cette production. Cet abbé Brothier est regardé comme ayant travaillé en tout ou en grande partie à deux parties de *l'Appel à la Raison*.

1 *Octobre* 1763. Garrick, ce fameux acteur & directeur d'un des théatres de Londres, est à Paris depuis quelque temps. Il est venu à nos spectacles ; il a fait connoissance avec nos acteurs, sur lesquels il ne s'explique point que vaguement & avec des louanges qui indiquent des restrictions. On prétend que Mlle. Clairon avoit pris des leçons de lui pour la piece de M. Saurin, auquel cas elle n'a point fait honneur à son maître. Cette tragédie est sans contredit celle où elle a le plus mal joué depuis long-temps.

2 *Octobre* 1763. *Théatre de monsieur Favart, ou recueil de comédies, parodies, opéra-comiques, avec les airs, rondes & vaudevilles notés dans chaque piece.* Cet ouvrage, en huit volumes, contient une infinité de drames de toute espece. On en connoît plusieurs qui ont eu un très-grand succès. Il paroît que les opéra-comiques sont le vrai genre de ce parodiste gai & naturel. Quiconque lira ce mélange, y trou-

vera une touche bien différente de celle de l'auteur des *Sultanes*, d'*Annette & Lubin*, & tout récemment de *l'Anglois à Bordeaux*. On a mis plusieurs pieces sous le nom de Mde. Favart : il est à présumer qu'elle n'y a qu'une très-légere part.

3 Octobre 1763. *Blanche & Guiscard* a fini après la troisieme représentation. Pour consoler l'amour-propre de l'auteur, les comédiens avoient affiché le samedi 10 décembre que cette piece seroit jouée pour la derniere fois, à cause du voyage de Fontainebleau.

Les concerts François sont suspendus pendant le séjour de la cour à Fontainebleau. Il est bien à craindre qu'on ne soit obligé de les reprendre au retour ; la salle qu'on fait aux Tuilleries pour l'opéra, ne sera vraisemblablement pas en état d'y jouer. On découvre à chaque instant de nouvelles choses à faire, soit pour la sûreté du service de ce spectacle, soit pour les commodités & pour l'agrément du public. C'est le Sr. Souflot qui y préside, & cet ouvrage ainsi morcelé en détail ne lui fait point honneur : il devoit embrasser d'un coup d'œil l'ensemble de ce qu'il avoit à faire.

7 Octobre 1763. On a donné aux Italiens le 27 septembre, la premiere représentation d'une piece nouvelle, intitulée *les Amours d'Arlequin & de Cornelie*. Ce drame, très-goûté, quoiqu'Italien, est de M. Goldoni. On ne sauroit croire combien, dans un sujet si simple, il y a de vraies beautés : les incidents en sont très-multipliés, ils s'enchaînent tous & sortent naturellement les uns des autres. Le pathétique & le comique sont tellement fondus ensemble dans

cette piece, qu'ils ne font point difparate. Mademoifelle Cornelie y brille par le fentiment.

8 *Octobre* 1763. *Lettre de l'homme civil à l'homme fauvage.* Cette fage production eft de M. Marin, cenfeur royal. Il a voulu faire quelques efforts pour repouffer les dangereux fophifmes du philofophe de Geneve ; & cet athlete eftimable mérite en cela des éloges. A-t-il réuffi ? Il convient lui-même que c'eft le pot de terre contre le pot de fer. Pourquoi donc vouloir être brifé ?

9 *Octobre* 1763. Il commence à fe répandre un *in-*12. en billot, intitulé l'*Aretin.* Il a pour épigraphe *Parve, nec invideo, fine me, liber, ibis in ignem.* On peut fur cette étiquette juger de ce qu'il contient. C'eft un ouvrage dans le goût de Rabelais, un amphigouri, où il fe trouve des chofes excellentes ; il indique beaucoup de connoiffances & même d'érudition de la part de fon auteur. En général, c'eft un homme qui en veut beaucoup à l'écriture fainte, & qui parodie les différentes hiftoires des livres facrés d'une façon à les tourner en ridicule aux yeux de ceux qui ne connoîtroient pas le contre-poifon. Auffi prétend-on que ce livre eft d'un ex-mathurin. On l'avoit attribué à M. de Voltaire.

10 *Octobre* 1763. Le poëme épique de M. d'Arnaud, fur *Pierre premier,* fe trouve dans une fâcheufe concurrence : M. Thomas, malheureufement pour lui, traite le même fujet. Il n'y a pas d'apparence que le moderne *Jérémie* puiffe tenir devant un pareil adverfaire : au refte, le public jugera.

11 *Octobre* 1763. On vient de recueillir en quatre

volumes *in-8*. les œuvres du roi de Pologne Stanislas, sous le titre d'*Œuvres du Philosophe Bienfaisant*. On lit dans la préface un portrait de ce monarque, qui est une espece d'historique de sa vie, par M. le chevalier de Polignac. Cet ouvrage ne peut que faire honneur au roi dont il porte le nom : tout y est très-estimable, à ne le regarder que comme les productions d'un citoyen ; & l'on ne peut lui refuser des éloges, en n'y considérant que l'homme de lettres. Dans les observations sur le gouvernement de Pologne on lit : « nous n'avons que trop souvent sujet „ de nous plaindre du choix que nous avons „ fait de nos rois. A peine avons-nous élevé „ nos rois sur nos têtes, qu'ils tâchent de nous „ écraser ; ils voudroient anéantir tout ce qui a „ contribué à les mettre sur le trône. » C'est un roi qui parle.

12 *Octobre* 1763. Vers attribués à M. de Voltaire sur la statue du roi, faite par M. Pigale pour la ville de Rheims :

Esclaves prosternés sous un roi conquérant,
   De vos pleurs arrosez la terre :
Citoyens ! levez-vous sous un roi bienfaisant :
   Enfants ! connoissez votre pere.

13 *Octobre* 1763. On fait un conte assez plaisant pour donner matiere à une comédie : en conséquence nous allons en donner l'extrait. On rapporte qu'à Roye le lieutenant-général faisoit la cour à une demoiselle qui paroissoit agréer son hommage ; un officier se mit sur les rangs, il ne put effacer le robin. Dans un accès de

rage il le tire à part, il lui déclare qu'il faut cesser ses assiduités auprès de la demoiselle, ou se déterminer à se battre. Le magistrat, homme de cœur, lui répond que rien n'est capable de l'intimider; il accepte le défi. Tous deux rendus au champ de bataille, le robin annonce qu'il ne sait point se battre à l'épée, mais qu'il a apporté des pistolets. Il en fait voir deux, donne à choisir au militaire, lui présente ensuite de quoi charger le sien. La préparation faite il continue d'offrir généreusement à son rival de tirer le premier. Il tire: le robin tombe: l'officier le croit mort, va prendre la poste & part. Quelque temps après il rencontre quelqu'un de l'endroit, qui lui demande « ce qu'il étoit devenu ? » pourquoi il étoit parti sans dire mot ? —— Vous » ne savez pas mon affaire, replique l'officier » surpris; c'est moi qui ait tué votre lieutenant-» général. —— Vous n'y pensez pas, repart en » riant le quidam : il est plein de vie, il vient » d'épouser Mlle. une telle.... » Coup de foudre pour le militaire : il reconnoît combien il a été dupe; il finit par en rire & par avouer son étourderie. Le fait est que le magistrat lui avoit présenté des balles artificielles, au moyen de quoi le pistolet n'étoit que chargé à poudre; il avoit fait le mort, se doutant bien de l'évasion de l'autre, &c.

14 Octobre 1763. Il se répand un mot de madame la marquise sur le tableau des *Graces* de M. Vanloo, qui désole ce grand artiste. L'illustre protectrice étoit au sallon. Celui-ci l'escortoit. Quelqu'un dit à madame de Pompadour qui paroissoit négliger le tableau de Vanloo: « Madame, vous ne faites pas attention à ff

» *Graces* : —— Çà, des *Graces* ! dit dédaigneu-
» fement la virtuofe ; çà, des *Graces* ! » & fait
en même-temps une pirouette pour aller plus
loin voir les citrons de Javotte. L'artifte humilié
s'approche humblement, & lui dit « Madame,
» je les referai. »

16 Octobre 1763. Epître à Lucinde, par un fage.

    Oui, c'eft Lucinde (1) que j'ai vue :
    C'eft ainfi qu'elle eût foupiré ;
    Oui, c'eft bien cette ame ingénue,
    Qui s'épanouit par degré :
    Enfin, c'eft la nature même,
    Dans toi c'eft elle que l'on aime ;
    Du dictes fes plus douces loix :
    Dans tes regards elle refpire,
    Sur ta bouche elle vient fourire,
    Elle s'exprime par ta voix.
    Qu'elle foit toujours ton modele :
    Elle eft la mere des fuccès ;
    Pour reconnoître fes bienfaits,
    Sois toujours naïve comme elle.
    Sa beauté dédaigne le fard.
    Suis l'exemple qu'elle te donne :
    La fimple fleur qui la couronne,
    Vaut tous les preftiges de l'art.
    De mille fons l'effaim frivole
    Viendra bientôt groffir ta cour :

---

(1) Mlle. Doligny, qui a joué le rôle de *Lucinde* dans *l'Oracle*

Ah ! crains leurs encens qui s'envole
Auſſi vîte que leur amour !
Leurs cœurs reſſemblent à leur tête ;
Garde-toi de ces ſéducteurs :
Ils t'écriroient ſur leurs tablettes,
Et puis iroient tromper ailleurs.

Je ſais, ſi tu voulois m'en croire,
Celui qu'il te faudroit choiſir :
Il eſt amoureux de la gloire,
Très-indulgent pour le plaiſir :
Il fuit le faſte & l'étalage :
En un mot, cet amant, c'eſt moi....
Tu t'offenſes de mon hommage !
Il eſt indiſcret, je le vois.
Un mentor déplaît à ton âge.
Flore n'aime que le printemps ;
Lucinde ! tu n'as pas vingt ans,
Et j'ai le malheur d'être ſage.

17 *Octobre* 1763. C'eſt M. de Sartines qui a la librairie. Le ſieur Marin eſt choiſi pour le ſecretaire. On parle de donner à ce lieutenant-général de police un conſeiller au châtelet ſous ſes ordres, les grandes occupations de ce magiſtrat ne pouvant ſuffire à une partie auſſi étendue.

18 *Octobre* 1763. Annonce tirée d'une gazette de Londres du 23 ſeptembre. « Il eſt arrivé dans ,, cette ville un François célebre par pluſieurs ,, excellents ouvrages philoſophiques. Il ſe nomme ,, M. de Vergy : l'objet de ſon voyage en An- ,, glererre eſt de voir des hommes. »

Dans la gazette suivante, M. de Vergy a fait insérer cette réponse.

« M. de Vergy est fort sensible à l'honneur qu'on lui fait de le mettre dans les papiers publics. Il ne mérite pas certainement une distinction aussi flatteuse ; mais il prie messieurs les Anglois de croire qu'il est autant d'hommes à Paris qu'à Londres, dans le sens philosophique que le gazetier paroît avoir voulu attacher à ce mot, & qu'il n'est pas venu ici dans l'esprit ridicule de trouver de l'humanité plus parfaite. Sans mépris & sans enthousiasme pour tout être, portant un grand ou un petit chapeau, un turban ou un bonnet quarré, il est persuadé que tout est au mieux, & même le petit orgueil qui prétend à la supériorité. »

Quel est ce M. de Vergy, François célebre par d'excellents ouvrages philosophiques ? C'est un problème à résoudre. Le ton modeste de sa réponse donne lieu de croire qu'il auroit réformé cette erreur du gazetier, si c'en eût été une ; d'un autre côté, on ne connoît point ici aucun auteur de traités philosophiques, nommé Vergy. Est-un un nom supposé d'un homme de lettres plus connu ? C'est le point de la question.

19 *Octobre* 1763. M. Thomas, secretaire de M. le duc de Praslin, connu par ses triomphes académiques, & sur-tout par son *éloge de Sully*, vient d'être nommé secretaire interprete des cantons Suisses pour le roi. Il doit cette grace à M. de Praslin, qui a cherché à l'attacher au gouvernement,

gouvernement, pour lever l'obstacle qu'on lui opposoit, & mettre cet homme de lettres en état d'être adopté pour membre de l'académie, si l'occasion s'en présente.

L'académie ne reçoit point dans son sein des gens qui ont un service particulier auprès des grands, à moins que ce ne soit chez les princes.

20 Octobre 1763. *Vers des Lorrains au roi* Stanislas, *à l'occasion du trône de Pologne vacant par la mort du roi électeur de Saxe :*

Peuple ami de la liberté,
Qui dans un roi ne chérissez qu'un sage,
Venez à Stanislas rendre un troisieme hommage,
C'est le rendre à l'humanité.
Mais, ô vous Stanislas! vous des rois le modele,
A votre propre loi seriez-vous infidele ?
Vous régnez sur nos cœurs, que voulez-vous de plus ?
La monarchie universelle
N'est que l'empire des vertus.

21 Octobre 1763. M. l'abbé Boulet de Vauxelles a fait hier en Sorbonne un sermon, suivant l'usage, à l'occasion de la fête de Ste. Ursule : il a pris l'incrédulité pour matiere de son discours ; il a démontré que la foi se retiroit de la France ; il a prétendu que nos malheurs en tout genre ne le prouvoient que trop ; il a pris occasion de-là pour en faire un tableau des plus tristes & des plus véhéments. On regarde ce discours, bien fait dans son genre, comme une déclamation également indigne & de l'orateur citoyen & de l'orateur chrétien. On prétend qu'il

feroit repréhensible à beaucoup d'égards sous ces deux points de vue.

22 *Octobre* 1763. M. de Voltaire ne laisse passer aucune occasion de draper M. de Pompignan : il publie un quatrain à l'occasion des traductions de Jérémie que vient de donner au public ce magistrat poëte :

> Savez-vous pourquoi Jérémie
> A tant pleuré durant sa vie ?
> C'est qu'alors il prophétisoit
> Que Pompignan le traduiroit.

23 *Octobre* 1763. M. l'abbé Cannieres Deslandes a fait aussi un *Eloge de Sully*, qui a concouru avec celui de M. Thomas. Il a mis à la tête de son discours un avertissement préliminaire. Là-dessus, bavardage peu honorable & qui prévient mal. Ses notes sont plus philosophiques qu'historiques, & sentent souvent la déclamation. Son style est incorrect, lâche, diffus ; son expression impropre.

25 *Octobre* 1763. On parle beaucoup de l'opéra de *Scanderberg*, exécuté à Fontainebleau le 22 de ce mois avec la plus grande magnificence. La décoration de la mosquée surpasse tout ce qu'on en peut dire, les colonnes en sont garnies de diamants, & font un effet des plus surprenants. On prétend que c'est, en petit, l'imitation de celle de Ste. Sophie. Ce drame est connu pour être de monsieur de la Motte. Mais il ne l'avoit pas fini. Le cinquieme acte étoit d'une main étrangere, lorsqu'il fut joué en 1735. Ce même acte a été changé en paroles & en musique : on

a également ajouté des morceaux de chant & de symphonie dans le corps de l'ouvrage.

27 *Octobre* 1763. On vient d'imprimer dans le plus grand détail tout ce qui s'est passé au sujet des édits & déclarations. On y rend compte de la conduite qu'ont tenu ceux qui ont été chargés de veiller à leur enrégistrement. Le rédacteur s'est particuliérement appésanti sur M. Dumesnil & M. de Fitz-James, sur lesquels il se permet beaucoup de licence. On les accable de sarcasmes, d'épigrammes, de chansons: on leur reproche leur naissance, que l'on dégrade au dernier point.

28 *Octobre* 1763. M. de Hume, ce philosophe Anglois si connu dans la république des lettres, vient d'arriver à Paris; il est secretaire intime du lord Hereford, ambassadeur d'Angleterre en France.

29 *Octobre* 1763. Mlle. Bieron nous donne un spectacle des plus curieux & des plus intéressants. Cette fille, aussi active qu'industrieuse, s'est depuis plusieurs années appliquée à l'anatomie d'une façon si intelligente, qu'elle en exécute des modeles de la plus grande perfection. Elle emploie toutes sortes de matieres, à mesure qu'elle les trouve plus propres à faire illusion & à rendre dans toute leur vérité les diverses parties qu'elle veut figurer. De tels ouvrages pourroient être fort utiles pour plusieurs opérations, & cette habile ouvriere devroit être encouragée par le gouvernement.

30 *Octobre* 1763. Les comédiens François repettent actuellement le *Comte de Warwik*, tragédie de M. de la Harpe, jeune auteur connu par quelques héroïdes; & dont on nous donne

les plus grandes espérances. S'il réussit, il aura d'autant plus de mérite, que ce sujet a déja été manqué par M. de Cahuzac.

31 *Octobre* 1763. *Vers de M. de Voltaire à l'impératrice des Russies.*

Dieux! qui m'ôtez les yeux & les oreilles,
Rendez-les-moi : je pars au même instant!
Heureux qui voit vos augustes merveilles,
O *Catherine*! heureux qui vous entend.
Plaire & régner c'est là votre talent,
Mais le premier me touche davantage.
Par votre esprit vous étonnez le sage,
Il cesseroit de l'être en vous voyant.

1 *Novembre* 1763. M. de Marmontel ayant mis en drame son conte de *la Bergere des Alpes*, & M. de la Borde en ayant fait la musique, ces messieurs ont présenté leur ouvrage aux Italiens. Les comédiens prévenus par le sieur Favart qu'il travailloit pour eux à la même piece, ont refusé cette nouveauté, qui d'ailleurs ne leur a pas paru d'une bonté supérieure.

2 *Novembre* 1763. M. le chevalier de la Morliere travaille à une suite de l'histoire du théatre, depuis 1720 jusqu'à nos jours : il peut tirer un grand parti de ce morceau intéressant.

2 *Novembre*. On connoît actuellement l'auteur du poëme de *Zelis au Bain*. C'est décidément M. de Pezay, officier de dragons, jeune homme qui a de l'aisance, de la versification, du coloris, mais qui ratte les jouissances.

3 *Novembre* 1763. L'*Idomenée* de M. le Mierre devoit être joué à Fontainebleau, mais cet auteur

a éludé cet honneur: il doit passer à Paris après le *Warwick* de M. de la Harpe : il a voulu être neuf pour la capitale.

4 *Novembre* 1763. Le catalogue de la maison Professe paroît : il contient plus de sept mille articles, sans compter une infinité de livres dépareillés. La bibliotheque de M. Huet & celle de Menage, avoient été fondues dans celle-là.

5 *Novembre* 1763. *Lettres sur l'origine de la noblesse françoise, par M. le chevalier d'Arcq*: cet auteur est connu pour être fils naturel de M. le comte de Toulouse. Il discute les trois systêmes, du comte de Boulainvillier, de l'abbé Dubos, & de M. le président de Montesquieu : il établit le sien, qui tend à conclure que la noblesse n'est qu'une concession de nos rois, &c.; il le développe avec clarté, avec élégance & érudition.

6 *Novembre* 1763. Il s'éleve un orage terrible contre M. Thomas : M. Veron de Forbonnais réclame ses dépouilles ; il accuse cet orateur d'avoir pillé de la façon la moins honnête son livre *des recherches & considérations sur les finances de France*. Il prétend que la troisieme partie du discours de monsieur Thomas, & la meilleure sans contredit, est en entier extraite de son ouvrage, qu'il a rétreci & rapetassé étrangement; il y a non-seulement puisé son plan, mais encore ses pensées & quelquefois ses expressions. On voit dans la feuille 3 de *l'Année Littéraire* un long détail sur ce plagiat. Cette découverte diminue de beaucoup la haute idée que certaines gens avoient des connoissances profondes de M. Thomas ; on se met en garde contre lui, & l'on craint qu'il n'ait déja fait

des larcins plus adroits, qu'on découvrira peut-être un jour. L'académie françoise doit être piquée qu'on lui en ait imposé à ce point, & M. Thomas doit craindre que cette mésaventure ne l'exclue de sa prétention à cette compagnie.

7 Novembre 1763. On a donné aujourd'hui la piece du *Comte de Warwick.* Ce héros célebre joue un grand rôle dans les querelles fameuses des maisons de Lancastre & de York, connues sous le nom de la *Rose rouge* & de la *Rose blanche.* Le drame a fait la plus grande sensation : on y remarque une conduite sage. Un de ses plus grands mérites, c'est d'être éloigné de toutes les tragédies modernes. La simplicité de sa conduite s'étend au style qui n'a rien de cette bouffissure si à la mode. Mlle. Dumesnil fait le rôle de *Marguerite d'Anjou*, avec un succès qui doit exciter la jalousie de sa rivale. Elle n'y joue point. Il y a tout à espérer d'un auteur qui, à 23 ans, fait un ouvrage aussi-bien conduit. Il ne faut pas dissimuler pourtant que Shakespear est un dangereux adversaire pour ce jeune homme, & qu'on voit une infinité de réminiscences dans son drame. Nous en parlerons plus amplement.

8 Novembre 1763. Nous allons consigner ici trois anecdotes concernant M. le chevalier de a Morliere ; elles peuvent fournir des traits rès-piquants pour le dramatique, & d'ailleurs et ouvrage étant des especes de *Mémoires pour ervir à l'Histoire des Gens de Lettres*, la vérité nous oblige de tout dire, à charge & à décharge.

M. de la Morliere est un excellent comédien :

il y a quelques années qu'étant retourné à Rouen, où il avoit un tailleur pour créancier, celui-ci le rencontre, l'aborde, lui demande sa dette. Le chevalier le regarde avec indignation, lui baragouine de l'allemand, au point d'en imposer à cet homme, qui lui demande pardon & s'en va.

Le chevalier continue son rôle de baron allemand, s'introduit chez un conseiller du parlement, séduit sa fille & lui fait un enfant, lui promettant de l'épouser. La grossesse reconnue, le conseiller est obligé de consentir au mariage. Dans cet intervalle le chevalier fait écrire par un de ses amis de Paris au pere, qu'il se défie d'un certain baron allemand, qui n'est autre chose que *la Morliere*. Etonnement du conseiller, qui se met en garde. Les couches se font sourdement, & sous quelque prétexte on renvoie le prétendant. Celui-ci continue ses assiduités auprès de la fille, qui veut à toute force l'épouser. Dans cet intervalle il se présente un parti qu'on propose au pere : il accepte, mais ne peut déterminer sa fille. La Morliere tient bon, se présente toujours pour tenir sa parole, & fait arriver lettres sur lettres qui confirment que c'est un imposteur, qu'on craigne tout de lui, qu'il est homme à déshonorer une fille, & à le publier; qu'il faut éconduire un pareil scélérat à prix d'argent. Le pere le tire à part, lui déclare qu'il lui donnera dix mille francs, s'il veut se désister, tenir le secret & laisser faire le mariage de sa fille. Il éloigne bien loin la proposition : dix mille francs à un homme comme lui ! bref, on lui en offre trente, qu'il accepte & déloge.

L'autre tour du même homme est à l'égard d'une femme mariée, qu'il séduit également, qu'il engage à quitter son mari, marchand à la place Maubert, à lui voler tout ce qu'elle trouvera, pour vivre heureuse avec lui. Elle accepte tout : le jour pris elle part, après avoir pillé tout ce qu'elle peut, se rend dans une allée où est un jeune homme, ami de la Morliere, qu'elle savoit devoir l'attendre. Elle monte dans un fiacre, elle est conduite dans un quartier isolé, où elle est introduite dans un appartement : Morliere prend l'argent, sous prétexte de le serrer, sort, en laissant la femme avec le jeune homme, va chez le mari, lui conte ce qu'il a vu & ce qu'il sait du prétendu enlevement, lui dit qu'il voie s'il n'a point été volé. Cela se reconnoît bien vîte. Alors il déclare qu'il va le conduire où est sa femme : ce qu'il exécute. Le jeune homme est emprisonné comme complice du vol. La Morliere triomphe & se trouve hors de toute atteinte.

9 *Novembre* 1763. En applaudissant à l'ouvrage de M. de la Harpe, on donne lieu de rechercher sa vie & ses mœurs : on en fait un portrait affreux ; c'est déja un monstre d'ingratitude & de noirceur, si l'on croit tout ce qu'on en dit : il faut prendre garde que la jalousie des talents ne cherche à se venger sur le caractere.

Mlle. Clairon, à la pique particuliere qu'elle a contre l'auteur, d'avoir fait une piece où elle ne devoit pas jouer, joint une jalousie prodigieuse contre sa rivale ; elle réjaillit sur le jeune homme : elle accrédite, elle favorise, elle répand tant qu'elle peut les mauvais bruits qui courent sur le compte du dernier.

10 *Novembre* 1763. M. l'évêque du Puy ne cesse de s'élever contre la philosophie moderne avec plus de mission que son frere. Il est à craindre qu'il n'ait pas plus de succès. Il attaque courageusement & avec force plusieurs de nos auteurs vivants & même morts ; il en veut spécialement à M. Rousseau de Geneve. *Estime des sciences naturelles, esprit de doute, tolérantisme, patriotisme*; voilà les qualités que M. l'évêque du Puy attribue à la philosophie moderne, & qu'il prétend réfuter dans son Instruction Pastorale. Cet ouvrage est traité supérieurement dans son espece ; il est d'un homme instruit & pénétré de son état.

11 *Novembre* 1763. On répand un bon mot qu'on attribue à M. le duc d'Ayen. Sans en discuter le mérite intrinseque, il donne une idée de la tournure d'esprit des courtisans. C'est à l'occasion du vice-chancelier, lorsqu'on lui en donna la nouvelle : *je ne vois*, dit-il, *dans tout cela qu'un vice de plus dans l'état*.

11 *Novembre*. L'assemblée publique de l'académie royale des sciences s'est tenue aujourd'hui.

M. de Fouchy, secretaire, a lu l'*Eloge de M. Hales*, célebre physicien de la société royale de Londres, & membre de l'académie des sciences de Paris en qualité d'associé étranger.

Cette lecture a été suivie de celle d'un mémoire de M. de Montalembert, sur une *maniere de changer les cheminées en poëles, sans perdre aucun de leurs ornements, & avec une épargne très-considérable de bois*. Ces poëles pourront aussi être convertis facilement en cheminées, avec la même épargne, & sur-tout sans la fumée.

M. Adanson a lu un second mémoire sur la *végétation des plantes*, & une exacte recherche du degré de chaleur qu'elle exige, suivant la nature des plantes & le climat.

La séance a été terminée par la lecture d'une préface ou d'un discours préliminaire à l'art de l'horlogerie, dont M. le Roy a été chargé par l'académie.

14 *Novembre* 1763. Les vers suivants sont d'un jeune auteur anonyme: ils méritent d'être exceptés du fatras des Scriblers.

Le toucher justifié, à Mlle. ***.

Pourquoi me grondez-vous, quand votre collerette
Rend mon œil attentif & ma main inquiete ?
Ah ! répondez, Climene, & parlez sans détour,
Le respect vous plaît-il aux dépens de l'amour ?
Lorsque dans nos jardins je vois la fleur nouvelle,
J'y porte, en souriant, un regard curieux ;
Mais je ressentirois une peine cruelle,
S'il ne m'étoit permis que d'y porter les yeux :
Ma main veut y toucher, & quand sur chaque feuille
Le desir innocent a promené mes doigts,
Son parfum me séduit, il faut que je la cueille:
Ainsi pour un plaisir j'en ai trois à la fois.

Tel est l'ordre de la nature,
Elle nous a fait naître avec des sens jaloux.
Vous, qui les enchaînez, prévenez le murmure,
Ou n'en flattez aucun, ou contentez-les tous.

15 *Novembre* 1763. L'académie royale des inscriptions a tenu aujourd'hui sa séance publi-

que d'après la St. Martin : elle a déclaré que M. Schmidt avoit remporté le prix proposé pour cette année : c'est pour la huitieme fois qu'il est couronné.

M. le Beau a lu l'*Eloge de M. de Bougainville*, dans lequel il a inféré une partie d'une tragédie que cet académicien avoit composée. Le sujet étoit *la mort de Philippe, pere d'Alexandre*. On assure que cette piece est finie & qu'elle paroîtra quelque jour. Cette tirade a paru belle : mais qu'est-ce qu'une tirade ?

M. Anquetil a lu un mémoire sur les livres en langue *Zend*, qu'il a rapportés de l'Inde. Ce sont les livres attribués à Zoroastre, & qui contiennent le systême dogmatique & moral de la religion des anciens Perses. M. Anquetil a développé ce systême, quant aux dogmes, aux rites & à la morale.

Cette lecture a été suivie de celle d'un mémoire de M. de Groynes sur le *commerce des Romains avec les Indiens & les Chinois*. Il a prouvé la réalité de ce commerce, & est entré à ce sujet dans des détails absolument neufs, tirés pour la plupart des auteurs Chinois. Son but étoit de prouver par ce mémoire, qu'il reste encore bien des découvertes à faire dans la littérature, & qu'il s'en faut de beaucoup que toutes les sources de l'histoire ancienne soient épuisées, même par rapport aux Romains, qui sont les peuples anciens que nous connoissons le mieux.

M. de Caylus a fini par un mémoire *sur les rapports des anciens monuments de l'Egypte avec les monuments Chinois*, & il a prouvé qu'il y avoit entre ces monuments une ressemblance singuliere, quant aux dimensions, à la forme, &c. Le but de ce mémoire est de fournir de nouvelles preuves à l'opinion de M. de Guines, que les Chinois sont une colonie des Egyptiens. M. de Caylus a fait distribuer à l'assemblée les dessins de plusieurs de ces monuments qu'il a fait graver.

16 Novembre 1763. Eloge historique de M. le cardinal Passionei. Ce prélat, mort au mois de juillet 1761, étoit né en 1682 : c'étoit un savant profond dans les antiquités & dans les discussions canoniques : il a fait une oraison funebre du prince *Eugene*, très-applaudie dans son temps. Le reste de cet ouvrage contient beaucoup de recherches & de détails érudits. Il étoit associé étranger de l'académie des belles-lettres, & bibliothécaire du vatican. On desireroit dans cet éloge plus de morceaux relatifs à la vie privée de ce cardinal.

17 Novembre 1763. Nous avons entendu lire aujourd'hui une tragédie manuscrite de M. Rochefort : c'est une nouvelle *Penelope*, traitée dans le goût de l'antique. Il a essayé de remplir les entr'actes d'une musique analogue au sujet, & il paroît avoir réussi : du moins il donne matiere à un grand harmoniste de développer toutes les richesses de son art. Le drame est très-simple, dénué de cet amour secondaire qu'y a introduit M. l'abbé Genet L'auteur pénétré de son Homere en a tiré grand parti, & y a inféré tout ce qu'il a pu extraire de ce grand poëte.

19 Novembre 1763. M. de Sauvigny, peu content du succès médiocre de son *Socrate*, a pris le parti de le mettre d'abord en quatre actes, & puis en cinq. Il est à présumer que ce drame en deviendra détestable. L'action, déja très-peu chaude, n'en sera que plus froide, & le remplissage qu'il faudra mettre, diminuera absolument le mérite de la versification, en général assez bien faite, mais désormais lâche, diffuse & noyée dans des dialogues trop allongés.

Cet auteur fait actuellement des apologues orientaux, qui s'impriment & paroîtront incessamment.

20 *Novembre* 1763. On lit dans la 33e. feuille de l'*Année Littéraire*, page 177, l'anecdote suivante: « Il y a dans Paris un homme de lettres
» qui a pris le peine d'examiner les 70 premieres
» pages de ce livre si vanté (*l'Esprit des Loix*)....
» Il a trouvé dans ces 70 pages un si grand
» nombre de faits & de citations fausses, tron-
» quées ou altérées, que la discussion qu'il en a
» faite lui a fourni de quoi remplir 2 vol. in-12,
» qui furent imprimés & dont on tira 500 exem-
» plaires. Le président de Montesquieu en fut si
» alarmé, qu'il se donna de grands mouvements
» pour en empêcher la publication. Il y employa
» le crédit de tous ses amis, & fut assez heureux
» pour réussir.... Elle (cette critique) fut com-
» muniquée à plusieurs personnes, qui sont en
» état d'en rendre compte; il s'en est même
» sauvé quelques exemplaires.... »

C'est à l'auteur de l'*Année Littéraire* à justifier une imputation aussi hardie, & à constater une anecdote aussi intéressante.

21 *Novembre* 1762. M. le marquis de Ximenès ayant essayé vainement de se faire un nom comme auteur, se borne à présent à se faire des protégés; il a une cour de jeunes gens, dont

quelques-uns font déja connus ; il a pris M. de la Harpe fous son égide ; il vient de faire imprimer une feuille où il exalte fa piece au-dessus des nues : c'est ainsi, dit-il, qu'ont commencé Racine & Voltaire... Les *Freres ennemis* accollés à *l'Œdipe*

Il paroît une critique en libelle de cette même piece : on l'attribue à M. de la Morliere, auteur connu de toutes ces satires clandestines.

22 *Novembre* 1763. Les comédiens François ont remis hier la *Parisienne*, petite piece en un acte & en prose de Dancour. Il paroît qu'elle n'a pas eu un certain succès, & qu'on se bornera à cette seule représentation : elle n'en eut que neuf en 1691.

22 *Novembre*. *L'optique ou le Chinois à Memphis, essais traduits de l'Egyptien*, roman en deux parties de M. de Semperavi. Il est malheureux pour cet auteur que *Zadig* & *Candide* aient été faits : il y a une sorte de style, & cet ouvrage n'est pas d'un sot. Mais un roman, après ceux-là, ne peut que décheoir.

23 *Novembre* 1763. *Instruction pastorale de l'humble évêque d'Aletopolis, à l'occasion de l'instruction pastorale de Jean-George, humble évêque du Puy*. Tel est le titre d'un pamphlet attribué à M. de Voltaire, touchant cette instruction, qui a 30 pages in-4°. avec des notes, & dans laquelle cet auteur est attaqué en plusieurs endroits & très-maltraité pour son compte. Celui-ci a voulu s'en venger par des sarcasmes, & il a accouplé au prélat le frere, l'académicien : cette plaisanterie n'est pas des meilleures, elle n'empêche pas que l'ouvrage de M. du Puy ne soit très-estimé.

14 Novembre 1763: M. le comte de Lauraguais est de retour en cette capitale. Cette grace, qu'on avoit refusée à sa famille & à sa femme, a été accordée aux sollicitations de Mlle. Arnoux. Cette anecdote trop glorieuse pour les arts mérite d'être conservée. On assure que Mlle. Arnoux a saisi l'instant de la sensation très-vive qu'elle a faite à la cour dans l'opéra de *Dardanus*, dans le rôle de *Cephise* : elle s'est jetée aux pieds du duc de Choiseul & a demandé dans cette posture pathétique le rappel de son *Dardanus*. Les entrailles du ministre galant se sont émues, il s'est prêté de la meilleure grace du monde à ses instances si tendres. M. le comte de Lauraguais a cru devoir rendre hommage de sa liberté à son auteur, il lui a consacré les premiers jours de son retour. Pour ne point troubler ses plaisirs, madame de Lauraguais s'est retirée en couvent.

Nota. M. de Lauraguais n'est point de retour. La demande de Mlle. Arnoux, quoique très-séduisante, n'a pas produit un changement si merveilleux ; elle contribuera pourtant beaucoup à ce rappel ; qui ne tient, dit-on, qu'à la condition préalable qu'on exige de la séparation du comte d'avec son épouse.

25 Novembre 1763. Dans une suite du compte historique qui a été rendu de la conduite de monsieur Chatelier Dumesnil en Dauphiné, on lit cette chanson ; elle fait anecdote, & mérite d'être consignée ici :

Margot la ravaudeuse
A dit à Dumesnil,
Cousin, je suis bien gueuse,

Viens rebattre mon lit,
Comme ton aïeul Blaise,
Qui jadis l'a battu
Pour un quart d'écu.

On prétend M. Chatelier petit-fils d'un cardeur de laine.

On lit dans la même relation le détail d'un placard séditieux, affiché à Grenoble, dont voici les paroles :

O France ! ô peuple esclave & servile ! en méprisant les loix, on t'arrache tes biens pour t'en former des chaînes. Le souffriras-tu, peuple malheureux ?

25 Novembre 1763. M. de Marmontel a été élu de l'académie françoise avant-hier. Il avoit essuyé depuis long-temps plusieurs refus. L'extrême licence dont il avoit parlé d'un grand seigneur au souper d'une actrice, & la bassesse avec laquelle il avoit désavoué ensuite cette satire, contrebalançoient ses talents littéraires. Son ennemi a eu la générosité de finir par le méprifer.

26 Novembre 1763. Mlle. Mazarelli, cette fameuse courtisanne connue par ses aventures & par son procès, vivoit depuis quelque temps avec M. de Moncrif. Elle a puisé dans le sein de cet académicien un goût pour la belle littérature ; elle s'est évertuée en conséquence ; elle avoit concouru pour le prix de l'académie, & son discours paroît imprimé. Il est, sans doute, très-bon pour une femme de cette espece ; mais son *Eloge de Sully* est d'un pinceau mou & sans vigueur ; quoiqu'il y ait apparence que son Anacréon y ait mis la main, on n'y retrouve aucun trait mâle qui caractérise le génie nécessaire pour une production de cette espece. Il est vrai que M. de Moncrif, plus délicat que nerveux, n'a jamais que sacrifié aux graces.

27 Novembre 1763. On répand un bot mot du roi, que S. M. peut avoir dit de très-bonne foi, mais qu'a relevé la malignité des courtisans. Lorsqu'il a été question de remplacer M. de Bougainville, le roi en parloit à quelques seigneurs, & demanda si ce seroit M. Thomas ? —— *Non, Sire,* (repliqua M. de Bissy qui étoit présent) *il ne s'est pas mis sur les rangs, car il ne m'est pas venu voir.* —— *C'est qu'il ne vous croyoit pas de l'académie,* reprend S. M. ; & les courtisans de rire.

29 Novembre 1763. Le Comte de Warwick est imprimé, il soutient sa réputation à la lecture. La piece est dédiée au prince de Condé. On lit à la fin d'une lettre à M. de Voltaire, où ce jeune auteur développe son sentiment sur le genre qu'il embrasse; il le fait avec une noblesse que ses ennemis traiteront de hauteur ; il tranche, mais poliment, & sans nommer personne ; elle est fort bien écrite. Il rend à M. de Voltaire tous les hommages qui sont dus au prince du parnasse.

30 Novembre 1763. On a enrégistré le 25 au parlement des lettres-patentes qui donnent tout le college de Clermont à l'université, y placent les classes de Lisieux, & réunissent différents boursiers des colleges qui ne sont pas de plein exercice : le roi confirme en faveur de l'université toutes les graces accordées à ce college par ses prédécesseurs : Sa Majesté veut qu'il continue de porter le nom de *Louis le Grand*, & qu'il soit le chef-lieu & la principale école de l'université. On a fait des réglements pour l'administration de ce college.

1 *Décembre* 1763. Voici ce que nous recueillons concernant M. de la Harpe, & sur quoi il paroît qu'on peut se fonder : M. de la Harpe est fils d'un porteur d'eau & d'une ravaudeuse, un enfant trouvé enfin, qui, ayant eu occasion d'être connu de M. Asselin, principal du college d'Harcourt, fut reçu comme pensionnaire, sans payer pension. M. Asselin, homme de mérite & connu par de très-bonnes productions, se fit un plaisir de cultiver le mérite naissant du jeune de la Harpe. Celui-ci répondit à ses soins, & s'est distingué d'une façon supérieure ; il a remporté presque tous les prix de l'université. La satire est la premiere qualité qui se développe ordinairement dans un jeune poëte. Celui-ci l'exerça d'une façon indécente envers ses maîtres, & même envers M. Asselin. Il trouva le secret de faire imprimer une piece en vers où il s'égayoit sur le compte de ces messieurs. M. Asselin, moins piqué pour ce qui le concernoit, que jaloux de réprimer une licence qui pouvoit faire tort à son pupille, obtint du lieutenant de police qu'il fût mis au Fort-l'Evêque : ce qui a été exécuté. Il a depuis fait des héroïdes ; elles ont eu un médiocre succès ; on a sur-tout trouvé très-mauvais que, dans une préface, il ait décidé impérieusement du mérite de tous les auteurs anciens & modernes. Il semble s'être corrigé depuis d'une morgue qui ne va point à un auteur naissant. Il a rabaissé le ton dans une lettre à M. de Voltaire, dont on parlera ci-après.

2 *Décembre* 1763. La littérature vient de perdre M. l'abbé Prevôt, mort il y a quelques jours subitement, en allant à une maison de campagne qu'il avoit près de Chantilly. On doit regretter cet auteur estimable : ses productions feront long-temps les délices des cœurs sensibles & des belles imaginations.

3 *Décembre* 1763. *Lettre d'un Quakre à Jean-George le Franc de Pompignan, évêque du Puy en Velay, &c.* signée *Frere de Simon le Franc de Pompignan.* Au titre seul on doit juger à qui l'on attribue cette épître. M. de Voltaire cherche à y être plaisant. Il revient sur l'instruction pastorale qui le blesse fort, & dont il parleroit moins si elle ne remplissoit pas son objet. Il fait de vains efforts pour la rendre ridicule : elle triomphe de tous les sarcasmes, dont la plupart tombent à faux absolument. A ce titre de Quakre il se permet des réflexions philosophiques trop connues pour avoir le mérite de la nouveauté, ainsi que la plupart de ses épigrammes.

4 *Décembre* 1763. Le succès de *Warwick* ne se dément point. On continue à le donner ; il est fort suivi, il a été joué à la cour. Il a plu généralement, & le roi lui-même a daigné en témoigner sa satisfaction à l'auteur: S. M. lui a dit qu'il méritoit d'etre encouragé.

4 *Décembre.* On nous promet le retour de Grandval à la comédie, dont on ne jouira qu'en partie cependant. Il se consacrera aux rôles à manteau ; son ventre & son ampleur ne lui permettent pas de jouer les petits-maîtres & les rôles lestes & déliés.

5 *Décembre* 1763. Le Sr. Moreau, connu par son *Observateur Hollandois,* & qui depuis a fait

bruit par différentes lettres écrites aux parlements au nom du chancelier, vient d'être gratifié par le roi d'une charge de conseiller à la cour des aides & chambre des comptes d'Aix en Provence. S. M. paie jusqu'aux frais de réception. Il est en outre depuis plusieurs années avocat des finances, dont il retire des honoraires considérables.

6 Décembre 1763. On avoit vu jusqu'à présent avec surprise que le célebre Rameau ne fût pas décoré du cordon de St. Michel, honneur accordé aux gens qui s'illustrent dans les arts. Le plaisir que ses opéra ont fait à Fontainebleau dans le dernier voyage, a renouvellé l'indignation publique sur un oubli aussi injurieux. L'honneur que lui a fait le roi de lui témoigner combien il avoit été satisfait de sa musique, a enfin ouvert les yeux : S. M. a ordonné qu'on lui expédiât des lettres de noblesse, dont elle fera tous les frais. Il doit être aussi décoré du premier cordon qui sera vacant.

8 Décembre 1763. L'anti-financier ou relevé de quelques-unes des malversations dont se rendent journellement coupaables les fermiers - généraux, & des vexations qu'ils commettent dans les provinces, &c. précédé d'une longue épître au parlement de France, & d'une estampe ingénieuse, &c. Tel est le titre d'une brochure fort recherchée, & contre laquelle on fait les perquisitions les plus vives : ce qui en rend le prix très-cher. On y épuise contre la gent financiere tous les traits de la critique la plus amere, & l'on y rapporte assez de faits, quoique très-succincts, pour justifier ce qu'on en dit. Cet ouvrage, où l'auteur exhale peut-être un peu trop fa bile, n'eſt point dénué de mérite. La forme d'y traiter la matiere eſt aſſez dure, mais le fonds en eſt de la plus grande vérité. Il a des endroits ſublimes: il paroît que ſon vœu eſt un impôt unique; il en déduit un intérêt réciproque très-avantageux au roi & à l'état.

9 Décembre 1763. On annonce l'opéra pour le 5 janvier 1764. On débutera par *Caſtor & Pollux*. La ſalle eſt exactement ſemblable à l'ancienne, à quelques pieds de plus, près; ce qui jette de l'aiſance dans toutes les parties, telles que les corridors & les loges. Tout eſt retenu depuis pluſieurs mois pour quelque temps. M. le duc d'Orléans conſerve les trois loges qu'il avoit, juſqu'à ce que le ſpectacle change de lieu, & donne pour cela 70,000 livres.

10 *Décembre* 1763. Freron, auteur de l'*Année Littéraire*, a été arrêté avant-hier après midi, par ordre de M. le duc de Choiſeul, & conduit au Fort-l'Evêque, pour avoir inſéré dans ſon Journal, N°. 34, il y a quinze jours, une lettre à lui adreſſée ſur une famille d'Alſace, en route pour ſe rendre à Rochefort & paſſer à Cayenne, arrêtée dans ſa marche le 17 du mois dernier par la plus exceſſive miſere, qu'un citoyen généreux a ſoulagée. Cet acte d'humanité rendu public n'a pas été vu du même œil à la cour; on en a fait un crime politique à l'éditeur. M. le duc de Choiſeul étant à table entend parler de cette feuille: *ce gueux*, s'écrie-t-il, *s'aviſe de parler de Cayenne! Qu'on m'apporte le* N°. 34. On lui lit l'endroit. *Il couchera au Fort-l'Evêque*, s'écrie de nouveau le miniſtre courroucé. On ne doute pas que M. Thomas n'ait couvert ſa vengeance ſous le voile du bien public.

12 *Décembre* 1763. Il paroît dans le monde un conte manuscrit de M. de Valtaire, qui a pour titre: *Ce qui plaît aux Dames.* Il est dans le goût de la *Pucelle*, narré avec une naïveté charmante, orné de toutes les graces de son style. Il a environ 500 vers, il a toute la fraîcheur, tout le velouté de sa jeunesse. Ses amis ne dissimulent pas que M. de Voltaire a cet ouvrage depuis plus de 30 ans dans son porte-feuille. Quant aux idées génératives, c'est-à-dire l'imagination, on voit que l'Ariofte lui a été d'un grand secours.

14 *Décembre* 1763. On a donné aujourd'hui *Mérope*, dans laquelle a débuté un jeune acteur, qui n'a paru sur aucun théatre: il promet. C'est le fils du souffleur de la comédie; il n'a que seize ans. Ce qui a sur-tout frappé durant cette repésentation, c'est le jeu sublime de Mlle. Dumesnil. Le public l'a interrompue à plusieurs reprises, & a témoigné son enthousiasme d'une maniere particuliere.

15 *Décembre* 1763. Freron a été élargi hier. Il avoit écrit une lettre à M. de Choiseul, où il lui représentoit, d'une façon pathétique, combien peu il avoit lieu de s'attendre à un traitement aussi injuste de la part d'un ministre qui l'avoit honoré de sa protection.

Le ministre a répondu avec détail, en cherchant à justifier sa conduite, & en donnant à entendre quel crime politique c'étoit de dévoiler ainsi les négligences & l'inattention du ministere; il a paru même révoquer la vérité du fait conté par Freron. Il a fini par dire qu'il verroit M. de Sartines & qu'il lui procuroit son élargissement. Freron a riposté, &, en récriminant sur les imputations de M. le duc, il lui a donné à entendre qu'on abusoit étrangement de sa crédulité & de sa confiance. Toute cette correspondance est des plus risibles, elle est aussi indécente d'une part que de l'autre.

20 *Décembre* 1763. *Vers de* M. Dorat, *sur sa seconde rupture avec Mlle. Dubois, de la comédie Françoise.*

Chassé deux fois, c'est trop friponne;
Quoique je m'attende à tes jeux,
Ce nouveau caprice m'étonne,
Je suis indigné, furieux,
Et cependant je te pardonne.
Ce sont les droits de la beauté;
Du benêt qu'elle a maltraité
Elle obtient encore les hommages :
Nous autres sots, soi-disant sages,
Ainsi l'avons-nous arrêté.
Mais ton Argus (1)! que Dieu confonde,
Qu'on voit sans cesse autour de toi
Tonner, frémir, faire la ronde;
Ce dragon armé contre moi,
Qu'un rien aigrit, qu'un rien alarme,
Et qui n'est prompt qu'à soupçonner,
Je ne lui connois point de charme
Qui m'invite à lui pardonner.
Permets qu'au moins je m'en amuse :

---

(1) M. *de Sarsal*, son entreteneur.

J'ai mon congé, c'est mon excuse ;
D'autres iroient se lamentant,
Te reprochant tes injustices :
Pour moi de tes jolis caprices
Je me console en plaisantant
Dis-moi donc, qu'est-ce que demande
Ce vieux Bostangi des amours ?
Dois-tu trembler quand il commande
Et lui prodiguer tes beaux jours ?
Donne-t-on des chaînes à Flore ?
Elle éparpille sous ses pas
Les roses qui viennent d'éclore :
Un seul ne s'en contente pas.
La jeune & brillante immortelle,
Dans les champs qu'elle a faits fleurir,
S'envole où le desir l'appelle,
Et court souvent après Zéphyr,
Comme Zéphyr court après elle.
Peux-tu recevoir dans tes bras,
Toi, Rosine, toi, fraîche & belle,
Ce décrépit & lord Midas,
Que tu trouves toujours rebelle
A l'aiguillon de tes appas ;
Qui pour t'occuper te tourmente,
Et sur ta bouche de vingt ans
Imprime un baiser de soixante.
Je crois voir le Cyclope affreux,
Ce forgeron atrabilaire,
Qui de son antre ténébreux
Tout en boitant vient à Cythere,

Attrister

Attrister les ris & les jeux,
De Vénus salir la ceinture,
Effaroucher la volupté,
Et souiller le lit de verdure
Qui sert de trône à la beauté.

Ah! ramene enfin sur tes traces
Et la folie & l'agrément:
Allons, Rosine, au nom des Graces,
Chasse-nous ce froid surveillant;
Il t'ennuyra pendant sa vie,
S'il t'enrichit après sa mort.
Ah! n'es-tu pas jeune & jolie?
Dispose seule de ton sort.
Ta voix, ta voix enchanteresse,
Dont les accents victorieux
Au fond des cœurs portent l'ivresse,
La langueur, le trouble & les feux;
Ta taille élégante & légere,
Ton œil fripon, le don de plaire,
Qu'à la beauté l'Amour préfere,
Mille talents voluptueux,
Quelques grains de libertinage,
Tes foiblesses & nos desirs;
Crois-moi, voilà ton héritage,
Enrichis-toi par les plaisirs.

21 *Décembre* 1763. L'histoire arrivée en Angleterre à M. d'Eon de Beaumont, donne lieu de faire des recherches sur son compte, & voici ce qui en résulte. Il passe pour avoir été employé dans les négociations de la paix, plutôt par intrigue que par véritable choix du ministere. Sa premiere mission en Russie a été celle d'un spadassin. Le grand-duc vouloit un maître d'armes: on choisit M. d'Eon, qui avoit ce talent, dans

Tome I. O

la confiance qu'il ménageroit le retour d'un ministre de France à St. Pétersbourg. Ce qu'on avoit prévu arriva, il s'infinua dans l'efprit du grand-duc, fut de fes parties de plaifir ; il fit entrevoir que la France enverroit volontiers un ambaffadeur. Il fut fecretaire d'ambaffadeur, & enfin d'ambaffade. On lui donna un brevet de capitaine de dragons. Dans cet intervalle il donna quelques écrits fur le commerce, dont il fe fit honneur ; ils pouvoient en faire à fon auteur, mais il n'étoit que le prête-nom, à ce qu'on prétend. On veut que ces écrits foient de fon oncle & de M. Dupin, qui n'ont pas voulu réclamer. Quoi qu'il en foit, il étoit comblé de graces, avoit 1,000 écus de penfion, le titre de miniftre plénipotentiaire & la croix de St Louis, lorfqu'il a eu une rixe en Angleterre chez le lord Halifax contre un François, M. de Vergy, à l'occafion de la paix derniere, que ce dernier prétendoit honteufe, & qu'il a foutenue néceffaire. M. de Guerchi, ambaffadeur, ayant voulu interpofer fon autorité, M. d'Eon n'en a tenu compte; ce qui l'a obligé de porter des plaintes à la cour de France. Depuis il a paffé dans la cité de Londres, &, malgré toutes les réclamations de ce miniftre, il eft inviolable, & le roi d'Angleterre ne peut point le faire enlever de fon afyle. Il étoit important de conter une anecdote toute politique, mais qui regarde un homme de lettres.

22 *Décembre* 1763. M. de Marmontel a prononcé aujourd'hui fon difcours de réception à l'académie Françoife. Malgré fon ton pédantefque & qui exigeoit les applaudiffements, il n'en a reçu que quelques-uns en certains endroits : il a fait valoir, comme il devoit, la néceffité in-

dispensable des hommes de lettres pour transmettre à la postérité les belles actions. Il a détaillé d'une maniere vraie & naturelle les embarras, les inquiétudes d'un auteur isolé & qui ne trouve point dans ses amis les ressources dont il auroit besoin pour être éclairé dans la carriere qu'il parcourt. Ces deux morceaux & une très-belle image sur l'académie des belles-lettres, sauveront de l'oubli ce discours consacré, comme tous les autres, à la fadeur & à l'adulation.

M. Bignon, directeur, a répondu d'une façon maigre & d'un ton rauque.

Ensuite M. de Narmontel a repris la parole, & a lu une épître en vers de dix syllabes, *sur la force & la foiblesse de l'esprit humain*. Ce morceau de poésie, qui n'a rien de neuf que la difficulté vaincue à l'égard de plusieurs systêmes de physique rendus d'une maniere assez pittoresque, n'est que d'un très-foible mérite, après les discours philosophiques de M. de Voltaire.

23 *Décembre* 1763. M. l'abbé du Marsais vient de mourir: il avoit été jésuite, & s'étoit distingué alors par plusieurs poésies d'une élégance & d'un goût exquis; il étoit sorti de cet ordre d'une façon assez désagréable, & il en couroit de très-mauvais bruits. Il a fait depuis plusieurs autres ouvrages, entr'autres l'*Analyse de Bayle*, qui a eu les honneurs de la brûlure & toutes les censures cumulées des facultés de théologie, de la Sorbonne, des évêques, &c.

24 *Décembre* 1763. *Chanson de M. de Voltaire contre Pompignan*. Sur l'Air: *D'un inconnu.*

Simon le Franc, qui toujours se rengorge,
Traduit en vers tout le vieux testament;
Simon les forge très-durement:
Mais pour la prose, écrite horriblement,
Simon le cede à son puîné Jean-George.

26 *dudit. Epître à Sophie, ou Mlle. Arnoux,
par M. Dorat.*

Flore jadis brilloit dans Rome :
Tribuns, édiles & quefteurs,
Confuls, pontifes, dictateurs,
Tous ces héros que l'on renomme,
Etoient fes humbles ferviteurs :
On briguoit l'honneur de fes chaînes,
A fa voix naiffoient les beaux jours,
A fes pieds les aigles Romaines
Se jouoient avec les Amours.
En loix érigeant fes caprices,
Elle foumit ces fiers vainqueurs ;
De Rome elle fit les délices,
Rome en fit la reine des fleurs,
Et lui fonda des facrifices.
Mais enfin Flore, s'il lui plaît,
Va te remettre fa couronne,
Détruifant ce que Rome a fait,
C'eft tout Paris qui te la donne.
Tous les Zéphyrs font avertis
Qu'ils ont une Flore nouvelle,
Qu'ils aient à fe ranger près d'elle,
Sur des bords par elle embellis.
Tel eft l'arrêt de ta patrie,
Vu, rédigé par la Folie,
Et qu'au mois fi cher aux amants,
Mois brillant des métamorphofes,
Doit figner de fes doigts de rofes
Le dieu qui préfide au printemps.
Du fein des plus douces ivreffes,
Reçois notre hommage & nos vœux!
C'eft la crainte qui fit les dieux,

Et l'Amour seul fait les déesses.
Que dis-je ? ce titre orgueilleux
Vaut-il le beau nom de *Sophie* ?
Crois-moi, jeune, folle & jolie,
Laisse l'Olympe radieux
A la céleste bourgeoisie,
Que l'on adore & qui s'ennuie
Tandis que tu fais des heureux.
Le beau temple de l'harmonie
Va bientôt s'ouvrir à nos yeux :
C'est-là que je te déifie,
Voilà ton palais & tes cieux.
Je vois *Psyché*, je crois l'entendre
Parmi la foudre & les éclairs,
Mêler sa voix plaintive & tendre
Au tumulte effrayant des mers.
De l'Amour si tu peins les flammes,
Si tu fais gémir la douleur,
Ta voix s'échappe de ton cœur
Et va retentir dans nos ames.
Dis-moi par quels sons inconnus
Peux-tu réunir, ma Sophie,
Le babil piquant de Thalie,
Les sons touchants de Polymnie
Et le silence de Vénus ?
Sur-tout combien je t'idolâtre,
Lorsque rendue à tes amants,
Jamais heureux, toujours contents,
Tu sais par ton humeur folâtre
Surprendre & charmer leurs tourments ;
Lorsqu'on te voit sans étalage,
Sans apprêt & sans dignité,
Prêtresse de l'Amour volage,
Cueillir avec légéreté
Cette fleur du libertinage

O 3

Qui ressemble à la volupté.
Jamais chez toi n'osent paroître
Ces vieux despotes éclopés,
Toujours cocus, toujours dupés,
Et toujours si bien faits pour l'être.
Tu proscris les airs imposants,
Les tons burlesques, les caprices,
Des altesses de nos coulisses,
Qui traitent en impératrices,
Et leurs valets & leurs amants.
Chez toi l'on trouve la nature,
Ou l'art séduisant de *Ninon*,
Cet art qui tient à la raison,
L'art de tromper sans imposture.
Chez toi l'on badine & l'on rit ;
La gêne y semble insupportable,
Et l'on y cache son esprit
Afin d'en être plus aimable.
Il est un champêtre réduit,
Temple paisible du mystere,
Où l'on s'envole à petit bruit
Loin d'un public triste & sévere,
Dont l'œil persécuteur nous suit.
C'est-là que sur une ottomane,
Qu'ombragent les festons légers
D'un voile errant & diaphane,
Volent les jeux & les baisers.
C'est-là que plus vive & plus belle,
Le feu, la gaîté dans les yeux,
Hébé verse le nectar aux dieux
Qui ne s'enivrent point sans elle.
C'est-là que vers la fin du jour,
La liberté, convive aimable,
Met les deux coudes sur la table
Entre les praisirs & l'amour.

Quelle volupté, ma Sophie !
Que sont les biens & la grandeur ?
Vas, ce délire est le bonheur,
Il est le charme de la vie !
Crains de serrer de nouveaux nœuds :
Toujours folle & toujours tranquille,
Laisse errer ton cœur & tes vœux ;
Ton amour feroit un heureux,
Ton indifférence en fait mille.

29 Décembre. Vers sur Jean-Jacques Rousseau, ci-devant citoyen de Geneve.

Rousseau prenant toujours la nature pour maître,
Fut de l'humanité l'apôtre & le martyr ;
Les mortels qu'il vouloit forcer à se reconnoître,
S'étoient trop avilis pour ne pas l'en punir.
Pauvre, errant, fugitif & proscrit sur la terre,
Sa vie à ses écrits servit de commentaire.
La fiere vérité dans ses hardis tableaux
Sut en dépit des grands montrer ce que nous sommes.
Il devoit de nos jours trouver des échafauds ;
Il aura des autels quand il naîtra des hommes !

30 *Décembre* 1763. On a donné aujourd'hui *Turcaret*. On remarque cet événement par rapport à la piece de la *Confiance trahie*, supprimée avant-hier comme injurieuse aux financiers.

30 *Décembre* 1763. M. Dorat se retranche aux épîtres, aux héroïdes. Il vient d'en faire une de *Barneveld, le Marchand de Londres*. On sent de de quel mauvais goût il est de mettre en récit une piece de cette espece, un ces plus beaux drames du théâtre Anglois. Il cherche à s'excuser dans une préface, & il ne fait que montrer son tort dans un plus grand jour. Il y a beaucoup de vers dans

cet ouvrage : quelques-uns sont pleins de sentiment ; il y en a même de génie, mais ce ne sont que des vers.

31 *Décembre* 1763. Il court un Noël sur différents personnages de la cour, qui est très-piquant, sur l'Air : *Des Bourgeois de Chartres.*

De Jesus la naissance
Fit grand bruit à la cour,
Louis en diligence
Fut trouver *Pompadour* :
Allons voir cet enfant, lui dit-il, ma mignonne.
Eh ! non, dit la marquise au roi,
Qu'on l'apporte tantôt chez moi,
Je ne vais voir personne.

Cependant la nouvelle
Gagnant de tout côté,
Le fils de la pucelle
De tous fut visité.
D'arriver des premiers, un chacun se dépêche :
Le roi, la reine, & leurs enfants,
S'en vont tous chargés de présents
L'adorer dans la creche.

Les chanceliers de France,
Car il s'en trouva deux,
Pour droit de préséance
Eurent dispute entr'eux :
C'est à moi, dit *Maupeou*, qu'est la chancellerie :
Qui pourroit me la disputer ?
On sait que j'ai pour l'acheter
Vendu ma compagnie.

Doué d'un esprit rare,
Mais mordant comme un chien,
Près des gens à simare
On apperçut *d'Ayen* ;

Pourquoi donc, Messeigneurs (dit-il) entrer en lice?
Grace au conseil sage & prudent,
Entre vous deux tout incident
Est sauvé par un *Vice*.

Rempli de son mérite,
Entrant le nez au vent,
Choiseul parut ensuite,
Et d'un ton turbulent,
Dit sans aucun égard : changeons cette cabane,
Je veux culbuter tout ici ;
Je réforme le bœuf aussi,
Et je conserve l'âne.

En sa simple maniere
Josep dit à *Praslin*,
Défendez ma chaumiere
Contre votre cousin.
Au moins, de son projet que l'effet se retarde ;
Songez que je suis étranger,
Et que devant me protéger,
La chose vous regarde.

Praslin dit toute affaire
Est de l'hébreu pour moi ;
Ils m'ont au ministere
Mis sans savoir pourquoi ;
Ainsi je n'y fais rien que porter la parole :
Le duc & sa sœur reglent tout ;
Mais d'elle vous viendrez à bout
Avec quelques pistoles.

Ne se sentant pas d'aise,
Bertin dit en entrant,
Qu'on me donne une chaise,
Je veux bercer l'enfant.
Je suis ministre en pied, mais je n'ai rien à faire,
Et pour occuper mon loisir,

Seigneur, je compte vous offrir
Non petit ministere.

N'ayant de la confiance
Qu'au poupon nouveau-né,
De Laverdy s'avance
D'un air tout consterné,
Disant puisque d'un mot vous levez tout obstacle,
Jesus, je me livre à vos soins,
Pour subvenir à nos besoins
Il me faut un miracle.

Courtisan sans bassesse,
Citoyen vertueux,
D'Estrée fendit la presse,
Et dit au roi des cieux :
Veillez sur ma patrie, elle m'est toujours chere :
Au conseil, sans ménager rien,
Tous mes avis tendent au bien,
Mais on ne les suit guere.

Nivernois prit sa place,
Apportant deux bouquets,
De lauriers du Parnasse,
D'olives de la paix ;
Puis d'un air gracieux à Jesus il les donne.
L'enfant dit : je reçois ce don ;
Mais c'est pour orner votre front
D'une double couronne.

Dans un coin de l'étable
Entendant du débat,
Quelqu'homme charitable
Vint mettre le holà :
C'étoit *le Beaufremont*, venu de sa province,
Pressant un page à Melchior,
Qui refusoit cent louis d'or
De cet aimable prince.

En coudoyant la foule
Le marquis *de Puyſieux*,
A grand peine ſe coule
Auprès du fils de Dieu ;
Pour regarder l'enfant ayant mis ſes lunettes,
Enfin, dit-il, je vois le cas :
Pourtant la nouvelle n'eſt pas
Miſe dans ma gazette.

Richelieu, plein de grace,
Apportoit au poupon
Des vers dignes d'Horace,
Et du miel de Mahon.
Enchanté de le voir, à l'entendre on s'arrête :
Mais voyant Marie, à l'inſtant,
Il laiſſe-là ſon compliment
Pour lui conter fleurette.

Lugeac, pour toute antienne,
Dit d'un ton impudent :
Faut à la Pruſſienne
Elever cet enfant ;
Il aura, comme moi, le cœur impitoyable.
Joſeph dit, en bouchant ſon nez,
Mon beau ſeigneur, quand vous parlez,
Vous infectez l'étable.

Ecumant de colere
Lugeac vit en ſortant
L'amour du militaire,
Monteynard & *Brehan*,
Avec eux *Talaru* ſe tenoit à l'entrée :
Approchez-vous, leur dit *Jeſus*,
Vous ſerez toujours bien venus,
Ici comme à l'armée.

Un certain *Surlaville*,
Espece de commis,
Se trouvant à la file,
D'un air bas & soumis,
Dit : *Jesus*, vous voilà dans un pauvre équipage :
Mais je suis né plus indigent,
J'ai fait fortune sans talent :
Jesus, prenez courage.

Un homme d'importance,
C'étoit mons *Dubois*,
Fort bouffi d'importance,
Dit en haussant la voix :
De ma visite ici, Seigneur, tenez-moi compte,
Car à ma porte plus d'un grand
Vient se morfondre en attendant,
Sans en rougir de honte.

Du fond de la masure
On voit dans le lointain
Une courte figure,
C'étoit *Saint-Florentin* :
Il me fait, dit Joseph, une peur effroyable ;
Dans ses mains je vois un paquet,
C'est quelque lettre de cachet
Pour sortir de l'étable.

Sur son abord sinistre
On ne se trompoit pas :
Je viens, dit le ministre,
Pour un très-fâcheux cas ;
La cour vous a donné l'Egypte pour retraite :
Au roi cet exil a déplu ;
Mais la marquise l'a voulu,
Sa volonté soit faite.

Fin du premier Volume.

www.ingramcontent.com/pod-product-compliance
Lightning Source LLC
Chambersburg PA
CBHW071240160426
43196CB00009B/1136